JN418561

Instruction for Teaching Digital Literacy to Older Adults

시니어 디지털 리터러시 교육방법론

이로미 · 권승태 공저

학지사

머리말

디지털 기술은 더 이상 특정 세대의 전유물이 아니다. 스마트폰 하나로 은행 업무를 보고, 병원 진료를 예약하며, 손자녀와 영상통화를 나누는 일이 일상이 된 지금, 디지털은 곧 삶의 언어가 되었다. 그러나 이 언어를 가장 늦게 접한 이들이 있다. 바로 '노인' 또는 '고령자'로 불리는 '시니어'다.

이 책은 디지털 사회에 뒤늦게 발을 들인 시니어가 새로운 언어를 익히고, 그 언어로 세상과 연결될 수 있도록 돕는 교수자를 위한 안내서다. 단순한 기기 사용법을 넘어 디지털을 통해 삶의 주체로 살아갈 수 있도록 이끄는 교육의 방향과 방법을 담았다.

시니어는 디지털 사회라는 신대륙에 나이가 들어 도착한 이주민이다. 하지만 우리 대부분의 성인 역시 디지털 환경에서 태어난 세대는 아니다. 그렇기에 시니어 디지털 리터러시 교육은 가르침과 배움이 함께 성장하는 교학상장(敎學相長)의 장이 될 수 있다.

이 책은 시니어를 학습자로 마주하는 교수자가 어떤 태도와 역량을 갖추어야 하는지를 고민한 결과물이다. 디지털 리터러시는 단순한 기술 습득이 아니라, 새로운 시대의 문해력이자 사회적 참여의 도구이며 자율적 삶의 기반이다. 따라서 시니어가 디지털 세계에서 소외되지 않고 오히려 그 안에서 새로운 가능성을 발견할 수 있도록 돕는 교육방법론을 제시하고자 했다.

특히 이 책은 시니어를 하나의 집단으로 일반화하지 않는다. 이제 막 노년기에 접어든 '연소 노인'부터 초고령층까지 다양한 삶의 궤적과 욕구를 지닌 이들에게 일률적인 교육을 제공하는 것은 마치 단일 사이즈의 옷을 내놓고 맞지 않는 사람을 탓하는 것과 다르지 않다. 그래서 우리는 시니어 디지털 리터러시 교육에 유연하고 창의적인 전략을 구사할 수 있는 교수자의 역할이 무엇보다 중요하다고 보았다.

이 책은 시니어 학습자의 특성과 학습 환경을 고려하여 이론과 실제를 균형 있게 담아서 구성했다. 교육 콘텐츠 설계, 교수자의 역할, 학습자의 심리적 장벽 이해, 국내외 사례 분석 등 교육 현장에서 바로 활용할 수 있는 실천적 지침을 제공하고자 했다.

이 책은 교수자들이 시니어와 함께 디지털 학습의 길을 걸으며 많은 것을 얻길 바라는 마음에서 기획되었다. 결국 교수자 또한 끊임없이 진화하는 디지털 기술을 함께 배우는 학습자인 셈이다. 시니어를 교육과 학습으로 이끄는 경험은 '나이 들어 감을 배우는 일(learning to be old)'이 될 수 있으며, 그 과정은 교수자 자신이 디지털 사회의 유능한 시민으로 성장하는 계기가 되기도 할 것이다.

이 책이 나오기까지 감사를 전하고 싶은 분들이 있다. 『시니어 디지털 리터러시 교육방법론』을 교육학과 전공 학점 인정 과목으로 개설할 수 있도록 도와주신 한국방송통신대학교 교육학과 및 프라임칼리지 관계자 여러분께 감사드린다. 수업 구성을 위한 자료 수집과 교재 초고에 조언을 주시고 수업을 지원해 주신 전경아 튜터님께도 깊이 감사드린다. 또한 이 책의 출판을 흔쾌히 수락해 주신 김진환 사장님과 학지사 관계자 여러분께도 감사의 마음을 전한다.

디지털 리터러시를 매개로 이루어지는 이 역동적인 교수-학습(teaching-learning)의 관계 속에서 교수자와 학습자 모두가 의미 있는 경험을 나누고, 서로 연결되며, 존중받는 배움의 장을 함께 만들어 가기를 바란다.

이로미, 권승태

이 책의 활용법 및 구성

시니어는 디지털 세상에 가장 늦게 도착한 '디지털 이주민'으로서, 새로운 언어인 디지털 리터러시를 익히는 데 많은 어려움을 겪는다. 이 책은 시니어 디지털 리터러시 교육을 담당하는 교수자가 갖추어야 할 기본 인식과 교육방법을 소개하며 디지털 활용 능력이 단순한 기술 습득을 넘어 시민으로서의 역할과 사회 참여를 위한 역량임을 강조한다. 특히 교수자가 성인이라면 시니어를 단순히 '디지털 취약계층'으로 보는 대신, 같은 '디지털 이주민'으로서 이해하고 '다정하게' 접근할 것을 제안한다.

✓ 시니어, 디지털 세상에 가장 늦게 온 이주민

유네스코는 언어를 "인간을 인간답게 만드는 것"(유네스코 한국위원회, 2025)이라고 정의했다. 언어를 통해 우리는 세상을 이해하고 자신을 표현한다. 그러나 어머니의 뱃속에서부터 들어 왔고, 태어나는 동시에 듣고 배우며, 무려 60~70년 동안 익숙하게 사용해 온 언어가 아니라 전혀 다른 언어가 내가 살고 있는 세상을 둘러싼다면 그 당혹스러움과 절망감이 얼마나 클까? 다음은 오랫동안 전 세계 모든 이의 문해교육(literacy education)을 'Education For All(EFA)'을 통해 실천해 온 유네스코 한국위원회의 최근 뉴스레터 중 한 구절이다.

> "얼마 전 〈늦기 전에 어학연수 샬라샬라〉라는 TV 프로그램을 봤어요. 평균 나이 52.8세의 중년 배우들이 더 늦기 전에 영국 어학연수에 도전하는 내용이었는데요. AI가 번역도 실시간으로 해 주는 세상이긴 해도 직접 내 눈 앞에 다른 언어를

쓰는 사람을 만났을 때 당황했던 경험, 누구나 한 번쯤은 있지 않을까 싶어요. 멋진 배우들이 케임브리지로 떠나는 기차를 찾지 못해 런던 지하철에서만 2시간 40분을 헤매는 과정을 보며 안타까우면서도 언어의 장벽이 새삼 얼마나 큰지 실감할 수 있었어요. 단지 말이 통하지 않는 불편함만이 어려움의 전부는 아니에요. 언어를 배운다는 것은 그 언어권 사람들의 문화, 전통, 그리고 지혜까지 배워 가는 과정이기 때문이에요(유네스코 한국위원회, 2025)."

디지털화된 세상에 살아가는 우리들, 특히 성인들은 갈수록 그 속도를 더하는 변화에 마치 이들처럼 어학연수를 떠나 느끼는 감정을 종종 느낀다. 매일의 일상에서 디지털을 접하며 크고 작은 당황함과 용기, 그리고 보람을 느끼며 살아가는 것이 일상이 되었다. 대다수의 성인이 이렇다면 우리 중 좀 더 나이가 많은 고령자 혹은 노인은 어떨까?

이 책은 '고령자' 또는 '노인'이라고 불리는 사람의 디지털 교육을 담당하는 교수자가 알아야 할 내용을 담고 있다. 우선, 책 제목을 비롯한 곳곳에서 영어 단어인 '시니어(senior)'를 사용했다. '노인'이라는 호칭을 좋아하지 않는 사람이 많기도 하고, 노인으로 불리기 시작하는 연령의 현행 법정기준인 65세를 상향 조정해야 한다는 사회적 논의도 일어나고 있는 세상이기 때문이다. 그러나 본문 전반에 걸쳐 '고령자' 및 '노인'이라는 단어도 혼용하고자 한다. 또한 이들이 알아야 할 내용도 '디지털 세상의 언어'라는 측면에서 '디지털 리터러시(digital literacy)'라는 용어를 사용했다. 이 역시 '정보화 교육'이라는 개념에서 발전된 것으로, 디지털로 전달되는 정보의 매개체가 '뉴 미디어'임을 고려하여 '미디어 리터러시'라는 용어 역시 적절히 혼용될 것이다.

이 책은 '리터러시'라는 단어가 의미하듯 '디지털은 새로운 세상의 언어'라는 입장을 취한다. 미국의 마크 프렌스키(Mark Prensky)라는 교육자는 '디지털 원주민(digital native)'과 '디지털 이주민(digital immigrant)'이라는 개념을 제시한다. 이 구분에 따르면 우리 성인은 거의 모두 디지털 이주민이다. 이주민은 자신이 태어난 땅을 떠나 전혀 다른 언어와 문화 속에서 살아가는 사람들이다. 마치 우리 모두가 지금 영국으로 어학연수를 가거나 미국으로 이민을 간다면, 처음에는 모든 것이 낯설고 막막할 수밖에 없는 것과 같다.

유아, 아동, 청소년 세대는 디지털 원주민이다. 이들은 스마트폰을 비롯한 디지털 기기로 둘러싸인 시대에 태어났기에, 디지털 이주민과는 근본적으로 다른 방식으로 사고한다. 또한 이들은 '동사(verb)' 중심으로 학습하는 경향이 있다고 한다. 반면 디지털 이주민은 주로 '명사(noun)'를 중심으로 학습하는 경향이 있어서 새로운 디지털 환경에 적응하는 데 어려움이 있을 수 있다(Prensky, 2019). 현재의 성인들이 어린 시절을 보냈던 때에는 '인터넷'이라는 개념 자체가 없거나 알려지지 않았었다. 대신에 여유 있는 가정에서는 거실 책장에 두꺼운 백과사전이 가나다 순으로 꽂혀 있기도 했다. 그러나 지금은 인터넷에서 정보를 쉽게 찾을 수 있기 때문에 '명사'를 아는 것이 큰 의미가 없다. 오히려 중요한 것은 생각하고, 적용하고, 창안하는 능력이며 이는 모두 '동사'로 되어 있다. 프렌스키는 또 다른 비유로 '로켓(rocket)'과 '기차(train)'를 든다. 디지털 원주민은 빠르게 변화하는 디지털 환경에 능동적으로 적응하는 로켓과 같으며, 디지털 이주민인 지금의 성인들은 정해진 경로를 따라 학습하고 하나씩 배워 나가는 기존의 방식에 익숙한 기차와 같다는 것이다. 그 시절 그들은 정해진 과정을 벗어나지 않고 성실하게 잘 따라가면 '우수한 학생'이라는 소리를 들었을 것이다. 오늘날의 아동 · 청소년도 교육과정을 따라 배우지만 창의성을 발휘할 수 있는 환경에서 교육받는다면 무한한 가능성을 지닌 로켓과도 같다. 다양한 디지털 도구를 자연스럽게 활용할 수 있기 때문이다. 새로운 디지털 세상의 문자를 이해하고 사용하는 능력, 즉 새로운 문해력(文解力)이라고 할 수 있다.

시니어 디지털 리터러시 교육방법론

고령자는 디지털 이주민 중에서도 나이가 많이 든 이후에 이 디지털 세상으로 이주한 사람들이다. 같은 성인이어도 적응하는 데 더 큰 어려움이 따른다. 미국으로 이주할 당시의 나이가 30세인 사람과 70세인 사람 중 누가 더 잘 적응할지를 생각해 보면 이해가 쉽다.

이런 상황에 처한 시니어를 위해 마련된 교육 중 대표적인 것이 바로 스마트폰 교육이다. 그렇지만 노인은 스마트폰만 어느 정도 사용하면 모든 것이 해결될까? 이 책을 구성한 입장은 '그렇지 않다'다. 이들의 디지털 리터러시를 그렇게 좁게 접근한다면 오히려 고령 학습자의 학습권, 나아가서 디지털 사회의 시민으로 살아가는 시민의 권리를 저해할 수 있다.

고령자의 디지털 리터러시를 단순히 스마트폰의 사용에 국한하여 생각할 필요도, 그렇게 해야 할 이유도 없다. 왜냐하면 고령층은 생각보다 훨씬 다양한 배경과 역량을 가진 집단이기 때문이다. 노인의 범주만 살펴보더라도 그 범위가 굉장히 넓다. 이제 막 노년기에 접어들어 스스로를 '노인'이라고 인정하지 않는 '영-올드(young-old)', 이른 바 연소 노인 세대부터, 초고령기에 접어들어 인생의 황혼기를 보내는 초고령 노인, 즉 '올디스트(oldest)'에 이르기까지 매우 다양하다. 따라서 시니어 디지털 리터러시 교육은 이러한 연령별 차이를 반영해야 한다. 초기 노년기부터 중기 노년기에 해당하는 상당수의 노인은 여전히 일하기를 희망한다. 최근 많은 업무가 디지털 환경에서 이루어지고 있으며, 디지털 역량이 부족하면 업무 수행에 어려움을 겪게 된다. 특히 협업의 중요성이 강조되면서 디지털 플랫폼을 통해 이루어지는 경우가 많다. 그래서 구글 워크스페이스(Google Workspace) 같은 디지털 가상의 공간, 즉 클라우드(cloud) 기반의 협업 도구를 활용해서 작업하는 것이 중요하다. 일하기 위해 모여야 하는 물리적인 공간 제약 없이 각자의 공간에서 작업한 내용을 실시간으로 공유하고 동시에 작업하는, '따로 또 같이'의 협업이 가능하다. 따라서 취업을 희망하는 고령자는 이러한 디지털 협업 능력을 갖추는 것이 중요하다.

흔히 문해력이라고 번역되는 리터러시가 '문자를 읽고 쓸 줄 아는 능력'을 의미한다면, 디지털 리터러시도 마찬가지로 새로운 시대의 문자, 즉 디지털을 이해하고 능숙하게 활용하여 사회생활에 적극적으로 참여하는 역량을 의미한다. 이러한 역량을 습득한다면 빠르게 변화하는 디지털 사회에서 자신이 원하는 방식으로 주체적인 삶을 살아갈 수 있으며, 이는 고령자 역시 예외 없이 필요로 하는 능력이다. 따라서 고령자들이 디지털 사회에서 일상생활을 편리하게 영위하고, 여가를 즐기며, 원하는 활동을 독립적으로 또는 다른 사람들과 함께 협업하기 위해서는 '시니어 디지털 리터러시'의 역량을 갖추는 것이 중요하다.

이제 이 책의 제목에 나온 '교육방법론'에 대해 관심을 가져 보자. 이 책의 영문 제목은 'Instruction for Teaching Digital Literacy to Older Adults'로 정했다. 고령자를 대상으로 디지털 리터러시를 교육의 형식을 통해 전달하는 데 필요한 기초적이고도 핵심적인 사항을 담았다. 교수-학습은 '교육(education)'이라는 개념 안에 함께하는 쌍과 같다. 이 두 가지 핵심 축을 중심으로 하여 교육이 이루어진다. 그 가운데서도 '교수자' 역할의 중요성은 새삼 강조할 필요조차 없을 것이다. 고령자에게 디지털 리터러시를 가르치는 교수자라는 위치에 있는 사람이 반드시 디지털 전문가일 필요는 없다. 그럼에도 불구하고 디지털 리터러시 교수자로서 숙지해야 할 몇 가지 사항을 제시하면 다음과 같다.

첫째는 앞에서 말한 고령자의 디지털 리터러시에 대한 올바른 인식이다. 이미 디지털 사회로의 전환은 시작되었고 더욱 빨라지고 있다. 고령층 역시 과거로 되돌아갈 수는 없다. 다문화 사회에서 이주민과 원주민 간의 소통이 없으면 함께 살기가 불가능하고 미래가 어두운 것처럼 디지털 사회에서도 디지털 리터러시의 세대 간 단절은 위험하다. 그러므로 고령자의 디지털 리터러시 역량은 일상생활의 기능을 넘어, 한 사회의 시민으로서 모든 세대가 함께 조화롭게 살아가기 위해 필수적인 역량이라고 할 수 있다.

고령자 디지털 리터러시 교육에 참여하는 대다수의 교수자 역시 성인으로서 '디지털 이주민'이다. 같은 이주민의 입장에서 고령 학습자들을 섣불리 '디지털 취약계층'으로 단정하기보다는 동병상련(同病相憐)의 마음으로 그들의 어려움을 공감하고 이해하기 위해 노력하는 자세로 대하면 어떨까? '동병상련'은 어려운 처지에 있는 사람끼리 서로 가엾게 여김을 이르는 말로서, '처지가 비슷한 사람끼리 서로를 걱정해 줄 수 있다'는 뜻이다. 디지털 기술의 부족함이 병(病)은 아니지만, 디지털 기술은 사회 전반에 걸쳐 급격한 변화를 일으키며 우리에게 두려움과 어려움을 주고 있다. 이런 변화 속에서 디지털 취약계층이 겪는 어려움을 이해하고 다정하고 친절하게 디지털 세계에 조금 먼저 도달한 이주민으로서 노인을 안내하는 일은 교수자에게도 큰 의미를 줄 것이다. 이런 마음가짐이 이 책에서 강조하고자 하는 '교육방법론'의 핵심이다.

다음으로 중요한 점은 교수자의 역량이다. 다른 사람을 효과적으로 돕기 위해서는 돕는 사람의 충분한 역량이 필수다. 현재 고령자를 대상으로 하는 디지털 리터러시 교육이 늘어난 일은 반갑지만, 실제 교육 내용을 살펴보면 대부분 스마트폰 활용법이나 키오스크 사용법 정도에서 크게 벗어나지 않는다. 이외의 디지털 리터러시 교육 프로그램은 고령자의 고유한 특성을 제대로 반영하지 못하고 있는 실정이다. 따라서 고령층을 위한 다양한 디지털 리터러시 교육 프로그램 개발과 제공의 필요성이 커지고 있다. 교수자로서 고령자에게 디지털 리터러시를 교육하는 위치에 있다면, 그리고 남들보다 더 좋은 교수자가 되려면 무엇을 알고, 무엇을 할 수 있어야 할까? 이 책은 이러한 질문을 교육학적 관점에서 다룬다. 그러므로 앞으로는 고령자에게 단순한 스마트폰 사용법을 가르치는 것을 넘어 이들이 새로운 세계의 필수 언어인 디지털 리터러시 자체를 익힐 수 있도록 지원하는 것이 중요하다. 이를 위해 교수자 스스로가 이러한 점을 명확히 인식하고, 보다 폭넓은 분야의 지식과 숙련된 기술을 갖추어야 함을 강조한다.

✓ 책의 차례와 구성

이 책은 고령층 대상 디지털 리터러시 교육에 종사하는 교수자에게 실질적인 도움을 제공하기 위해 쓴 것이다. 디지털 기술이 현대 사회에서 필수적인 요소로 자리 잡은 만큼 시니어들이 이를 효과적으로 활용할 수 있도록 지원하는 것은 매우 중요한 사회적 과제다. 이에 고령자가 쉽게 이해하고 적용할 수 있는 고령자 맞춤형 디지털 리터러시 교육방법론을 제공하는 데 필요한 내용을 담았다.

'고령자 맞춤형' 교육의 핵심은 우선 실생활에 필요한 디지털 활용 능력을 높이는 데 있다. 금융, 의료, 행정 서비스, 커뮤니케이션 등 고령자가 일상생활에서 활용할 수 있는 디지털 역량을 기르는 데 초점을 맞추었다. 또한 '디지털 이주민'으로서 겪는 심리적 장벽을 해소하고 디지털 학습에 대한 동기를 유발할 수 있는 전략을 다루었다. 학습자에게 효과적으로 교육을 진행할 수 있도록 교수법과 학습지원 방안, 그리고 실천 사례도 담았다. 이러한 내용이 총 4부, 14개 장에 담겨 있다. 이어 각 부와 장의 구성을 소개한다.

1부 '교육의 개요'는 2개의 장으로 구성된다. 1장 '시니어 디지털 리터러시의 이해'에서는 시니어 학습자에게 필요한 디지털 리터러시가 단순한 생활기술 습득을 넘어, 정보와 데이터 활용, 소통, 문제 해결 능력을 포괄하는 핵심 역량임을 설명한다. 이를 통해 디지털 격차를 줄이고, 시니어의 자율적인 사회 참여를 돕는 방안을 모색하며, 시니어 디지털 리터러시 교육이 직면한 과제들을 논의한다. 2장 '시니어 디지털 리터러시의 내용'에서는 시니어 세대별 특성에 따른 맞춤형 교육과 학습 방식을 분석하고 디지털 기술 발전이 이들에게 주는 사회적 의미를 조명한다. 또한 기능적 · 비판적 · 감성적 · 생산적 측면을 아우르는 디지털 리터러시의 요소를 탐구하고 관련 교육 내용을 다룬다.

2부 '교육의 콘텐츠'는 5개의 장으로 구성된다. 3장 '디지털 트렌드와 문화의 이해'에서는 디지털 기술이 아날로그 세대에게도 점차 익숙한 형태로 변화하는, 즉 '기술의 인간화' 과정을 다루며 시니어가 디지털 기기를 어려워하는 원인을 디지털에 대한 심리적 거부감에서 찾는다. 또한 아날로그 문화와 내비되는 디지털 문화를 소개하며 디지털 리터러시 학습이 단순한 기술 습득을 넘어 디지털적 사고방식을 갖추는 과정임을 강조한다. 4장 '디지털 화면 보기'는 컴퓨터와 모바일 화면에서 창, 메뉴, 아이콘, 버튼 등의 기능을 이해하는 내용이다. 디지털 기기의 화면 구조가 유사하므로 먼저 컴퓨터 화면의 기본 요소를 익히고 창(window)과 메뉴(menu)의 원리를 배우며, 자주 쓰는 아이콘, 단축키, 제스처 등을 활용하여 편리한 디지털 환경을 만들 수 있도록 한다. 5장 '디지털 지식 읽기'에서는 지식을 습득하는 디지털 방식인 '검색'과 '생성'을 다룬다. 검색의 기초로 인터넷 원리와 검색 엔진을 배우고 네이버(Naver), 구글(Google), 유튜브

(YouTube) 같은 플랫폼을 활용한 정보 탐색법을 익힌다. 또한 최근 비약적으로 발전을 거듭하고 있는 인공지능(Artificial Intelligence: AI)의 특징을 이해하고 이를 활용하는 방법을 탐색한다. 6장 '디지털 쓰기와 그리기'에서는 시니어가 콘텐츠 제작에 활용할 수 있는 생산성 앱, 오피스(Office) 앱, 그리고 어도비(Adobe) 앱을 소개한다. 생산성 앱은 업무 효율을 높이고, 오피스 앱은 사무 작업에 필수적이며, 어도비 앱은 주로 영상 제작에 활용된다. 이들은 공통된 메뉴와 도구를 공유하므로 기본 기능에 익숙해지면 다양한 프로그램을 더욱 쉽게 익힐 수 있다. 7장 '디지털 만들기'에서는 시니어 크리에이터가 영상 콘텐츠를 제작하고 공유하는 기술을 배운다. 스토리 구성, 대본 작성, 콘티 · 스토리보드 제작, 촬영, 편집 등 영상 제작의 기초를 익히고, 초보 유튜버를 위한 채널 운영방법을 탐색한다.

3부 '교육의 방법'은 4개의 장으로 구성된다. 8장은 '시니어 디지털 리터러시 교육 프로그램 개발'로, 교육 프로그램을 개발하는 과정에 필요한 이야기를 다룬다. 즉, 성인교육 프로그램 개발의 기초를 알고 시니어 디지털 리터러시를 교육한다면 교육을 효과적으로 진행할 수 있다고 보며, 이에 학습자의 수준과 요구를 분석하고 최적의 학습 환경과 필요한 도구를 준비하는 과정에 대해 다룬다. 9장 '시니어 디지털 리터러시 요구 조사와 환경 조성'은 학습자의 요구와 역량 수준을 파악하는 방법과 이들의 심리적 · 기술적 · 경제적 장벽을 고려하여 학습 환경을 구축하는 전략을 다룬다. 10장 '시니어 디지털 리터러시 교육방법론'에서는 단계적 학습 접근법과 실습 중심의 교육 설계, 시니어 학습자와 효과적으로 소통하는 전략을 통해 디지털 교육의 효율성을 높이는 방법을 설명한다. 교수자, 교육기관, 교육방법 등 세 가지 측면에서 교수자가 가져야 할 역량, 교육기관의 특성에 따른 교육 방식, 그리고 효과적인 교육방법을 소개한다. 특히 교육방법을 '맞춤형' '수준별' '찾아가는' '세대 간'이라는 네 가지의 키워드와 함께 제시한다. 11장 '시니어 디지털 리터러시 교육 평가'에서는 고령 학습자에게 적합한 평가방법을 선택하고 피드백을 제공하는 방법을 논의한다. 교육 평가의 영역을 학습자 평가와 프로그램 평가로 나누어 체계적인 평가 방안을 제시한다.

4부는 '교육의 현재와 미래'라는 제목으로, 마지막 3개의 장으로 구성된다. 12장 '시니어 디지털 리터러시 교육의 국내 사례'에서는 중앙정부 및 디지털 전문기관 등의 시니어 디지털 교육 사례를 분석하고 시사점을 탐구한다. 13장은 '시니어 디지털 리터러시 교육의 국외 사례'로, 해외의 사례를 담았다. 14장 '시니어 디지털 리터러시 교육방법론의 미래'에서는 지금까지의 내용을 요약하고 미래를 예상한다. 앞으로는 시니어 디지털 리터러시 교육이 인공지능, 메타버스 등 신기술 활용 능력까지 확장될 전망이다. 이에 따라 맞춤형 교육과 진일보한 지원체계가 더욱 중요해질 것이므로 교수자의 역량강화에 대한 진일보한 관심과 실천을 강조했다.

고령 학습자는 지금, 그리고 앞으로도 살아갈 디지털 세상의 언어를 배우는 초심자다. 이를 통해 자신의 일상생활을 영위하고, 사회적 관계를 유지하며, 경제적 기회도 창출할 것이다. 나아가 이 모두를 통해 보다 나은 노년기의 삶을 영위할 수 있어야 한다. 교수자는 이러한 점을 인식하고 단순한 기술 전달을 넘어 유의미한 학습 경험을 제공해야 한다. 이 책을 통해 시니어 디지털 리터러시 교육의 중요성을 다시 한번 강조하며, 이를 실천하는 모든 교수자에게 유용한 길잡이가 되기를 바란다.

참고문헌

유네스코 한국위원회(2025). 2024 유네스코 레터 모음집.

Prensky, M. (2019). 디지털 네이티브 그들은 어떻게 배우는가 (*Teaching digital natives: Partnering for real learning.*). 이원미, 정현선 역. 사회평론아카데미. (원저는 2010년에 출간).

차례

1부

교육의 개요

INSTRUCTION FOR TEACHING
DIGITAL LITERACY TO OLDER ADULTS

1장

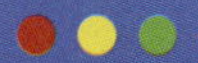

시니어 디지털 리터러시의 이해

시니어 디지털 리터러시는 고령자들이 디지털 환경에서 원활하게 생활하고 사회적 소외와 고립을 방지하는 데 필수적인 역량이다. 단순한 기술 습득을 넘어 정보 접근성 향상, 경제적 자립, 생활 편의성 증대, 사회적 관계 형성, 디지털 보안 강화를 포함한다. 효과적인 교육을 위해 실생활 중심의 실습과 노년기 학습자 맞춤형 접근이 필요하며, 정보 활용, 소통 및 협업, 콘텐츠 생산, 정보 보안, 문제 해결 역량을 키우는 것이 핵심이다. 이러한 교육을 통해 시니어들은 보다 나은 삶을 영위할 수 있다.

1. 시니어 디지털 리터러시 교육의 이해

1) 시니어 디지털 리터러시 정의 및 필요성

'리터러시(literacy)'란 글을 읽고 쓸 수 있는 능력을 말한다. 한자어로는 '문해력(文解力)'이라는 익숙한 용어다. 그러면 '디지털 리터러시'란 무엇일까? 같은 맥락에서 '디지털로 된 언어를 읽고 쓸 수 있는 능력'이라고 말할 수 있다. 좀 더 포괄적으로 설명하면, "디지털 기술, 데이터, 정보, 콘텐츠, 미디어를 읽고, 분석하고, 쓸 줄 아는 능력과 소양"(서울특별시, 2021)이라고 하면 대체로 만족할 만한 정의가 될 것이다.

현대 사회에서 디지털 리터러시는 단순한 스마트폰 사용과 같은 디지털 기기 조작 능력을 넘어, 디지털 환경에서 정보를 올바르게 탐색하고 평가하며 생산할

[그림 1-1] 유네스코가 정의한 5대 디지털 리터러시 역량

출처: 서울특별시(2021).

수 있는 포괄적인 역량을 의미한다. 한 예로, 전 세계인의 교육을 선도하는 유네스코(UNESCO)는 디지털 리터러시를 정보와 데이터 활용 능력, 소통과 협업 능력, 디지털 콘텐츠 생산 능력, 정보 보안 및 정보 윤리 능력, 문제 해결 능력의 다섯 가지 핵심 역량으로 정의하고 있다.

특히 고령자를 대상으로 하는 디지털 리터러시, 즉 시니어 디지털 리터러시는 노년층이 디지털 환경에서 원활하게 생활하고, 정보화 사회에서 배제되지 않도록 돕는 필수적인 역량이다. 오늘날 스마트폰, 태블릿PC, 인공지능(Artificial Intelligence: AI), 사물인터넷(Internet of Things: IoT) 등의 디지털 기술이 급속도로 발전하면서 시니어 세대도 이렇게 바뀐 디지털 환경과의 원활한 상호작용이 요구되고 있다. 그러나 현실적으로 많은 시니어가 디지털 기술에 대한 접근성과 활용 능력이 부족하여 사회적 소외와 불편을 경험하는 경우가 많다(황남희 외, 2020). 따라서 시니어 디지털 리터러시는 고령층의 단순한 기술 습득을 넘어 사회 참여를 증진하고 자기주도적인 노년기 삶을 영위하는 데 필수적인 요소로 자리매김해야 할 필요성이 크다.

2) 디지털 리터러시와 노년기 학습자

고령자는 우리 사회의 중요한 시민으로 풍부한 삶의 지혜를 가진 존재다. 디지털 사회로의 급격한 변화가 이들에게 불리하게 작용한다고 해서 이들의 학습 잠재력을 과소평가하거나 제한해서는 안 된다. 이들이 보다 편안하게 새로운 디지털 언어를 익힐 수 있도록 하려면, 우선 이 언어의 속성이 기존의 아날로그 식 언어의 문법과 얼마나 다른가부터 설명해야 할 것이다. 그렇게 되면 고령자들은 단순히 인터넷의 바다에 깔아 놓은 정보를 수동적으로 소비하는 데 그치지 않고 스스로 다양한 정보를 탐색하고 새로운 콘텐츠를 만들면서 길어진 노년기를 행복하게 살아갈 수 있을 것이다. 넘쳐나는 가짜 정보를 분별하고, 일생을 통해 쌓아 온 지혜를 디지털 매체를 통해 다른 세대와 나눌 수 있다면, 흔히 말하는 세대 갈등이나 노인혐오 또한 점차적으로 해소될 것이다.

시니어 디지털 리터러시를 이러한 관점에서 고려할 때, 이를 교육하는 교수자의 접근 방식은 '디지털 시대 고령자 문해력 향상을 위한 평생학습 및 노년교육학적 접근'이어야 한다. 여기에서 '평생학습'과 '노년교육학'이라는 개념이 중요한 의미를 지닌다.

우선, 평생학습(lifelong learning)의 개념을 보자. 미국의 심리학자인 에릭슨(Erikson)은 전 생애 발달(lifespan development)의 과정에서, 노년기 역시 지속적인 성장과 발달이 이루어지는 중요한 시기임을 제시한 바 있다. 따라서 노년기의 성장과 발달을 위한 학습의 중요성을 간과해서는 안 된다. 또한 미국의 심리학자인 매슬로(Maslow)는 인간의 기본적인 욕구 중 하나로 자아실현(self-realization) 욕구를 강조한다. 디지털 리터러시 교육 역시 고령자의 '자아실현' 동기를 충족시키는 데 유의미한 역할을 할 수 있다. 생애 후반기에 교육에 참여하는 행위 자체가 자아실현을 위한 첫걸음이라고 볼 수 있지만, 학습 내용이 디지털이라는 것은 심리적 장벽을 형성할 우려가 있기도 하다. 대부분의 고령자에게 디지털 기술은 완전히 새로운 배움이기 때문이다. 새로운 지식과 기술을 습득하는 과정은 자기효능감을 향상시키는 긍정적인 효과를 가져올 수 있다. 그러나 새로운 것을 배우는 것은 노년기의 특성상 쉽지 않기 때문에, 교수자의 역할이 매우 중요하다.

현대 사회는 전 생애에 걸쳐 배움이 가능하고 필요하다는 인식이 확산되는 '평생학습 사회(lifelong learning society)'로 전환되고 있다. 예전의 '연령분절적(age-separated) 사회'에서는 어린 시절에는 공부하고, 성인기에는 일을 하며, 노년기에는 여가를 즐기는 것이 일반적이었다. 그러나 현재는 '연령통합적(age-integrated) 사회'로 변화하여 모든 생애주기에 걸쳐 학습(learning), 일(work), 여가(leisure)가 동시에 이루어지는 것을 자연스럽게 받아들이는 시대가 되었다. 그리고 지금의 사회는 학습, 일, 여가의 모든 영역에서 디지털 역량이 요구된다. 따라서 고령자를 대상으로 하는 디지털 리터러시 교육은 이들의 지속적인 학습은 물론 일과 여가 활동을 모두 효과적으로 지원하는 중요한 토대가 된다.

그런데 고령자 집단 내의 다양성(diversity)이 다른 어떤 세대와의 차이보다 크다는 의견이 있다. 현대 사회는 과거에 비해 다양성이 더 커지는 추세이며, 인생을 비교적 오래 살아온 고령층의 경우엔 삶의 모습이 더욱 천차만별이다. 의학의 발달로 인해 기대수명이 늘어나면서 연소 노인부터 초고령 노인까지 범위가 확장되었다. 또한 교육 수준이 향상되면서 무학력자부터 고학력 노인까지 다양해졌고, 직업의 종류도 폭넓어졌다. 이제는 다문화사회로 진입하면서 다양한 국적의 이주민 노인까지 함께 살아간다. 계급, 계층, 성별, 성적 정체성, 인종, 언어, 문화, 종교 등 다양한 배경을 가진 노인들이 동시대를 살아가고 있다. 이러한 맥락에서 노년교육학(educational gerontology) 접근이 중요하다. 이들을 대상으로 하는 교육은 이런 사회적 변화를 받아들이고 정형화된 교육보다는 학습자의 다양성을 고려하여 유연한 교육 방안을 모색해야 한다.

3) 시니어 디지털 리터러시 교육의 목적

고령자를 대상으로 하는 다양한 교육 가운데, 디지털 리터러시 교육은 다음과 같은 주요 목적을 가진다.

(1) 정보 접근성 제고를 통한 불평등 예방

현대 사회에서 정보는 디지털화 되어 가고 있다. 정부 행정 서비스부터 금융 거래, 의료정보, 대중교통 이용에 이르기까지, 다양한 생활 영역에서 디지털 기술 활용이 필수가 되었다. 디지털 리터러시 역량이 부족한 시니어는 이러한 서비스 이용 전반에 걸쳐 많은 어려움을 겪게 되며, 이는 심각한 정보 불평등과 사회적 소외로 이어질 수 있다. 정보 습득과 활용에서 이미 상당한 불이익을 감수하고 있는 고령층에게 디지털 리터러시 교육은 필수적인 과제가 되었다.

(2) 경제적 자립과 생활의 질 향상

디지털 기술을 활용하면 고령자도 새로운 경제적 기회를 창출할 수 있다. 예를 들어, 온라인 쇼핑몰 운영, 영상 콘텐츠 제작 활동, 재택근무 등, 다양한 디지털 기반의 경제활동이 가능하다. 실제로 일부 시니어는 유튜브(YouTube)와 같은 플랫폼을 통해 자신의 경험과 지식을 공유하며 경제적 수익을 올리고 있다. 반면 디지털 역량이 부족한 경우에는 온라인 상거래나 금융 서비스를 활용하지 못해 위축되고 소득을 얻기 어렵다.

(3) 일상생활의 편의성 증가

디지털 리터러시는 무엇보다도 일상생활 편의성을 크게 향상시킨다. 스마트폰을 이용한 온라인 쇼핑, 전자정부 서비스, 모바일 뱅킹 등은 시니어들의 생활을 더욱 편리하게 만들어 준다. 또한 인공지능(AI) 스피커, 스마트홈 기기와 같은 첨단 기술은 향후 이들의 이동성이 제약될 수 있는 후기 노년기에도 독립적인 생활을 유지하는 데 중요한 삶의 도구가 될 것이다.

(4) 사회적 관계 형성과 정신건강 제고

디지털 리터러시는 시니어들이 사회적 관계를 유지하고 고립을 예방하는 데 중요한 역할을 한다. 특히 소셜 네트워크 서비스(Social Network Service: SNS)를 활용하면 멀리 떨어져 있는 가족이나 친구들과 소통할 수 있으며, 온라인 커뮤니티 활동을 통해 새로운 관계를 형성할 수 있다. 따라서 디지털 리터러시 교육은 시니어들의 정신건강 증진에도 긍정적인 영향을 미칠 수 있다.

(5) 디지털 보안과 사기 예방

디지털 리터러시 역량이 부족한 고령자는 보이스 피싱과 같은 금융 사기나 허위정보 유포 등의 위험에 더 쉽게 노출된다. 실제로 보이스 피싱 피해 사례를 살펴보면 주로 노인들이 문자 메시지나 SNS를 통해 금융정보를 무심코 제공하여 금전적 손실을 입는 경우가 많다(이승우, 남재성, 2023). 따라서 디지털 보안교육을 통해 개인정보를 안전하게 보호하고, 올바른 인터넷 사용법을 익히는 것은 누구보다도 고령자에게 중요하다.

4) 역량 중심 접근

이러한 목적을 가진 시니어 디지털 리터러시 교육의 접근 방식은 어떤 것일까? 이 책의 핵심적인 주장은 '고령자 대상 교육, 특히 시니어 디지털 리터러시 교육에도 역량 중심 접근은 효과적이다.'라는 것이다. 여기서는 앞서 언급한 유네스코의 다섯 가지 디지털 리터러시 역량을 고령 학습자의 특성에 맞게 재해석하여 제시하고자 한다.

(1) 정보와 데이터 활용 능력

일단 정보를 탐색하고 검색하는 능력이 기본이므로 웹 검색 엔진을 사용하는 방법을 익히는 것이 중요하다. 다음으로는 검색 결과를 검증하는 능력으로서, 자신이 찾은 정보의 질과 신뢰성을 평가할 수 있는 능력이 필요하다. 검색된 정보를 적절하게 활용하는 능력이 그다음으로서, 검색 결과를 분석하고 이를 활용하여 문제를 해결하거나 새로운 아이디어를 만들어 내는 능력이 요구된다(정제영 외, 2023).

(2) 소통과 협업 능력

시니어들도 이메일, 메신저, SNS 등을 이용하여 가족, 친구 및 지역사회와 원활하게 소통할 수 있어야 한다. 이러한 소통 역량은 단순히 주변 사람들과 연결되는 것을 넘어 지역사회, 국가 및 범세계적 문제 해결에도 기여할 수 있다. 따라서 시니어 디지털 리터러시 교육은 사회적 연결망 확장과 공동체 참여를 위한 필수 역량으로 자리매김하고 있다.

(3) 디지털 콘텐츠 생산 능력

대다수의 시니어는 이미 다양한 디지털 콘텐츠를 소비하는 데 익숙하다. 그러나 자신만의 디지털 콘텐츠를 제작하고 생산하는 능력도 중요한 역량이다. 실제로 블로그(blog)를 운영하며 글을 게시하거나 사진 및 영상 편집을 직접 편집하고, 유튜브 채널을 운영하는 시니어들이 있다. 초고령 사회의 다수자인 이들이 자신의 풍부한 경험과 지식을 디지털 방식으로 공유한다면, 더욱 적극적인 사회 참여가 가능하다.

(4) 정보 보안 및 정보 윤리 능력

디지털 환경에서 개인정보를 안전하게 보호하는 능력과 적절한 보안 수준을 유지하는 능력은 고령층에게 가장 취약한 부분이다. 안전한 비밀번호 설정 방법, 개인정보 보호 수칙, 의심스러운 메시지 식별 방법 등을 교육하여 자신을 보호하는 능력을 길러야 한다. 또한 온라인 공간에서의 책임 있는 행동의 중요성을 강조해야 한다. 과도한 디지털 기기 사용을 줄이고, 온라인과 오프라인 생활에 과몰입하지 않고 균형을 유지하는 능력과 디지털 세상의 폭력과 위험에 적절히 대처하는 역량을 키우는 것 또한 필요하다(정제영 외, 2023).

(5) 문제 해결 능력

디지털 기기를 사용할 때 발생하는 문제를 스스로 해결할 수 있는 능력도 중요하다. 예를 들어, 스마트폰이 작동하지 않을 때 기본적인 문제 해결 방법을 알고 있으면 불필요한 불안감을 줄일 수 있다. 또한 다양한 온라인 학습 자원을 활용하여 스스로 필요한 자료를 찾아 학습하고 발전할 수 있도록 지원해야 한다.

2. 시니어가 겪는 디지털 격차의 이해

1) 디지털 격차

디지털 격차(digital divide)는 디지털 자원을 '가진 자와 가지지 못한 자의 차이'를 말한다. 이러한 차이는 삶의 질의 격차를 초래하는데, 다른 자원보다 디지털 격차의 영향력이 더 클 수 있다는 점에서 우려가 된다. 즉, 단지 디지털 자원을 '가졌다' '못 가졌다'가 아니라 디지털을 활용하지 못하면 할 수 있는 일이 점점 줄어드는 반면, 디지털을 활용하면 할 수 있는 일은 무궁무진해지므로 디지털 격차가 곧 삶의 질을 무한대로 확대시킬 수 있다. 따라서 현대 사회에서 사회적 불평등을 야기하고 심화시키는 주요 요인으로서의 디지털 격차에 대한 논의가 필요하다.

이러한 디지털 격차 논의에서 노인, 즉 고령층에 대한 우려가 빠지지 않는다. 이에 대해서 더 깊이 알아보기 위해 하지타이(Hargittai, 2001)의 이론을 참고할 수 있다. 하지타이에 따르면, 디지털 격차는 처음에는 접근성이 문제가 된다. 즉, 디지털 기기나 서비스의 '접속'이나 '접근'에 대한 제약이 있는가에 관한 문제로, 예를 들면 '가정에서 와이파이(Wi-Fi)를 사용할 수 있는가'와 같은 질문으로 설명될 수 있다.

영화 〈기생충〉을 보았다면 반지하에 거주하는 주인공 충식의 가족이 윗집 와이파이를 잡기 위해 온갖 애를 쓰는 장면을 기억할 것이다([그림 1-2] 참조). 그

[그림 1-2] 영화 '기생충'의 한 장면

출처: 봉준호(2019); 바른손 E&A 공식 홈페이지(https://www.barunsonena.com/contents/36).

러나 디지털 사회가 본격적인 도약기에 접어들면서 사용자와 비사용자 간의 격차가 중요한 문제로 떠오른다. 이는 앞서 본 접근 격차와 달리 사용 여부에 따른 격차를 비롯해서 양적인 측면에서의 차이를 의미한다. 더 나아가, 디지털 사회의 포화기에 접어들면서 정보 활용에서의 질적 격차가 보다 중요한 의미를 갖는다(민영, 2011; Hargittai, 2001). 권기창(2008) 역시 디지털 격차 개념을 세 단계의 진화 관점으로 본다. 1세대 개념은 정보통신기술에 대한 불평등한 접근(unequal access), 2세대는 활용 능력(skill), 3세대는 활용 기회(opportunity)에 초점을 두고 있다고 분석한다. 즉, 인터넷 보급이 확산되고 일반인들의 정보통신기기 이용 기술과 능력이 보편화되면서 디지털 격차 개념은 단순한 접근성 차원에서 이용 격차로, 그리고 이용 격차는 다시 양적 격차뿐만 아니라 이용자들이 '어떤 정보를 이용하는가?' '얼마나 이용하는가?' '어떻게 이용하는가?' '어떠한 효과를 얻는가?' '불균형의 문제는 없는가?'와 같은 질적 격차로까지 그 의미가 확장되었다고 볼 수 있다(송효진, 2014).

이미 우리나라의 인터넷 접속률은 거의 100%에 달하므로, 디지털 접근 격차는 이미 상당 부분 해소되었다. 그렇지만 최근 들어서는 새로운 기술을 적용한 디지털 기기가 쏟아져 나오면서, 이러한 최신 기기를 소유한 사람과 구형 모델을 사용하는 사람들 간의 격차와 함께, 같은 사양의 디지털 기기를 소유했다 하더라도 기기에 대한 '활용 능력'이 더욱 중요해지고 있다(김문조, 김종길, 2002). 하지타이와 히넌트(Hinnant) 역시 이를 지적한다. 인터넷의 보급률이 100%에 이르면 인터넷 이용자들 간 매체 이용 능력이나 이에 따른 이용 격차(usage divide), 그리고 그것의 양적 규모 및 질적 수준에 대한 심층적인 연구가 중요해지는데 이에 대한 연구는 아직 부족하다는 입장이다(Hargittai & Hinnant, 2008).

2) 고령자가 경험하는 디지털 격차

고령자는 디지털 이주민 중에서도 가장 늦게 디지털 세상에 발을 디딘 사람이기 때문에 디지털 환경에 적응하는 일이 가장 어려운 일 중 하나라는 점을 확인해 주는 연구가 상당히 많다(김영대 외, 2017). 20대의 스마트폰 이용자들이 각종 서비스를 이용하기 위해 수십 개의 애플리케이션(이하 앱)을 활용하는 반면, 60대의 이용자들이 아주 소수의 앱만을 사용하는 현실은 디지털 기술이 보편화된 사회에서 시니어가 겪는 디지털 격차가 얼마나 크게 나타나는지를 단적으로 보여 준다.

이러한 현실은 각종 지표를 통해서도 확인되고 있다. 디지털 격차 실태조사에서 정보화 취약계층으로 설정한 4대 집단은 장애인, 고령층, 저소득층, 농어민이며, 이 중에서 저소득층의 디지털 정보 이용 역량이 96.5%로 가장 높은 반면에 고령층은 71.4%로 가장 낮은 수준임을 알 수 있다(과학기술정보통신부, 한국지능정보사회진흥원, 2025).

이처럼 4대 디지털 소외계층을 설정한 것은 국가정책 차원에서 이들 집단과 평균 국민과의 접근성 격차를 해소하는 데에 주력하고자 함이다. 이러한 정책의 핵심에 고령층이 자리하고 있다. 이런 상황에서 우리 사회의 대표적인 디지털

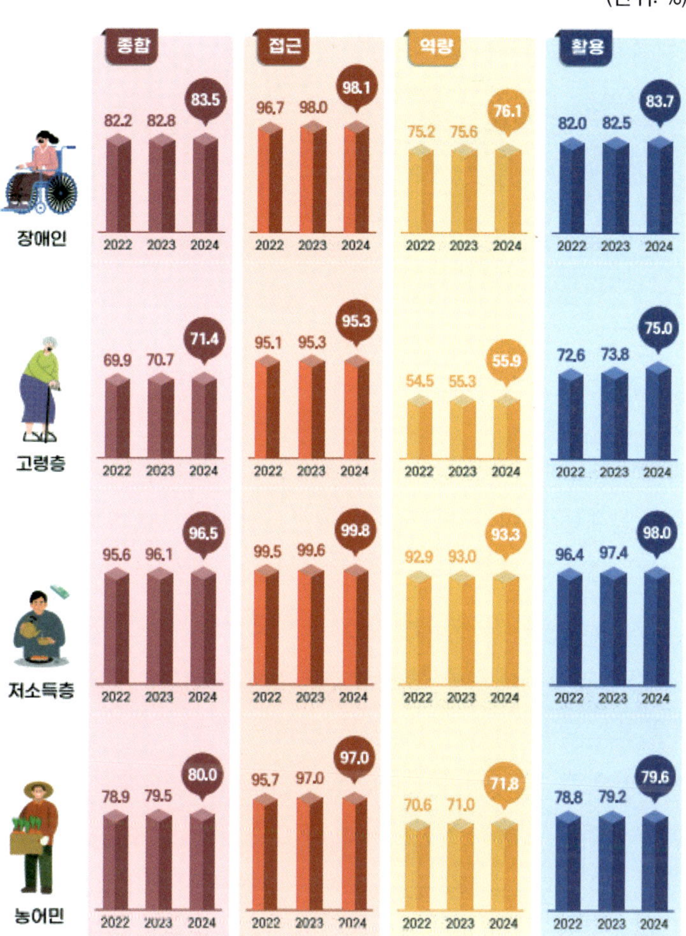

[그림 1-3] 계층별 디지털 정보화 수준

출처: 과학기술정보통신부, 한국지능정보사회진흥원(2025).

취약계층인 노인의 디지털 역량 수준을 정확하게 진단하고 이를 향상시킬 수 있는 교육과 학습의 중요성이 크다.

현재 고령층의 낮은 디지털 역량이 사회 문제로 나타나고 있는 상황은 각종 신문기사에서도 확인할 수 있다. 그중 '노인세(老人稅)'라는 용어로 상징되는 비용 문제가 주목받고 있다. 즉, 고령자의 디지털 역량 부족으로 인해 불필요한 비용을 지불하고 있다는 의미로, 한 신문기사에 실린 사진은 이 노인세가 무엇인

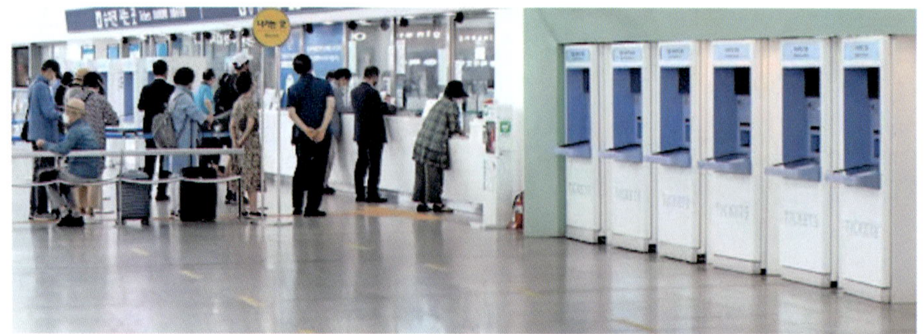

[그림 1-4] 고령자의 디지털 격차

출처: 강다은 외(2021).

지 단적으로 보여 준다([그림 1-4] 참조). 사진 속 무인 발권기는 텅 비어 있지만, 승차권 창구 앞에는 나이가 지긋해 보이는 사람들이 자신의 차례가 오기만을 기다리고 있다. 젊은이라면 아예 무인 발권기조차 필요 없이 간단하게 몇 번의 스마트폰 터치로 가능한 일을 고령자는 긴 줄을 서서 기다려야 한다(강다은 외, 2021). 또는 온라인에서는 각종 쿠폰 등 할인혜택이 넘쳐 나지만, 고령자들은 이러한 혜택을 모르고 더 비싼 가격으로 구매하는 경우가 많다. 물건과 서비스를 더 어려운 방법으로, 더 비싸게 구매하고 있는 셈이다. 경제적으로 취약할 가능성이 더 높은 노인이 오히려 젊은이라면 낼 필요 없는 비용을 지불하는 셈이다. 세계적 디지털 선진국으로 통하는 한국에서 이러한 현상이 벌어지고 있다는 것은 고령자를 대상으로 하는 디지털 리터러시 교육이 현저히 부족하다는 심각한 경고로 해석된다.

3. 시니어 디지털 리터러시 교육의 대응과제

이렇듯 고령층의 낮은 디지털 역량 통계나 '노인세' 논쟁 등에 대한 사회 문제 인식이 확산되기 시작한 점은 다행스러운 일이다. 시니어 대상 스마트폰 교육이 활발하게 진행되는 것이 그러한 증거 중 하나다. 실제로 스마트폰 교육만 제대로 이루어지더라도 고령자가 일상생활에서 겪고 있는 많은 어려움이 상당 부분 해소될 수 있다.

물론 스마트폰의 기본적인 기능이나 기차표 구매, 택시 탑승 등 몇몇 앱의 사용에 대한 교육에 머물러서는 안 될 것이다. 시니어 디지털 리터러시 교육은 노인이 겪는 다양한 어려움을 종합적으로 해소하는 방향으로 설계되어야 하며, 최소한의 목표 설정보다는 노인의 다양성과 디지털 사회에서 노인이 갖는 다양한 요구를 고려하여 폭넓게 대응해야 한다. 권승태(2023)는 고령자들이 디지털 리터러시 측면에서 겪는 어려움을 크게 기능적 · 비판적 · 감성적 · 생산적 측면의 네 가지 부적응 문제로 설명하고 있다. 이러한 문제점을 하나씩 살펴보자.

1) 기능적 문제

디지털 기술을 사용하지 못하는 노인은 사회적 고립을 경험하며 삶의 전반적인 질이 저하될 수 있다. 예를 들면, 최근 은행 점포가 급격하게 줄어드는 현상은 디지털 기기 사용에 익숙하지 않은 노년층에게 큰 불편을 주고 있다. 일상의 많은 부분이 디지털화됨에 따라 노인에게 있어 디지털 리터러시는 실질적인 생존의 문제가 되고 있다.

2) 비판적 문제

많은 고령자가 유튜브나 카카오톡을 애용한다. 그러나 안타깝게도 이들 중 일부는 가짜 뉴스를 맹목적으로 믿고 유포하여 사회 문제를 일으킨다(오세욱 외, 2017). 디지털 정보가 넘쳐 나는 시대에 시니어들은 종종 허위 정보나 가짜 뉴스에 대한 판별 능력 부족으로 인해 잘못된 정보 확산 문제를 넘어 사회적 불신과 분열을 초래할 위험이 있다.

3) 감성적 문제

고령층은 디지털 원주민 세대가 주도하는 새로운 시각 문화에서 소외되어 있다. 디지털 원주민은 다양한 미디어를 자유롭게 융합하여 기존에 없던 새로운 스타일을 창조하고 있는데, 이러한 혼종성은 노인에게는 무척 낯선 것이다. 그렇다고 해서 노인 세대가 디지털 환경 속에서도 익숙한 추억만을 즐기는 데 머문다면, 세대 간의 감성적 간극은 소통에 걸림돌로 작용하여 고령자의 소외감을 증폭시킬 수 있다.

4) 생산적 문제

유튜브와 같은 소셜 미디어 콘텐츠를 즐겨 시청하는 노인은 많다. 그러나 직접 콘텐츠를 만들고 공유하는 노인은 드물다. 젊은 세대가 노인 세대를 탐구하여 그들의 지혜를 배우는 콘텐츠를 만들 수도 있지만, 그 깊이나 관점에는 분명한 한계가 있을 것이다. 따라서 고령자 스스로가 새로운 디지털 미디어를 통해 자신의 목소리를 내고, 축적된 경험과 지식을 타인과 공유할 필요가 있다. 이러한 점에서 디지털 리터러시는 노년기의 사회 참여와 생산적인 활동으로 이어지는 연결고리가 될 수 있다.

결론적으로 시니어 디지털 리터러시는 현대 사회에서 시니어가 자율적이고 적극적인 삶을 영위하기 위한 필수 역량이다. 정보 접근성 향상, 경제적 기회 확대, 생활의 편의성 증대, 사회적 관계 유지, 보안사고 예방 등 다양한 측면에서 시니어들에게 중요한 의미를 가진다. 따라서 효과적인 교육 방안을 모색하고 실생활 중심의 맞춤형 교육을 제공하는 것이 시급한 과제다. 이렇게 디지털 사회에서 고령자가 갖는 취약한 부분을 살펴보는 것으로부터 구체적으로 무엇을 교육해야 할 것인가에 대한 방향성을 도출해 볼 수 있다.

참고문헌

강다은, 채제우, 한예나(2021). “인터넷 못해서…” 어르신은 오늘도 ‘노인稅’ 냈다. 조선일보 2021년 6월 16일자.

과학기술정보통신부, 한국지능정보사회진흥원(2025). 2024 디지털정보격차 실태조사.

권기창(2008). 정보격차 해소정책의 성과분석. 정책분석평가학회보, 18(4), 375-396.

권승태(2023). 노인을 위한 디지털 리터러시 교육방법: 디지털 미디어 쓰기를 중심으로. 한국미래문화연구소 학술대회 발표논문.

김문조, 김종길(2002). 정보격차(Digital Divide)의 이론적 · 정책적 재고. 한국사회학, 36(4), 123-155.

이승우, 남재성(2023). 노인의 보이스피싱 피해경험에 대한 영향요인 검증. 한국중독범죄학회보, 13(3), 17-38.

김영대, 조윤희, 서영길(2017). 장노년층 정보화 교육의 효과에 관한 연구: 디지털 역량과 삶의 질을 중심으로. 행정논총, 55(1), 229-259.

민영(2011). 인터넷 이용과 정보격차-접근, 활용, 참여를 중심으로. *Journal of Communication Research, 48*(1), 150-187.

봉준호(감독). (2019). 기생충 [영화]. CJ ENM. https://www.barunsonena.com/contents/36.

서울특별시(2021). 중장년의 디지털리터러시. 서울지식이음포럼.

송효진(2014). 질적 정보격차와 인터넷 정보이용의 영향요인 고찰-이용자의 디지털 리터러시, 인식, 자기효능감을 중심으로. 한국정책과학학회보, 18(2), 85-116.

오세욱, 정세훈, 박아란(2017). 가짜뉴스 현황과 문제점. 한국언론진흥재단.

정제영, 조현명, 황재운, 문명현, 김인재(2023). 챗GPT 교육혁명: ChatGPT를 활용한 하이터치 하이테크 미래교육. 포르체.

황남희, 김혜수, 김경래, 주보혜(2020). 노년기 정보 활용 현황 및 디지털 소외 해소 방안 모색. 한국보건사회연구원.

Hargittai, E. (2001). Second-level digital divide: Mapping Differences in people's online skills. *First Monday,* 7(4). http://www.firstmonday.org/issues/issue7_4/hargittai

Hargittai, E., & Hinnant, A. (2008). Digital inequality: Differences in young adults' use of the internet. *Communication Research, 35*(5), 602-621.

2장

시니어 디지털 리터러시의 내용

시니어 세대는 특히 연령에 따라 디지털 활용 목적과 학습 방식에서 뚜렷한 차이를 보인다. 연소 노인은 실용적이고 즉각적인 기술을, 고연령층으로 갈수록 건강관리 및 가족과의 소통에 초점을 맞추는 경향이 있다. 이 장에서는 고령자 집단의 다양성에 대해 알아보고 시니어 세대별 특성에 따른 교육과 학습의 내용을 살펴보고자 한다. 특히 시니어 디지털 리터러시의 내용을 기능적 · 비판적 · 감성적 · 생산적 요소로 구분하여 알아본다.

1. 고령자 집단의 다양성

시니어 세대는 다양한 연령층과 배경을 가진 이질적인 구성원들로 이루어져 있다. 우리 사회에서 이들의 다양성은 특히 '길어진 노년기'와 '베이비부머 세대의 등장'이라는 두 가지 주요 요인에서 비롯된다. 이러한 요인들은 시니어 세대의 디지털 리터러시 교육에 중요한 영향을 미치며, 각 세부 집단의 특성과 요구를 고려한 맞춤형 교육 프로그램의 필요성을 강조한다.

1) 길어진 노년기와 초고령 사회

의학의 발달과 생활수준의 향상으로 평균 수명이 길어지면서, 노년기는 더 이상 은퇴 후의 단순히 '남은' 기간이 아니라, 적극적인 사회 참여와 학습을 통해 더욱 가치 있는 시기로 변화하고 있다. 우리나라의 경우, 2025년 기준 65세 이상 인구비율은 약 20%로, 고령 사회(aged society)에서 초고령 사회(super-aged society)로 진입한 상태다. 일반적으로 전체 인구에서 65세 이상이 차지하는 비율인 고령자 인구비율이 7% 이상이면 고령화 사회(aging society), 14% 이상이면 고령 사회, 20% 이상이면 초고령 사회로 구분된다고 한다. 우리나라의 경우 고령화 속도가 매우 빨라 2000년에 고령자 인구비율이 7.2%에 이르러 고령화 사회로 진입했는데(국가기록원, 2007), 예측되었던 2026년보다 1년이 빠른 2025년에 이미 초고령 사회로 진입하여 인구 고령화의 속도가 전 세계에서 제일 빠르다고 한다. 이미 초고령 사회를 걱정하는 소리는 여기저기에서 들려온다. 노동력 부족, 생산성 저하 등으로 경제 성장이 둔화되고 노인 부양비 상승과 의료 및 복지 비용 증가 등의 경제적 부담을 이야기하고 있어 마치 노인 그 자체가 걱정거리인 양 생각되게 한다(이로미, 2024).

2) 베이비부머 세대의 출현

우리나라 베이비부머 세대는 경제 성장기에 헌신적으로 일해 온 결과, 다른 세대에 비해 상대적으로 높은 자산을 보유하고 있다. 이들은 이미 노년기에 접어들었거나 머지않은 미래에 노년기에 들어선다. 1차 베이비부머 세대(1955~1963년생)는 약 700만 명으로, 이들은 이미 모두 65세 이상 노년기에 진입해 있다. 그리고 잠시 출생아 수가 줄었던 1964~1967년까지를 제외하고 다시 출생아 수가 증가한 1968~1974년생을 2차 베이비부머로 규정하고 있다. 결과적으로 우리나라 베이비부머 세대는 1955~1974년까지의 20년간을 다 포함한다고 볼 수 있으며, 이 기간 중 한 해에 많게는 100만 명 가까이 태어난 것을 감안하면 대략적으로만 보더라도 2,000만 명에 육박한다(통계청, 2024). 〈표 2-1〉을 보면 2024년 기준으로 50대와 60대 인구를 합친 숫자는 16,426,240명으로서, 총인구 대비 비율이 무려 32%에 달하는 것으로 나타난다.

〈표 2-1〉 노년인구의 연령별 현황

연령대	50대	60대	70대	80대
인구수(명)	8,705,899	7,720,341	4,046,445	2,060,518
인구비율(%)	16.82	14.92	7.82	4.6

출처: 통계청(2024).

현재 베이비부머 세대가 디지털 기술에 대한 관심과 활용 능력을 키우는 데 적극적으로 나서고 있기 때문에 시니어 디지털 리터러시의 성장 가능성이 열려 있다. 노동시장 관점에서 보면, 고령자 노동시장 특성 중 두드러진 점은 고학력화와 전문화로 요약된다. 과거에 비해 놀랄 만큼 고령자의 인적자본이 향상된 점이 각종 지표로 나타나고 있다. 이렇게 고학력-고경력 퇴직자가 늘어나면서 이들의 일자리에 대한 관심 또한 높아지고 있다(김은석, 2023; 안준기, 2023). 이러한 상황은 앞으로 베이비부머 세대가 디지털 기술을 통해 일상생활의 편의를 높이고 새로운 경험을 추구하려는 욕구 및 디지털 기반을 활용한 새로운 일자리를 적극적으로 모색할 것을 예상하게 한다.

2. 시니어 세대별 특성에 따른 교육과 학습의 내용

시니어 세대의 다층적 특성은 디지털 리터러시 교육의 기획과 제공에 반드시 반영되어야 한다. 길어진 노년기와 상당한 자산을 보유한 베이비부머 세대의 등장은 노년기를 세분화한 각 세대의 특성과 요구를 고려한 맞춤형 교육 프로그램의 필요성을 강조한다. 시니어 세대 전체가 디지털 리터러시를 접하고 배우는 것이 왜 어려운지에 대한 이해도 필요하지만, 노년층 안에서 세대별 집단에 따른 특징이나 선호하는 교육과 학습의 방식, 그리고 가장 필요로 하는 디지털 리터러시 역량에 대해서도 관심이 요구된다.

1974년 미국의 심리학자 뉴가튼(Neugarten)은 노년층을 두 집단으로 나누어

55~74세를 '영 올드(young-old)', 75세 이상을 '올드 올드(old-old)'로 구분한 바 있다(Neugarten, 1974). 이는 노년기 내에서도 신체적·심리적·사회적 특성에 따라 뚜렷한 차이가 있음을 강조하기 위한 것이다. 최근에는 노년기가 길어짐으로 따라 더욱 세분화되는 경향이다. 여기서는 연소 노인, 노인, 초고령 노인의 세 집단으로 구분하여 세대별 특성에 따른 시니어 디지털 리터러시 교육과 학습의 방식과 내용을 파악하고자 한다.

1) 연소 노인의 디지털 리터러시 요구

(1) 연소 노인의 특성

최근에는 많은 사람이 70대 중반까지도 스스로를 노인으로 여기지 않는 경향이 있다. 사회적으로도 65세부터 노인으로 규정하는 현행 제도에 대한 개편 논의가 이루어지고 있다. 그러나 이 시기에 주된 일자리에서의 퇴직은 일반적으로 '은퇴(retirement)'라고 불리며, 노년기의 시작이 자연스럽게 연결된다. 주된 일자리에서 물러남에 따라 겪는 위축이 상당하지만 이는 오히려 제2의 인생, 제2의 또는 제3의 일자리 시작을 뜻할 수 있다. 한 사람의 일생에 있어서 이 시기는 학교를 졸업하고 노동시장으로 뛰어들던 그 시기만큼, 아니 어쩌면 그 시기보다 더 중요할 수 있다. 이 시기를 어떻게 보내느냐에 따라 남은 긴 노년기의 향방이 결정될 수 있기 때문이다.

우리나라의 1차 베이비부머 세대가 바로 이 연소 노인(young-old)에 해당한다. 이들은 주된 일자리에서 은퇴한 후에도 일을 통한 사회 참여와 자기계발에 대한 욕구가 강하다. 이들 대부분이 일자리를 통해 디지털 기술을 어느 정도 접해 보았기에 전혀 새로운 경험은 아니지만 빠른 속도로 발전하는 디지털 기술을 좇아가기에는 여전히 어려움을 느끼고 있다. 그러나 이들에게 경제적 안정과 건강이 뒷받침된다면 은퇴 이후에 그동안 미뤄 왔던 새로운 경험에 도전하거나 해보고 싶었던 일을 자유롭게 시도해 볼 수 있다. 따라서 새로운 도전과 하고 싶은 일에서 디지털 리터러시는 이들에게 '배우고 싶은 것의 1순위'일 수 있다.

(2) 연소 노인의 학습 방식

연소 노인 세대는 이론보다는 실제 생활에 적용할 수 있는 기술을 배우는 데 관심이 많은데, 이는 성인 학습자의 전형적인 특성이며 디지털 리터러시 학습에도 마찬가지로 적용된다(주민재, 2024). 예를 들어, 스마트폰을 활용해 카카오톡으로 소통하기, 네이버 지도로 길 찾기, 모바일 뱅킹으로 계좌 관리하기 등, 실용적인 기술교육 내용이 호응을 받는 이유이기도 하다. 따라서 디지털 리터러시 교육에 있어서도 실용성을 강조하는 것이 중요하다.

동시에 이 세대는 반복 학습과 체계적인 설명을 통해 새로운 기술을 습득하는 데 익숙하다는 점도 고려해야 한다. 그러므로 연소 노인이 지속 가능한 일자리를 원하거나 디지털 사회에 보다 적극적으로 참여하고자 하는 경우, 단계별로 구성된 교육 프로그램을 통해 디지털 리터러시를 체계적으로 배우고자 하는 성향도 크다는 점을 간과해서는 안 된다.

(3) 연소 노인의 디지털 리터러시 교육 내용

이들은 디지털 리터러시의 습득을 통해 일상생활의 편의를 높이고, 사회적 연결을 유지하려는 요구가 강하다. 이들이 가장 필요로 하는 디지털 리터러시 교육 내용은 나음과 같다.

- **온라인 뱅킹 및 금융 서비스**: 모바일 뱅킹 앱을 통해 계좌 조회, 이체, 자동이체 설정 등을 할 수 있는 능력이 필요하다.
- **온라인 쇼핑**: 인터넷 쇼핑몰을 이용해 상품을 검색하고, 결제하며, 리뷰를 작성하는 방법을 배우는 것이 중요하다.
- **여행 및 여가 활동**: 기차표, 항공권, 숙소 예약, 길 찾기 앱 사용법 등을 배우는 것이 필요하다.
- **소셜 미디어 활용**: 카카오톡, 페이스북(Facebook), 인스타그램(Instagram) 등을 통해 가족 및 친구와 소통하고 정보를 공유하는 능력이 요구된다.
- **지속 가능한 일자리를 가능하게 하는 디지털 기술**: AI, 드론, 온라인 마케팅 등,

다양한 분야의 디지털 기술에 숙련된 역량을 보일 필요도 있다.

2) 노인의 디지털 리터러시 요구

(1) 노인의 특성

일반적으로 '노인'으로 분류되는 75세에서 85세 사이의 연령층은 신체적 능력이 다소 저하되었음에도 불구하고, 학습에 대한 의지는 여전히 높을 수 있다. 이들은 주로 건강관리와 가족과의 관계 유지에 관심이 많으며, 디지털 기술을 통해 이러한 필요를 충족시키려는 경향이 있다. 즉, 노인 세대는 디지털 기술을 통해 건강을 관리하고, 일상생활의 편의를 높이는 데 주된 관심이 있다.

(2) 노인의 학습 방식

이들은 체계적이고 반복적인 학습 방식을 선호한다. 또한 새로운 기술을 배울 때 단계별로 천천히 익히는 것을 좋아하고, 특히 시청각 자료를 활용한 교육이 효과적이다. 디지털 기술의 실용성을 중시하며, 새로운 기술에 대한 호기심은 있지만 실제로 배우는 데에는 보다 신중한 태도를 보이는 경향이 있다. 단계별로 구성된 교육 자료와 반복 학습을 제공함으로써 이들의 학습 욕구를 충족시킬 수 있다. 따라서 이들의 특성과 요구를 고려한 맞춤형 교육 프로그램이 필요하며, 가능한 경우 1:1 수준의 개별화된 교육이 더욱 효과적이다.

그러나 이 세대는 디지털 교육에 참여하기보다는 가족이나 보호자의 지원을 통해 디지털 기술을 배우는 무형식학습(informal learning) 방식을 선호할 수도 있다. 따라서 가족 구성원이 디지털 교육 능력을 갖춘다면 이들에게 실질적인 도움을 줄 수 있을 것이다.

(3) 노인의 디지털 리터러시 교육 내용

이들은 디지털 리터러시 역량을 습득해서 건강을 관리하고, 가족 및 친구와의 소통을 유지하려는 요구가 강하다. 따라서 이들에게 가장 필요한 디지털 리터러시 교육 내용은 다음과 같다.

- **건강관리 앱 및 비대면 진료 시스템**: 건강관리 앱으로 혈압, 혈당, 심박수 등을 모니터링하고, 비대면 진료 시스템을 활용해 병원 방문 없이 의료 서비스를 받는 방법을 배우는 것이 중요하다.
- **가족 및 친구와의 의사소통**: 화상 통화, 메시지 전송 등 기본적인 디지털 커뮤니케이션의 방법과 기술을 배우는 것이 필요하다.
- **일상생활의 편의를 위한 기술**: 모바일 뱅킹, 온라인 쇼핑, 여행 예약 등, 일상생활에 유용한 디지털 기술을 배우는 것이 요구된다.

3) 초고령 노인의 디지털 리터러시 요구

(1) 초고령 노인의 특성

초고령 노인은 85세 이상의 고령층으로, 신체적 · 인지적 제약이 상당할 수 있다. 이들은 단순하고 명확한 정보를 선호하며, 새로운 기술에 대한 두려움은 다른 어느 연령대보다 클 수 있다. 그러나 디지털 기술을 통해 안전을 관리하고 외부와의 연결을 유지하려는 욕구는 여전히 강하며, 오히려 이 시기에는 더욱 중요해지므로 긴급 상황에 대비하기 위해 디지털 기기를 활용하려는 경향도 보인다(Heponiemi et al., 2023).

(2) 초고령 노인의 학습 방식

이들은 한번에 하나의 기능을 천천히 익히고자 한다. 특히 반복 학습과 단순한 설명이 중요하다. 스마트폰의 기본 기능을 간결한 설명과 꾸준한 반복을 통해 이들의 디지털 활용 능력을 어느 정도 향상시킬 수 있다. 그러나 이 세대는 가족이나 보호자의 지원을 통해 디지털 기술을 일부 배우는 경우가 더 많고, 아예 배우는 것을 포기하기도 한다. 따라서 이들의 특성과 요구를 고려한 맞춤형 교육 프로그램이 필요하며, 찾아가는 교육, 친근한 가족 구성원이나 자원봉사자를 통한 1:1의 맞춤형 접근이 효과적일 것이다.

(3) 초고령 노인의 디지털 리터러시 교육 내용

이들은 디지털 리터러시의 습득을 통해 안전을 보장받고 외부와의 연결을 유지하려는 요구가 강하다. 이들이 가장 필요로 하는 디지털 리터러시 교육 내용은 다음과 같다.

- **긴급 상황 대비를 위한 스마트폰 기본 기능**: 전화 걸기, 문자 보내기, 긴급 연락처 설정 등 기본적인 기능을 배우는 것이 중요하다.
- **디지털 기기를 통한 건강관리**: 건강관리 앱, 비대면 진료 시스템 등을 활용해 건강을 모니터링하고, 병원 방문 없이 비대면으로 진료받는 방법을 배우는 것이 필요하다.
- **타인과의 연결 유지**: 가족 및 친구와의 화상 통화, 메시지 전송 등 기본적인 디지털 소통 기술을 숙지하는 것이 요구된다.

3. 시니어 디지털 리터러시의 4대 핵심 요소

시니어가 디지털 리터러시를 배우는 데 각종 장벽이 있을 수 있지만, 한편으로는 최근 AI 기술의 발전으로 디지털 환경을 보다 편리하게 즐길 일이 더 많아졌다. 실제로 최근 디지털 기술은 사용자 친화적으로 발전하고 있다. 예를 들어, 음성 인식 기술, 단순화된 인터페이스, 자동화된 기능 등은 시니어 세대가 디지털 기기를 더 쉽게 사용할 수 있도록 돕는다. 즉, 시니어 세대가 디지털 기술을 받아들이는 과정에서 어려움이 있지만, 동시에 얻을 수 있는 혜택도 많아졌고 더 많아질 것이다. 또한 이들이 대표적인 디지털 취약계층으로 인식되면서 각종 공공자원이 증가하여 관련 교육 프로그램이 빠른 속도로 보급되고 있다. 현재 시니어 세대가 디지털 리터러시를 배울 수 있는 장이 늘어나고 있으며, 상당수의 교육이 무료로 제공되고 교육 프로그램도 점차 다양해지는 추세다.

여기에서는 기능적 · 비판적 · 감성적 · 생산적 역량으로 핵심 요소를 나누어 시니어 디지털 리터러시 교육 내용을 다루고자 한다.

1) 디지털 생활을 가능하게 하는 기능적 역량

시니어 디지털 리터러시가 추구해야 할 기능적 역량은 디지털 기기와 소프트웨어를 다룰 수 있는 기초 기술을 익히고, 일상생활에서 디지털 기술을 사용할 수 있도록 하는 데 초점을 맞추어야 한다. 대표적으로 스마트폰의 기본적인 기능을 비롯하여 스마트폰에서 사용할 만한 애플리케이션(application; 줄여서 app 또는 앱이라고 쓴다)의 활용 능력까지 포함한다.

(1) 디지털 기기 사용의 기본

스마트폰으로 대표되는 디지털 기기를 사용하는 능력은 현대 사회에서 필수적인 능력이다. 태블릿PC나 컴퓨터 등을 다루는 능력까지 갖춘다면 정부 서비스 이용, 금융거래, 의료 예약 등을 더욱 편리하게 처리할 수 있다. 이러한 기기의 기본 조작법을 익히면 일상생활에서의 불편을 줄이고, 노년기 삶의 자율성을 유지하는 데 도움이 된다.

그러나 스마트폰만 예를 들어도 많은 노인이 전원 켜기, 잠금 해제와 같은 기본 기능조차 어려워하며, 앱 설치 및 사용에 큰 어려움을 느낀다고 한다. 예를 들어, '밀어서 잠금 해제'와 같은 간단한 스마트폰 기능을 이해하는 데 어려움을 느끼거나, 전원을 켜고 끄는 것조차 실패하는 경우가 있다.

우선, 기본 동작 숙달로서 전원 조작, 화면 밀기 등의 동작을 반복 연습하는 것이 필요하다. 스마트폰 화면 설정에서 사용자에게 알맞은 정도의 큰 글씨와 직관적 디자인을 선택하여 익숙한 화면 환경을 구성하는 것도 좋다. 그리고 음성 명령 기능 활용을 익혀 검색과 글쓰기를 음성으로 처리할 수 있도록 교육하여 접근성을 높이는 것도 필요하다. 다음으로, 각종 앱을 설치하고 관리하는 방법, 그리고 소프트웨어 업데이트 방법을 학습한다. 마지막으로 중요한 것은 비밀번호 관리다. 가능하다면 비밀번호 관리 앱을 활용해 로그인 정보를 안전하고 체계적으로 저장하도록 안내한다.

(2) 필수 앱 활용

디지털 기술이 발전하면서 생활에 필수적인 앱 사용이 증가하고 있다. 특히 정부 민원 서비스, 모바일 뱅킹, 온라인 쇼핑 앱의 활용은 물건의 구매나 행정처리, 금융 업무 등, 일상 처리를 빠르고 편리하게 할 수 있다. 일상생활에 필요한 디지털 기능 교육이 시급하며 광범위하게 이루어져야 한다.

건강관리 앱의 사용도 중요하다. 혈압 · 혈당 기록 앱 사용법을 익혀서 본인이 직접 건강 데이터를 관리하면 노년기 건강관리에 주체적으로 임할 수 있다. 또한 생필품을 사러 나가는 쇼핑은 운동이 되기도 하지만, 코로나19와 같은 팬데믹 상황처럼 대면활동이 불가능하거나 건강상의 이유로 이동이 어려울 때 온라인 쇼핑은 큰 도움이 될 것이다. 또한 택시를 타거나 기차표를 사고 길을 찾아가는 등의 이동과 관련된 앱은 비용 결제 과정까지를 다 익혀야 한다. 마지막으로, 비대면 교육 플랫폼과 같은 앱도 빼놓을 수 없다. 코로나19 이후 줌(Zoom)을 활용한 비대면 온라인 교육이 보편화되었다. 예를 들어, 근래에는 노인복지관이나 평생학습관 등에서 온라인 교육 프로그램을 다수 제공하기 때문에, 집에서도 다양한 학습 기회를 누릴 수 있게 되었다.

(3) 키오스크 및 스마트 기기 활용

키오스크(kiosk)는 은행, 병원, 음식점, 교통시설 등에서 이미 보편화되었다. 하지만 고령자는 키오스크 사용 경험 부족으로 인해 서비스 이용이 제한될 수 있다. 기본 조작법과 예상하지 못한 문제가 발생되었을 때 대처하는 요령을 익히면, 일상생활에서의 불편함을 줄이고 스스로 처리할 수 있는 자율성을 확보하는 데 도움이 된다.

2) 디지털 시민성을 기르는 비판적 역량

비판적 역량은 기본 정보 보안부터 습득한 정보의 신뢰성을 분석하고 평가하는 능력까지를 포괄한다. 이는 디지털 세계에 살아가는 시민의 자질, 즉 디지털 시민성(digital citizenship)과 연관된다. 디지털 시대에 시민으로서 요구되는 역량은 단순한 디지털 기기 활용을 넘어 디지털 환경에서의 올바른 행동 양식, 즉 비판적 사고와 윤리적 책임을 포함하는 방향으로 확장되고 있기 때문이다(정제영 외, 2023). 이는 인터넷과 디지털 도구를 이용하면서 적절한 행동, 책임, 권리 등을 인식하고 이를 준수하는 능력, 다양한 시민이 살아가는 디지털 사회에서 서로의 인종, 문화, 성별, 나이 등의 차이를 존중하고 이런 차이로 인한 장점을 인식하는 태도, 획득한 정보의 신뢰성을 판단하고 타인과의 연대를 통해 올바른 사회적 행동을 실천하는 태도를 포함한다.

이렇게 디지털 세상에서 자신과 타인을 존중하고 공유와 협력으로 상생하는 디지털 공존의 가치는 이미 다가온 미래의 핵심 역량이다. 예를 들어, '가짜 뉴스'에 대한 논쟁이 거세다면, '그럼 내가 즐겨 보는 이 뉴스도 가짜 뉴스인가?' 라고 스스로 질문하는 태도가 바로 디지털 시민성이다. 이런 '교차검증(cross-check)', 즉 여러 출처의 정보를 비교해서 진위를 확인하는 과정은 노인에게 더욱 어렵다. 그 이유와 방법을 알지 못해서 못하는 경우가 많고, 일부는 알고 있더라도 익숙함에 끌려 그 중요성을 간과하기 쉽기 때문이다.

현재 고령층은 유튜브나 카카오톡을 많이 사용하는 대표적인 세대이면서도 이들 중 일부는 이러한 플랫폼을 통해 접한 가짜 뉴스를 맹목적으로 믿고 퍼뜨려서 사회 문제를 일으키기도 한다. 물론 이러한 현상이 고령층에만 국한된 것은 아니지만, 그 비율이 높은 것은 사실이다. 또한 유튜브 등의 과도한 사용은 디지털 중독으로 이어질 수 있다. 그런데 이런 문제를 다루는 교육은 거의 찾아보기 힘들다. 전반적으로 성인을 대상으로 한 디지털 시민성 교육이 청소년 대상보다 현저히 부족한 실정이며(이영선 외, 2022), 특히 노년층을 위한 맞춤형 교육 프로그램이 거의 마련되어 있지 않고 학습자 선호에 따른 교육수요도 미미하다.

그러나 개인의 기호를 반영하여 선호하는 콘텐츠를 제공하는 '알고리즘(algorithm)'에 대해서 고령자가 보다 정확한 이해를 한다면 자신의 가치관이나 기존의 신념 혹은 판단 따위와 부합하는 정보에만 주목하고 그 외의 정보는 무시하는 사고방식과 태도인 확증편향(confirmation bias)을 충분히 경계할 수 있다.

(1) 개인정보 보호와 보안

정보 유출로부터 자신을 보호하는 일은 디지털 시민의 첫걸음이다. 강력한 비밀번호 설정, 2단계 인증 활성화, 의심스러운 이메일이나 링크 차단 방법 등을 익혀야 한다. 이렇게 자신의 정보를 지킬 줄 아는 시민은 타인의 정보도 보호할 줄 안다. 더 나아가 과도한 디지털 기기 사용이나 디지털 미디어 과몰입, 사이버 폭력 등 디지털 세상의 위험에도 선제적으로 대응할 수 있다.

(2) 가짜 뉴스 및 허위 정보 판별

인터넷과 SNS에서 유통되는 정보의 상당수가 허위 정보일 가능성이 높으며, 특히 노인은 이에 취약한 경향이 있다. 예를 들어, 코로나19 당시 가짜 건강 정보가 노년층 사이에서 급속히 확산되었고, 실제로 일부 노인은 검증되지 않은 치료제를 구입하는 사례도 있었다(이재호, 2021). 이에 따라 미디어 정보의 신뢰성을 분석하고 교차검증하는 교육이 필수적이다.

(3) 디지털 알고리즘 이해

디지털 플랫폼은 사용자의 검색 패턴을 기반으로 맞춤형 콘텐츠를 제공한다. 하지만 알고리즘에 의해 특정 정보가 필터링(filtering)되거나 편향된 정보만 제공될 가능성이 있어 균형 잡힌 정보 소비 습관이 필요하다. 특히 노년층은 맞춤형 알고리즘과 확증편향에 의해 편향된 정보에 노출될 가능성이 높으며, 가짜 뉴스의 주요 소비층으로 지목되기도 한다(임상수, 2021). 알고리즘에 대한 이해는 디지털 환경에서 올바른 정보를 찾고 적극적으로 참여해 사회적 가치를 창출하는 '디지털 책임'으로 이어진다.

3) 디지털 커뮤니케이션을 즐기는 감성적 역량

디지털 기술을 활용한 정서적 교류와 사회적 연결을 강화함으로써 노년기 고립감을 해소하고 행복한 생활을 영위하는 데 도움을 줄 수 있다. 특히 시니어의 경우 스마트폰으로 사진과 동영상을 촬영하여 타인과 소통하는 일이 많아짐에 따라 틱톡(TikTok), 유튜브, 인스타그램과 같은 플랫폼의 주 사용자가 되고 있다.

노인이 만드는 사진과 동영상 콘텐츠가 다른 세대에서도 호응을 받기 위해서는 노인 스스로가 디지털의 감성을 자신의 것으로 받아들여야 한다. 이는 디지털 원주민 세대가 선호하는 이미지와 스타일을 파악하고 젊은이들과 소통함으로써 가능하다. 이미 일부 노인은 디지털 원주민 세대가 주도하는 새로운 시각문화에 적극적으로 참여하여 즐기고 있다.

(1) 소셜 미디어 및 온라인 소통

고령자의 사회적 관계 유지에 디지털 소통이 중요한 역할을 한다. 소셜 네트워크 서비스(SNS)를 활용하면 가족 및 친구들과 쉽게 연결될 수 있으며, 이는 정서적 안정에도 긍정적인 영향을 미친다. 한 사례로, 유튜브에 손수 제작한 영상을 업로드한 한 노인이 "할머니가 만든 영상이야."라며 자랑스러워하는 손녀의 반응을 통해 인정욕구의 충족과 세대 간 연결감을 느꼈다고 한다. 이처럼 적극적인 디지털 활동 참여는 노년층이 사회 구성원으로서 중요한 역할을 수행하는 계기가 된다(권성호, 김성미, 2011).

연구결과에 따르면, 소셜 미디어를 통해 적극적으로 소통하는 노인은 그렇지 않은 노인보다 외로움을 덜 느끼며, 사회적 지지가 높아지는 경향이 있다(Zhang et al., 2021). 특히 코로나19 이후 비대면 연결이 필수화되면서 노인들의 디지털 커뮤니케이션 필요성이 더욱 커졌다. 최근 틱톡, 인스타그램 릴스, 유튜브 쇼츠(Shorts)와 같은 숏폼(short-form) 콘텐츠 플랫폼이 다양한 연령층에서 인기를 얻고 있다. 젊은 세대가 주로 사용하는 것으로 알려졌지만 최근 조사에 따르면 60대 이상의 사용자 계정도 증가하는 추세에 있다고 한다(Ng & Indran, 2022).

(2) 고령자의 온라인 커뮤니티

인터넷 카페, 포럼, SNS 등에서 적극적으로 활동을 하면서 지식과 경험을 공유하고 네트워크를 확장하는 고령자가 있다. 예를 들어, 온라인 커뮤니티에서 고령자들이 매달 한 권의 책을 선정하여 온라인상에서 토론하고 독서 감상을 나눈다면 참여자들은 단순히 책을 읽는 것을 넘어, 의견을 교환하고 사회적 관계를 형성하며 지적 자극을 받을 수 있다. 이러한 활동은 고령자로 하여금 디지털 환경에서 의미 있는 역할을 수행하며, 온라인 공간에서 사회적 소속감을 느낄 수 있도록 돕는다.

(3) 디지털 문화 콘텐츠 소비

유튜브, 넷플릭스(Netflix), 전자책 등의 디지털 문화 콘텐츠를 활용하면 노년기에 늘어난 여가 시간을 더욱 풍요롭게 보낼 수 있다. 또한 디지털 게임 역시 노인의 인지 능력 향상과 치매 예방에 도움이 될 수 있고 사회적 고립감을 줄일 수 있다.

4) 디지털 일자리에 연결되는 생산적 역량

생산적 역량은 시니어들이 노년기 일과 연관된다. 디지털 콘텐츠를 창출하고 온라인 상에서 의미 있는 활동을 할 수 있도록 돕는다. 이는 '디지털로 일하기'이며, 시니어에게 있어 기본 역량은 디지털로 글쓰기와 영상 만들기를 들 수 있다. 더 나아가 심화 역량은 디지털 환경에서 협업하여 일하는 능력을 포함한다.

(1) 디지털 콘텐츠 제작

디지털 시대에는 누구나 콘텐츠 제작자가 될 수 있다. 노인들도 글쓰기와 영상 제작을 통해 자신의 경험과 생각을 공유할 수 있다. 아프리카 속담에 '노인이 한 사람 죽으면 도서관 하나가 불타는 것과 같다'는 말이 있듯이, 노인들의 삶의 경험은 값진 지식과 문화 유산이 될 수 있다(정현숙, 2022).

글쓰기는 일상을 기록하고 자아를 표현하는 도구가 된다. 특히 블로그 운영을 통해 자신의 이야기를 공유하고, 일정한 방문자를 확보하면 광고 수익도 창출할 수 있다. 블로그와 함께 브이로그[vlog, 비디오(video)와 블로그(blog)의 합성어]도 인기 있는 콘텐츠 형식으로, 글 대신 영상으로 일상을 기록하는 방식이 인기 있다. 노년층도 스마트폰을 활용하여 손쉽게 브이로그를 제작할 수 있으며, 이는 사회적 교류를 촉진하는 역할을 하며 자기표현의 기회를 확대한다. 이를 위해서 노인을 대상으로 하는 디지털 콘텐츠 제작을 위한 도구 활용과 관련된 교육이 필요하다.

(2) 경제활동 및 디지털 창업

디지털 플랫폼을 활용한 노년기 경제활동도 점점 증가하고 있다. 예를 들어, 시니어도 온라인 마켓을 통해 직접 제작한 상품을 판매하면서 새로운 경제적 기회를 창출하고 경제적으로 자립이 가능해졌다. 또한 일부 시니어는 온라인 강의 플랫폼을 활용하여 자신이 보유한 전문 지식을 강의 형태로 제공하고 있으며, 이를 통해 경제적 수익과 동시에 개인적 만족감을 얻고 있다. 특히 과거 전문가로 활동했던 시니어들은 줌이나 유튜브 라이브 스트리밍(live streaming)을 이용해 실시간 강의를 진행하고, 이를 통해 사회적 기여와 경제적 활동을 동시에 실현할 수 있다.

(3) 디지털 협업

노인들이 디지털 환경에서 적극적으로 활동하기 위해서는 인공지능(AI) 기반 도구와 협업 플랫폼을 활용하는 능력을 키우는 일이 필요하다. 예를 들어, 구글 독스(Google Docs)는 여러 명이 실시간으로 동시에 문서를 작성하고 편집할 수 있는 대표적인 협업 도구로서, 노년층의 공동 학습과 협업 활동에도 매우 유용하다.

참고문헌

권성호, 김성미(2011). 소셜 미디어 시대의 디지털 리터러시 재개념화. 미디어와 교육, 1(1), 65-82.

국가기록원(2007). 고령화. https://www.archives.go.kr/next/search/listSubjectDescription.do?id=006810&sitePage=

김은석(2023). 베이비부머의 주된 일자리 퇴직 후 경력경로이해: 베이비부머 질적 종단연구결과를 중심으로. 2023 청장년정책허브센터 성과공유포럼 자료집.

안준기(2023). 고령자 노동시장 특성과 정책 과제. 2023 청장년정책허브센터 성과공유포럼 자료집.

이로미(2024). 돌봄은 순환하므로 서로 다정하게, 다가서기. 월간 우리문화, 2024년 10월호(Vol. 336), 4-7.

이영선, 정소영, 최지혜(2022). 디지털 시민성 관련 국내 연구 동향 분석. 교육문화연구, 28(5), 175-199.

이재호(2021). 가짜뉴스에 낚인 노인들, 약국서 "'코로나 약' 클로로퀸 달라". 한겨레. 2021년 1월 3일자 기사. https://www.hani.co.kr/arti/society/health/977010.html

임상수(2021). 소셜 미디어 시대, 미디어정보리터러시: 디지털 시민성 교육의 수렴. 인천평생교육정책포럼 자료집.

정제영, 조현명, 황재운, 문명현, 김인재(2023). 챗GPT 교육혁명: ChatGPT를 활용한 하이터치 하이테크 미래교육. 포르체.

정현숙(2022). 노인은 도서관 하나. 시니어타임즈 워라밸 뉴스. 2022년 4월 2일자 기사.

주민재(2024). 성인학습자 디지털 리터러시 역량 인식 분석. 언어사실과 관점, 62, 169-201.

통계청(2024). 장래인구추계. 국가통계포털. https://kosis.kr

Heponiemi, T., Kainiemi, E., Virtanen, L., Saukkonen, P., Sainio, P., Koponen, P., & Koskinen, S. (2023). Predicting internet use and digital competence among older adults using performance tests of visual, physical, and cognitive functioning: longitudinal population-based study. *Journal of Medical Internet Research, 25*, e42287.

Neugarten, B. L. (1974). Age groups in American society and the rise of the young-old. *The annals of the American academy of political and social science, 415*(1), 187-198.

Ng, R., & Indran, N. (2022). Not too old for TikTok: How older adults are reframing aging. *The Gerontologist, 62*(8), 1207-1216.

Zhang, K., Kim, K., Silverstein, N. M., Song, Q., & Burr, J. A. (2021). Social media communication and loneliness among older adults. *The Gerontologist, 61*(6), 888-896.

2부

교육의 콘텐츠

- 3장 디지털 트렌드와 문화의 이해
- 4장 디지털 화면 보기
- 5장 디지털 지식 읽기
- 6장 디지털 쓰기와 그리기
- 7장 디지털 만들기

INSTRUCTION FOR TEACHING DIGITAL LITERACY TO OLDER ADULTS

3장

디지털 트렌드와 문화의 이해

디지털 문화와 아날로그 문화는 사고방식에서 큰 차이가 있어 계획적 사고와 즉흥적 사고, 소유적 사고와 공유적 사고 등 양 문화 사이의 다양한 차이를 이해하는 것이 디지털 리터러시 습득의 핵심이다. 이에 따라 시니어 디지털 리터러시 교육은 단순 기능을 습득하는 교육보다는 문화적 이해와 자율적 학습 능력을 강조하며, 최종적으로는 시니어가 디지털 콘텐츠 제작자로 성장하도록 유도한다.

1. 디지털 트렌드: 디지털의 아날로그화

기존의 디지털 기기는 시니어에게 도전하기 힘든 낯선 세계였지만, 최근 디지털 기술은 거꾸로 아날로그화하고 있는 측면을 주목할 필요가 있다. 즉, 디지털 기기는 점점 인간을 닮아 가고 있다. 특히 인공지능(AI)이 출현하면서 특별히 디지털 기술을 배우지 않더라도 어느 정도는 기존 아날로그 방식인 말과 글로 디지털 서비스를 이용할 수 있게 됐다. 예를 들어, 태블릿PC 또는 스마트폰에서 전자펜으로 손글씨를 쓰는 기능이나 AI 음성 비서에게 말을 걸어 날씨를 묻거나 일정을 잡는 기능을 넣어 기존 아날로그 세계의 친숙한 감성을 느끼게 한다.

오늘날 세계 각국의 정부와 업계는 제론테크(gerontech, gerontechnology의 준말), 즉 노년학(gerontology)과 기술(technology)의 융합에 주목하고 있다. 이는 시니어의 독립적인 생활을 돕고 돌봄 비용을 줄이며 노동력이 줄어드는 사회에서 시니어에게 쉽고 친숙한 방식의 기술로 대안을 마련하는 움직임이다. 예를 들면, 일본은 간병 로봇에 국가 지원을 아끼지 않고, 유럽의 여러 나라도 스마트 시티 프로젝트에 고령자 편의 기술을 필수 요소로 포함하고 있다. 우리나라도 AI 돌봄, 스마트 재활기기, 전동 카트 등 다양한 분야에 기업이 참여하고 있다.

1) 자연어 및 음성 인터페이스

AI는 인간이 자연어로 기계와 소통하는 시대를 열었다. 특히 AI 음성 비서를 활용하면 시니어도 쉽게 디지털 기기에 접근할 수 있다. 예를 들어, 국내 스타트업이 개발하여 정부 시범 사업으로 국내에 10,000대 이상 보급한 '효돌'은 챗GPT(ChatGPT)를 활용하여 지역별 사투리도 구사할 수 있어 시니어와 자연스런 대화가 가능하다. 또한 효돌은 움직임 감지, 온도, 습도 등 6개 정보를 실시간으로 모니터링하고, 12시간 이상 움직임이 없으면 생활지원사에게 자동으로 알림을 발송하여 시니어를 24시간 지켜 준다(남궁선희, 2024). 향후 다국어 음성 인식과 방언 인식 등이 개선되어 노년층의 음성 명령을 더욱 정확히 알아듣고 대응하는 AI 비서가 등장할 것이다. 궁극적으로는 시니어가 자연스럽게 기술과 어울려 살아가도록 하는 환경이 조성될 것이다.

하지만 로봇이 인간 돌봄을 대체하는 것에 대해서는 윤리적 논란과 회의적 시각도 존재한다. 『네이처(Nature)』지에 소개된 한 기사 제목은 다음과 같다. "로봇이 노인 돌봄 위기를 해결해 줄 수 있을까?" 여기서 지적하는 바는 로봇이 진정한 의미의 교감과 돌봄을 제공할 수 있는지에 대한 의문이다. 워싱턴대학교의 사회과학자 클라라 베리지(Clara Berridge)는 기술이 인간 돌봄을 완전히 대체하는 것은 사회적으로 위험한 발상일 수 있다고 지적한다. 특히 사회적 약자나 고립된 노인에게 로봇을 제공하는 것이 기계로 대체해도 괜찮은 사람처럼 인식될 수 있다는 점에서 윤리적인 고민이 필요하다고 말한다. 그는 로봇을 이용한 돌봄이 실제 인간 접촉의 필요성을 대체하는 방식으로 사용되면, 이는 오히려 돌봄 자체의 본질을 훼손하는 것이라고 경고한다(Worth, 2024). 사회적 로봇이 제공하는 상호작용은 프로그래밍된 반응이다. 사용자의 표정이나 말투에 반응하는 기능도 있지만, 이는 감정을 이해하고 공감하는 인간다운 관계와는 다른 성격의 것이다. 이에 대해 비판적인 시각은 로봇이 사람처럼 감정을 느끼지 않기 때문에, 관계가 아니라 환상에 가까운 반응을 제공하는 것이라고 평가한다. 따라서 AI 돌봄의 역할 한계를 인정하고 인간 돌봄자와 기술의 보완적 협력이 이뤄지도록 해야 할 것이다. 실제 현장에서도 로봇이 기본적인 돌봄과 안전 모니터링만 담당하고 정서적 교감이나 중요한 의사결정은 인간이 맡는다는 원칙으로 운영되고 있다.

2) 몰입형 기술

가상현실(Virtual Reality: VR)과 증강현실(Augmented Reality: AR) 기술도 디지털과 현실의 경계를 좁히며 인간화하는 방향으로 발전하고 있다. VR은 단순히 화면을 보는 것을 넘어 마치 현장에 있는 3차원 경험을 제공한다. 이는 거동이 불편한 시니어에게 가상 여행이나 추억 회상의 수단이 되어 정서적 안정을 도울 수 있다. 미국 플로리다주의 한 시니어 커뮤니티에서 스탠퍼드대학교 연구소가 진행한 VR 프로그램에서는 입주 노인들이 7분짜리 VR 여행(예: 전투기 타고 비행, 강아지와 놀기, 파리 관광)을 체험했다. 참가자의 80%가 체험 후 기분이 좋아지고 사회적 고립감이 줄었다고 응답했다(Associated Press, 2024). 이처럼 몰입형 기술은 현실의 아날로그 체험을 디지털로 재현하여 삶의 질을 높이는 새로운 트렌드가 될 수 있다. 그리고 삼성은 구글(Google)과 협력하여 'Project Haean'이라는 스마트 안경을 개발 중이다. 이 안경은 사용자가 물건을 어디에 두었는지 기억하지 못할 경우 그 위치를 알려 주는 기능을 제공한다(Sutrich, 2025). 이런 AR 안경은 치매로 인한 사회적 어려움을 기술로 보완하는 혁신이 될 것으로 기대된다.

3) 생활 밀착형 스마트 기술

일상에서 시니어가 디지털 기기를 의식하지 않고 도움을 받는 기술이 늘고 있다. 예를 들어, 스마트홈 IoT는 집안 곳곳의 센서와 기기를 연계하여 주변이 알아서 돌봐 주는 환경을 만든다. 삼성전자는 2023년부터 '스마트싱스 패밀리케어' 서비스를 선보이고 있는데, 가정에서 쓰는 IoT 가전을 연동하여 시니어의 일상 패턴을 모니터링하고 외출과 복약 등의 일정 알림 서비스를 제공하며 이상 징후 시 가족이나 의료인에 알림을 보낸다(원태영, 2025). 시니어는 특별히 기기를 조작할 필요가 없이 평소 쓰던 냉장고나 TV 등을 통해 돌봄을 받는 것이다. 이렇듯 기술이 배경에서 조용히 작동하며 인간을 세심하게 돌보는 방향으로 발전하고 있다. 또한 착용형 웨어러블 기기들도 시계 같은 친숙한 형태로 건강 데이터를 측정하여 넘어짐을 감지하고 심박 이상을 알리는 등의 기능을 제공한다.

4) 시니어 전용 인터페이스

최근 시니어 전용 인터페이스는 AI 기술과 직관적인 디자인을 통해 시니어의 디지털 접근성을 높이고 있다. 시니어가 스마트폰이나 태블릿PC를 쉽게 사용할 수 있도록 통신사들이 인터페이스를 간소화하고 있다. 시니어 모드를 켜면 화면에 큰 글자와 간단한 메뉴만 표시되어 전화 걸기, 문자 확인, 카메라 같은 기본 기능을 쉽게 사용할 수 있다. 또한 폴더폰 형태의 스마트폰도 꾸준히 나와 물리적 키패드에 익숙한 시니어가 쉽게 적응할 수 있게 했다. 미국 그랜드패드(GrandPad)의 '그랜디 챗(Grandie Chat)'을 이용하면 시니어가 키보드를 칠 필요 없이 음성으로 기계와 대화할 수 있다(Howell, 2025). 이런 시니어 맞춤형 기기를 이용하면 인터넷 뱅킹, 온라인 쇼핑, SNS 등의 디지털 서비스를 시니어도 쉽게 사용할 수 있다.

2. 아날로그 문화와 디지털 문화

디지털 기기를 사용할 때 문제가 생기면 설정에 들어가 해결책을 찾을 수 있다. 내용을 찾을 때는 탐색기나 검색창에 가면 되고 구체적인 작동을 시킬 때는 메뉴나 도구(tool)를 찾으면 된다. 물론 AI가 디지털 기기에 탑재될 경우 단순히 AI에게 말이나 글로 설명만 하면 앞의 모든 것을 사용자 대신 알아서 처리해 줄 것이다. 그러나 말을 하거나 글을 쓰는 것보다 아이콘이나 단축키를 누르는 것이 더 빠르므로 그래픽 사용자 인터페이스(Graphical User Interface: GUI)의 형태나 역할은 AI와 음성 기반 인터페이스가 발전한다 해도 완전히 사라지지는 않을 것이다. 자주 쓰는 아이콘, 단축키, 제스처는 많지 않으므로 외워 놓으면 디지털 생활이 훨씬 편해질 것이다. 그럼에도 불구하고 고령자가 디지털 리터러시를 터득하는 것이 어려운 이유는 기술이 어렵기 때문이 아니라 문화의 차이가 크기 때문이다. 아날로그 문화와 디지털 문화의 차이를 이해하고 디지털 문화에 마음을 열고 받아들일 때 디지털 리터러시는 완성된다. 물론 아날로그 문화와 디지털 문화는 대립적인 면이 있지만, 상호 보완적인 관계다. 어느 하나를 버리고 선택하는 문제가 아니라 필요에 따라 선택하는 문제다.

또한 고령자 중에서는 디지털 문화를 빨리 받아들여 젊은이보다 더 디지털 기술을 잘 활용하는 사람들이 있고, 반대로 젊은이 중에도 디지털 기술에 서툰 사람들도 있다. 그러므로 이 책에서 아날로그 문화와 디지털 문화 간의 차이는 세대적 차이로 일반화한 것으로 모든 개인에게 일괄해서 적용할 수 없음을 밝힌다.

(1) 계획적(순차적) 사고 대 즉흥적 사고

지금의 노인들은 어린 시절부터 책을 보면서 자랐다. 글과 책의 구성은 모두 계획적이다. 연필 세대라면 편지를 쓰면서 순서가 틀려 종이를 구겨 버리고 처음부터 다시 써 본 기억이 있을 것이다. 그러므로 쓰기 전에 먼저 신중하게 계획해야 한다. 특히 볼펜으로 쓸 때는 맞춤법이 틀리지 않도록 또는 엉뚱한 단어를 쓰지 않도록 긴장하여 아주 조심스럽게 쓰게 된다.

디지털 세계에서도 문자 세대인 시니어는 문자를 쓰듯이 그렇게 순서대로 조심스럽게 기기를 대한다. 반면 디지털 세대는 조금도 주저하지 않고 기기를 만지기 시작한다. 틀리면 취소하고 다시 하면 된다. 순서도 언제든지 바꿀 수 있으니 순서를 지킬 필요 없이 즉흥적으로 작업해도 문제가 없다. 현 젊은 세대는 카톡으로 즉흥적으로 소통하는 것을 선호하지만, 기성 세대는 신중하게 글을 쓰는 이메일 방식을 더 선호한다.

(2) 계층적 사고 대 검색적 사고

분류하는 것은 도서관적 사고다. 도서관에 가면 책을 역사, 문학, 과학 등으로 분류한다. 역사는 한국사, 서양사, 동양사 등으로 분류하고 한국사는 고대사, 중세사, 근대사, 현대사 등으로 분류한다. 그런데 이러한 계층적 사고로 디지털 세계에서도 폴더로 계층을 만들어 파일을 관리하고 찾기도 한다. 그래서 대부분의 문자 세대는 파일을 찾을 때 마치 도서관에 들어간 것처럼 상위폴더, 하위폴더 순으로 클릭하면서 파일을 찾는 것이다.

반면, 디지털 세대는 검색창에 키워드를 입력해서 곧바로 찾는다. 시니어는 직접 본인이 찾으려 하고 디지털 세대는 컴퓨터가 찾도록 한다. 누가 빠르겠는가? 당연히 컴퓨터는 순간적으로 파일을 찾아 준다. 키워드를 다 입력하지 않더라도 예상 키워드를 제시해 준다. 이를 선택만 하면 된다. 파일뿐만 아니라 폴더, 앱, 설정 등도 검색으로 찾는다. 시니어는 모르는 것이 있으면 주변 사람에게 묻지만 디지털 세대는 검색한다. 둘 다 모르는 것이 있기는 마찬가지지만 검색을 하느냐 안 하느냐가 큰 차이를 만든다. 길 찾기처럼 단순한 지식을 찾을 때 고령자는 지나가는 사람에게 묻는다면 디지털 세대는 기계에게 물을 것이다. 왜냐하면 단순 작업에서는 사람보다 기계가 더 빠르고 정확하기 때문이다.

(3) 표준적 사고 대 맞춤형 사고

아날로그 세대는 신문이나 TV든 영화든 주어진 대로 소비했다. 그러므로 디지털 세계에 들어가도 자신만의 환경을 만들 생각을 하지 않는다. 반면 디지털 세대가 디지털 기기를 갖게 되면 가장 먼저 하는 일이 설정에 들어가 바탕화면의 이미지와 색이나 글꼴을 자신의 취향에 맞게 바꾸는 것이다. 그리고 웹브라우저도 북마크를 해서 자신이 자주 방문하는 사이트에 '바로 가기'를 할 수 있도록 한다.

이렇게 설정을 바꾸는 일은 단순히 외양을 꾸미는 것 이외에 작업 환경을 효율적으로 바꾸는 일이기도 하다. 현재 다양한 플랫폼이 사용자의 사용 기록과 방식에 맞게 맞춤형 콘텐츠를 제공하므로 고령자는 이런 맞춤형 사고에 익숙해질 필요가 있다.

(4) 소유적 사고 대 공유적 사고

책과 음반을 사서 즐겼던 아날로그 세대는 디지털 세계에 들어와서도 파일을 다운로드해서 컴퓨터에 저장하고 있어야 안심이 될 것이다. 파일도 소유의 개념이 들어간다. 그러나 디지털 세대는 다운로드하지 않고 스트리밍(streaming)으로 책과 음반을 즐기고 자신이 만든 글이나 그림, 동영상도 자신의 컴퓨터 하드 드라이브가 아니라 클라우드(cloud)[1]에 올려놓고 언제든지 접속할 수 있는 환경을 만든다. 그리고 아날로그 세대가 음악이나 동영상 같은 콘텐츠를 카카오톡으로 전송하여 다운로드받는다면 디지털 세대는 링크를 공유한다.

다운로드의 단점은 기기의 저장 공간을 차지한다는 점이다. 그래서 저장 공간 관리가 어려운 시니어는 카카오톡에 쌓인 동영상 때문에 저장 공간이 다 차면 스마트폰을 바꾸는 경우가 있다. 디지털 세대는 이해하기 힘든 일이다. 또 디지털 세대는 누구와도 쉽게 자신의 콘텐츠를 공유한다. 왜냐하면 혼자 갖고 있을 때보다 함께 사용할 수 있을 때 그 콘텐츠의 가치가 높아진다는 사실을 알고 있기 때문이다. 디지털 세계로 진입한 시니어는 이러한 공유 문화의 장점을 경험할 필요가 있다.

(5) 목적지향적 사고 대 유희적 사고

문자 세대는 디지털 기기를 '일을 하는' 도구로 생각하여 특정한 목적을 가지

---

1 마치 하늘의 구름처럼 내 컴퓨터가 아니라 인터넷 공간에 사진, 문서, 프로그램 등을 저장해 어디서든 사용할 수 있는 서비스다.

고 사용하지만 디지털 세대는 특별한 목적 없이도 재미로 사용한다. 예를 들어 보자. 챗GPT를 처음 접할 때 아날로그 세대는 무엇을 물을지 고민한다. 그러나 디지털 세대는 끝말잇기를 하면서 노는 일이 흔하다.

(6) 전문적 사고 대 통합적 사고

문자 세대는 '한 우물을 파라'는 말을 미덕으로 생각하며 살아온 세대이다. 그러므로 디지털 기기도 전문적인 영역으로 생각해서 하나만 열심히 하면 된다고 생각할 수 있다. 그러나 디지털 세계의 미덕은 '통합'이다. 통합할 때 가치가 높아진다. 예를 들어, 포토샵만 잘해서는 안 되고 일러스트레이터, 프리미어, 애프터이펙트 등을 다양하게 사용하면서 한 소프트웨어에서 만든 콘텐츠를 다른 소프트웨어로 가져가서 작업할 때 더 창의적인 것이 나올 수 있다.

서로 다른 다양한 전문 매장을 통합한 것이 아마존(Amazon)이나 쿠팡과 같은 디지털 상거래 플랫폼(platform)[2]이다. 디지털 세계에서 힘은 다양한 것이 모일 때 만들어진다.

(7) 일방적 사고 대 상호작용적 사고

책과 TV는 일방적이다. 이런 레거시 미디어(legacy media)에 익숙한 시니어는 콘텐츠를 그냥 보고 읽는 것에 익숙하다. 그러나 디지털 세대는 콘텐츠를 통해 누구와 연결하려 한다. 디지털 기기도 단순히 읽고 쓰는 도구가 아니라 다른 사람 또는 기계와 끊임없이 소통하는 관계가 중요하다. 특히 AI 기술이 디지털 기기에 들어가면서 기계와의 소통은 점점 중요해지고 있다.

(8) 논리적 사고 대 직관적 사고

글은 기본적으로 추상적이고 논리적이다. 반면 이미지는 구체적이고 직관적이다. 고령자는 논리적 이해에 익숙하기 때문에 디지털 기기 역시 매뉴얼을 보

2 소비자와 공급자를 연결하는 디지털 환경을 뜻한다.

고 논리적인 설명을 보면서 배우려고 할 것이다. 그러나 많은 디지털 기기는 매뉴얼이 없어도 누르다 보면 알게 되는 경우가 많다.

(9) 고정적 사고 대 다변적 사고

활자는 한 번 인쇄하면 고정된다. 그림도 한 번 그리면 쉽게 바꿀 수 없다. 아날로그는 기본적으로 수정이 힘들다. 반면 디지털은 속성을 언제든지 아주 세부적인 것까지 쉽게 변경하거나 취소할 수 있다. 그러므로 속성의 파라미터(parameter)[3]를 자유롭게 조정하여 실험적인 시도를 하면 생각지도 않은 새로운 결과를 만들 수도 있다. 디지털 방식은 모든 것이 다양하게 변화한다는 점에서 다변적이라 할 수 있다.

(10) 단일 관점 사고 대 다중 관점 사고

아날로그 세계는 기본적으로 하나의 시점이 자연스럽다. 그림의 원근법이 대표적으로, 바라보는 시선에서 하나의 소실점이 만들어진다. 한 장소에서 여러 관점으로 볼 수 없다. 그러므로 그것에 익숙한 시니어는 디지털 인터페이스에서도 파일을 볼 때도 단일 관점으로 보게 된다. 그러나 대부분 디지털 기기는 다양한 관점을 선택해서 볼 수 있다. 예를 들어, 파일 탐색기만 보아도 그렇다. 파일을 큰 아이콘, 작은 아이콘, 타일(tiles), 목록, 내용, 자세히 등 다양한 관점으로 볼 수 있게 되어 있다.

(11) 동종적 사고 대 혼종적 사고

아날로그 세계는 다른 종류가 섞이기 쉽지 않다. 글자와 그림은 병렬적으로 배치될 뿐, 2개가 섞이지 않는다. 그러나 디지털은 모든 것이 마치 액체처럼 서로 섞일 수 있다. 이런 혼종적 방식은 디지털 기기의 장점 중 하나다. 아날로그는 고정된 고체처럼 각각의 미디어가 자기만의 고유성을 갖는다. 그러므로 이에

---

3 개체 또는 효과의 속성을 조정하기 위한 값이나 설정 옵션을 뜻한다.

익숙한 고령자는 디지털 기기 역시 고정된 미디어만을 각각 다루는 것에 그치는 경우가 많다. 반면 디지털 세대는 서로 다른 종류의 미디어를 섞는(mixing) 실험을 하면서 창의적인 결과를 만들어 낸다.

아날로그와 디지털 간의 이러한 문화 차이를 〈표 3–1〉에 정리했다.

〈표 3–1〉 아날로그 문화와 디지털 문화의 비교

항목	아날로그 문화(기성 세대)	디지털 문화(젊은 세대)
사고방식	계획적(순차적) 사고	즉흥적 사고
정보 분류 방식	계층적 사고(도서관식 분류)	검색적 사고(키워드 기반 즉각 검색)
사용방식	표준적 사고(주어진 대로 사용)	맞춤형 사고(개인 환경에 맞춰 사용)
콘텐츠 관리 방식	소유적 사고(다운로드와 저장 중심)	공유적 사고(스트리밍과 링크 공유)
사용 목적	목적지향적 사고(도구로 사용)	유희적 사고(재미와 흥미로 접근)
기술 접근 방식	전문적 사고(하나의 기술에 집중)	통합적 사고(다양한 기술의 융합 추구)
미디어 이용 형태	일방적 사고(수동적 소비)	상호작용적 사고(쌍방향 소통과 연결)
지식 습득 방식	논리적 사고(매뉴얼, 설명서 중심)	직관적 사고(직접 조작하며 습득)
콘텐츠 수정 가능성	고정적 사고(변경이 어렵고 제한적)	다변적 사고(손쉬운 변경과 수정)
시점과 관점	단일 관점 사고 (하나의 시점 중심)	다중 관점 사고(다양한 시점 활용)
미디어 융합 가능성	동종적 사고(각 미디어 독립적 활용)	혼종적 사고(여러 미디어를 자유롭게 혼합)

3. 시니어 디지털 리터러시 교육

디지털 기기는 점차 사용하기 쉬워지고 있지만 고령자가 여전히 디지털 기기를 다루기 힘든 이유는 기술에 있지 않고 이들이 소유한 아날로그 문화에 있다. 즉, 이들이 문자 기반의 아날로그 문화에 익숙하기 때문에 디지털 환경을 낯설고 어렵게 생각하는 것이다. 인공지능은 단순히 글로 쓰거나 말만 해도 되지만 기계와 인간처럼 소통하는 것 자체를 어려워한다.

디지털 리터러시는 기존 리터러시처럼 학교나 학원에서 정식으로 수업을 들으면서 배울 필요가 없다. 한글과 영어는 수년간 단어를 외우고 그 문법을 익혀야 하지만 디지털 리터러시는 그런 단어나 문법이 존재하지 않는다. 왜냐하면 디지털 리터러시는 어린아이도 혼자서 배울 수 있도록 이미지로 구성되어 있기 때문이다. 문자와 달리, 이미지는 배우지 않더라도 직관적으로 그 의미를 인지할 수 있다. 시니어가 디지털 기기에 적응하기 어렵지만 어린아이가 반대로 쉽게 적응하는 이유는 바로 디지털 화면이 창, 아이콘, 버튼, 배경화면 같은 이미지 위주로 구성되기 때문이다. 시니어는 디지털 기기를 사용하려면 먼저 설명서를 찾겠지만 어린아이는 아이콘을 이것저것 누르면서 사용법을 스스로 익힌다. 그러므로 디지털 리터리시 학습은 크게 '디지털 이해하기'와 '디지털 사용하기' 두 가지로 구성될 수 있다.

첫째, '디지털 이해하기'다. 노인 세대도 디지털 기기를 이용할 때는 새로운 디지털 방식을 적극적으로 수용할 필요가 있다. 그러나 노인 세대가 젊은 세대의 이질적인 디지털 사고방식을 곧바로 자기 것으로 받아들이기는 쉽지 않다. 그러므로 새로운 이미지 기반의 디지털 문화와 과거 문자 기반의 아날로그 문화가 무엇이 다른지 이해할 필요가 있다.

이를 위해 교수자는 어떻게 문자 기반의 아날로그 시대가 이미지 기반의 디지털 시대로 변화했는지 그 과정을 흥미로운 스토리로 전달할 수 있다. 교수자는 우선 컴퓨터와 인터넷, 모바일에 공통된 이미지 기반의 인터페이스가 얼마나 쉬운지 알려 주고, 그것을 노인 세대가 쉽게 받아들일 수 있도록, 그리고 디지털 사고방식을 가질 수 있도록 안내해야 한다. 디지털 방식은 추상적인 개념이므로 그 자체를 교육하기보다 구체적인 컴퓨터, 인터넷, 모바일, AI의 특성을 교육함으로써 자연스럽게 디지털 세계로 노인을 안내할 필요가 있다.

기존 리터러시는 한번 배우면 평생 사용할 수 있지만 디지털 리터러시는 매년 새롭게 배워야 한다. 노인 세대가 새로운 앱이 나올 때마다 그것을 타인에게 의존해서 배우기는 힘들다. 다행히 점점 앱이 더 사용하기 쉽게 개선되므로 노인 세대는 충분히 혼자서 배울 수 있다. 문제는 그것을 혼자 배우겠다는 의지와 자신감이다. 그런 자율적인 의지와 자신감은 그 세계가 충분히 쉽다는 것을 이해할 때 가능하다. 그러므로 교수자는 디지털 리터러시의 기기 하나의 기능을 설명하기보다 노인 학습자가 향후 혼자서 배울 수 있는 능력을 갖추도록 도와주는 방향으로 교육 커리큘럼을 구성해야 할 것이다.

둘째, '디지털 사용하기'는 디지털 기기를 보고, 읽고, 쓰고, 그리며 이를 통해 콘텐츠를 만들 수 있는 능력을 기르는 것이다. 여기서 디지털 리터러시는 디지털 화면 보기, 디지털 지식 읽기, 디지털 쓰기와 그리기, 디지털 만들기다.

- **디지털 화면 보기**
  - 시니어 디지털 리터러시 수업은 컴퓨터 화면 보기로 시작한다.
  - 기존 문자 방식과 디지털 방식의 차이를 이해한 후 컴퓨터의 그래픽 사용자 인터페이스를 배운다.

- **디지털 지식 읽기**
  - 인터넷을 통해 지식을 읽는 방식을 알아본다.
  - 네이버, 구글 같은 검색 엔진의 작동원리를 배우면서 검색 기술을 살펴본다.
  - 챗GPT 같은 생성형 AI와 대화를 통해 지식을 찾는 방식도 배운다.

- **디지털 쓰기와 그리기**
  - 생산성 앱을 활용해 일상생활의 디지털 쓰기를 배운다.
  - 노트, 일정, 회의, 파일 관리 등 일상에서 자주 쓰는 생산성 앱에 대해 알아본다.
  - 한컴오피스, MS 오피스나 구글 오피스 같은 문서 작성 앱을 배운다.
  - AI의 도움을 받아 글을 쓰는 방법을 알아본다.
  - 디지털 그리기를 할 수 있는 이미지 저작 도구인 어도비 디자인 앱의 인터페이스와 기능을 배운다.

- **디지털 만들기**
  - 디지털 쓰기와 그리기의 능력을 활용해 크리에이터가 되는 방법을 알아본다. 즉, 디지털 리터러시의 최종 기능은 단순히 디지털 기기를 사용하는 것을 넘어 크리에이터로서 디지털 콘텐츠를 창조하는 것이다.

현재 젊은 세대를 '인류 역사상 가장 똑똑한 세대'라고 말한다. 그 이유는 그들이 디지털 세대이기 때문이다. 디지털 세대는 그들 이전의 모든 세대인 아날로그 세대보다 더 많은 지식을 접하게 된다. 인터넷이 나오면서 세계의 지식이 서로 연결되었고 소셜 미디어가 나오면서 세계의 사람들이 서로 연결되었다. 이제 AI가 인터넷과 소셜 미디어의 모든 지식을 학습해 실시간으로 인간에게 알려 주고 있다.

여기서 디지털 리터러시를 터득해야 할 또 하나의 이유가 생긴다. 더 똑똑해지기 위해 디지털 기기를 배워야 한다. 과거에는 사람에게 묻거나 책 또는 신문에서 지식을 얻었다. 그런데 요즘은 거기에 더해 검색하거나 생성해서 지식을 찾는다. 둘 다 기계를 활용하지만 서로 다르다. 검색은 기계가 필요한 내용을 모두 목록으로 만들어 주고 그중에서 인간이 답을 선택하는 방식이라면, 생성은 기계가 학습한 내용 또는 검색한 내용을 조합해서 가장 그럴듯하게 답을 직접 알려 준다. 또한 생성형 AI로 새로운 글쓰기와 그림 그리기가 가능해졌다. 향후 디지털 만들기는 인간과 AI 간의 협업으로 이루어질 것이다.

참고문헌

남궁선희(2024). AI돌봄 로봇 '효돌', 초고령화 사회의 혁신적 복지 대안으로 주목. 매일경제. https://www.mk.co.kr/news/business/11187947

원태영(2025). 시니어를 위한 IT기술 얼마나 발전했나. 이코노미스트. https://economist.co.kr/article/view/ecn202501070067

Associated Press. (2024). Study finds seniors enjoy virtual reality. VOA News. https://www.voanews.com/a/study-finds-seniors-enjoy-virtual-reality-/7499341.html

Howell, J. (2025). I finally tried the Android tablet made for seniors, and I'm impressed. digitaltrends. https://www.digitaltrends.com/mobile/i-finally-tried-grandpad-android-tablet-for-seniors-and-im-impressed/https://www.wired.com/review/grandpad-tablet/

Sutrich, N. (2025). Samsung's new smart glasses will put up a good fight against Ray-Ban Meta 3. Android Central. https://www.androidcentral.com/gaming/virtual-reality/google-android-xr-smart-glasses-ted-2025

Worth, T. (2024). Are robots the solution to the crisis in older-person care? *Nature*. https://www.nature.com/articles/d41586-024-01184-4

4장

디지털 화면 보기

초기 컴퓨터는 텍스트 기반으로 전문가 중심이었으나, 이후 그래픽 사용자 인터페이스(GUI)가 대중화되면서 컴퓨터 사용의 혁명이 실현되었다. 오늘날 GUI는 디지털 기기 전반에 확산되어 인간과 컴퓨터를 연결한다. 디지털 화면은 창, 메뉴, 탐색기, 설정 같은 요소로 구성되며, 창은 사용자와 컴퓨터가 상호작용하는 기본 단위다. 윈도우 운영체제는 여러 창을 동시에 열고 크기 조절이나 이동이 가능하며, 이는 컴퓨터뿐 아니라 스마트폰, 키오스크에도 적용된다. 메뉴는 컴퓨터 명령어의 시각적 목록이며, 탐색기는 파일과 폴더 관리를 위한 창이다. 설정 기능은 기기를 사용자 환경에 맞추는 것이다.

1. 디지털 화면의 스토리

컴퓨터에 화면은 있지만 이미지가 없던 시절이 있었다. 초기 컴퓨터에서는 모든 명령을 텍스트로 입력해야 했다. 예를 들어, MS-DOS로 동작하는 컴퓨터를 켜면 검은 화면에 C:\>와 같은 프롬프트만 나타났고, 사용자는 DIR, COPY 같은 명령어를 직접 타이핑해야 했다. 이러한 텍스트 기반 인터페이스는 일반인에게 매우 낯설고 어려운 환경이었다. 자연히 컴퓨터를 다루는 일은 소수 전문가의 영역에 머물렀고, 보다 손쉬운 새로운 접점이 필요하다는 요구가 높아졌다. 그래서 탄생한 개념이 GUI, 즉 그래픽 사용자 인터페이스이다. 1970년대 미국 제록스 팔로알토 연구소(Xerox PARC)의 과학자들은 아이들도 쉽게 쓸 수 있는 컴퓨터를 만드는 일을 꿈꾸었다. 연구원 앨런 케이(Allen Kay)는 아이들의 손과 눈으로 익히는 방식을 참고하여 명령어 대신 직관적으로 조작하는 컴퓨터를 구상했다. 1973년 PARC에서 개발된 알토(Alto) 컴퓨터는 그 결과물로, 화면에 아이콘(icon)과 창(window)을 띄우고 마우스로 선택하는 혁신적인 방식을 처음 선보였다. 키보드로 명령어를 치는 대신, 사용자는 화면의 작은 그림을 클릭함으로써 파일을 열고 출력하는 등의 작업을 할 수 있었다. 알토 컴퓨터는 WIMP(Window, Icon, Menu, Pointer)라고 불리는 현대 GUI의 기본 요소들을 처음으로 구현해 냈는데, 이는 컴퓨터 사용법에 대한 철학을 바꾼 순간으로 평가된다. 그러나 알토 컴퓨터는 수천만 원대 가격이었기에 널리 사용되거나 상품화되지 못했다.

1970년대 후반 캘리포니아에서는 기술 혁명에 문화적 열정이 더해졌다. 히피 문화의 영향 속에 젊은 해커들과 동호인들이 모여 컴퓨터 클럽을 결성했다. 스티브 잡스(Steve Jobs)나 스티브 워즈니악(Steve Wozniak)은 『지구백과(Whole Earth Catalog)』 같은 히피(hippie)의 잡지를 읽으면서 히피의 이상적인 정신을 디지털 세계에서 실현할 수 있을 것이라 믿으며 홈브루(Homebrew) 컴퓨터 클럽에서 활동했다(정재승, 2018). 워즈니악은 애플 I을 개발해 사람들에게 무료로 나눠주려고 했다. 그러나 밥 딜런(Bob Dylan)의 음악과 선불교에 심취했던 잡스는 정반대로 애플 I으로 돈을 벌기 원했기에 결국 그들은 1976년 애플(Apple)을 창업

[그림 4-1] 알토(좌), 리사(중), 매킨토시(우)

출처: Wikipedia(https://en.wikipedia.org/wiki/File:Xerox_Alto_mit_Rechner.JPG; https://commons.wikimedia.org/w/index.php?curid=128132787; https://commons.wikimedia.org/w/index.php?curid=55033088).

하게 된다. 1979년 12월, 잡스는 제록스 팔로알토 연구소를 방문하여 알토 컴퓨터의 GUI 기술 시연을 볼 기회를 얻었다. 이 데모를 본 잡스는 앞으로 모든 컴퓨터가 이런 방식으로 동작할 것이라고 확신하여 1983년 알토 컴퓨터의 GUI를 적극 수용하여 아이콘 기반의 데스크톱, 드롭다운 메뉴바, 마우스로 조작 가능한 창과 스크롤 바 등을 갖춘 리사(LISA)[1]를 발표했다(Reimer, 2005).

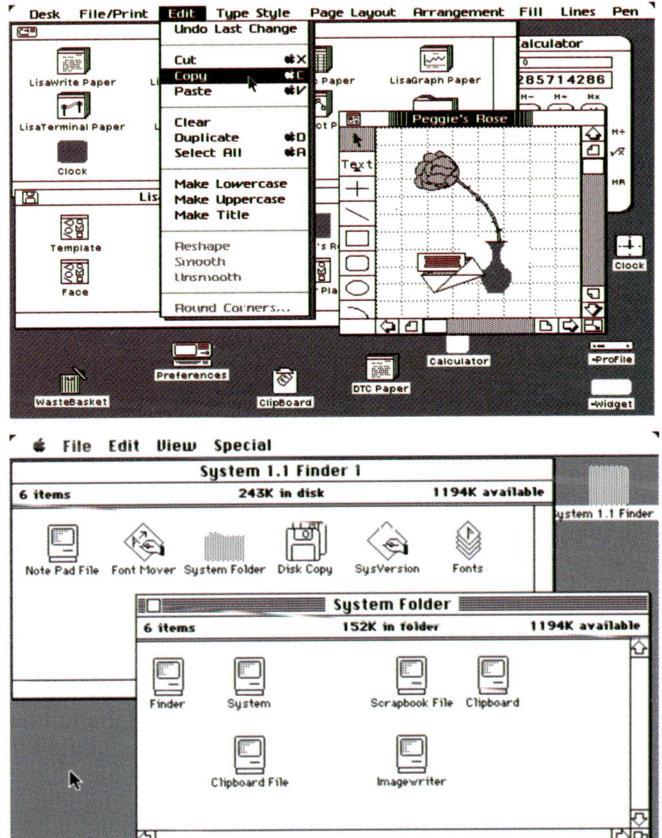

[그림 4-2] 1983년 리사의 인터페이스(상)와 1984년 매킨토시의 인터페이스(하)

출처: Computer History Museum(https://computerhistory.org/blog/the-lisa-apples-most-influential-failure/CHM); Version Museum(https://www.versionmuseum.com/history-of/classic-mac-os).

1 Local Integrated Software Architecture의 약자, 동시에 잡스의 첫 딸 이름에서 유래했다.

그러나 리사는 매우 높은 출시가와 제한된 소프트웨어 공급, 느린 성능 등의 이유로 시장에서 실패를 겪었다. 이에 잡스는 리사보다 가격을 낮추고 성능을 보완해 1984년 매킨토시(Macintosh)를 내놓으며 GUI 시대를 본격적으로 열었다. 매킨토시는 마우스로 조작하는 아이콘 기반 인터페이스를 갖춘 최초의 대중적 개인용 컴퓨터였다. 당시 『뉴욕 타임스(New York Times)』는 텍스트 지향적인 다른 컴퓨터와 달리, 이미지 지향적인 매킨토시가 개인 컴퓨터의 혁명을 예견한다고 기사를 썼다(Sandberg-Diment, 1984). 이처럼 잡스와 워즈니악이 주도한 애플의 등장은 GUI를 단순한 기술이 아니라 인간을 해방하는 도구로 각인시키는 데 큰 역할을 했다.

한편, 1980년대 IBM PC 진영을 이끌던 마이크로소프트(Microsoft: MS)는 처음엔 텍스트 기반의 MS-DOS로 거대한 성공을 거두었다. 마이크로소프트의 공동창업자 빌 게이츠(Bill Gates)는 "모든 책상 위와 가정마다 컴퓨터를 한 대씩 놓겠다."라는 대담한 목표를 밝히기도 했다(Bae, 2015). 이 꿈을 실현하기 위해 마이크로소프트도 결국 GUI 도입을 추진하게 된다.

1987년에 출시된 윈도우(Windows) 2.0은 겹치는 창을 허가받지 않고 사용하게 되면서 애플로부터 고소를 당했다. 그러나 마이크로소프트는 워드(Word)와 엑셀(Excel), 파워포인트(Powerpoint)의 인기와 1990년에 출시한 윈도우 3.0의 성공에 힘입어 기존 MS-DOS처럼 텍스트 입력 위주가 아니라 GUI 중심으로 조작할 수 있는 새로운 윈도우 중심 운영체제를 개발하여 1995년 윈도우 95를 출시했다(정지훈, 2020). 윈도우 95는 시작 버튼(start button)과 작업표시줄(taskbar), 바탕화면에 바로가기 아이콘을 두었다. 이들은 오늘날까지 이어지는 GUI 요소들이다.

애플은 기술과 디자인을 통합적으로 운용하기 위해 사용자가 하드웨어를 변경하지 못하게 하는 폐쇄적인 체제를 유지하면서 시장 경쟁에서 대중성을 확보하지 못했다(백욱인, 2013). 그러나 맥(Mac)은 초기부터 소프트웨어와 하드웨어를 일체화하고 세련된 디자인을 추구하여, 창의적 작업을 하는 이들과 홈 유저들에게 사랑받는 독자 세계를 구축했다. 반면 마이크로소프트의 윈도우는 개방적인 호환 전략으로 다양한 제조사의 컴퓨터에 탑재되며 범용성과 접근성을 극대화했다. 맥은 경험을, 윈도우는 보편성을 중시한 셈인데, 이 서로 다른 정체성 모두가 GUI라는 혁신을 널리 퍼뜨리는 데 기여했다.

이제 아이콘, 창, 메뉴 같은 GUI 요소들은 컴퓨팅의 상징이 되었다. 오늘날 데스크톱 운영체제들(윈도우, 맥OS, 리눅스 데스크톱 환경 등)은 세부적인 차이는 있어도 기본적인 WIMP 패러다임을 공유하고 있으며, 이는 1970년대에 정립된 개념이 수십 년간 강력한 생명력을 유지하고 있음을 보여 준다(Hsu, 2023). 더 나아가, 스마트폰과 태블릿PC의 터치 UI, 웹 브라우저의 그래픽 인터페이스, ATM이나 자동차 내비게이션의 화면 디자인까지, GUI 철학은 형태를 바꾸어 가며 사회 전반에 스며들어 있다. 이러한 측면에서 GUI의 발전사는 단순한 컴퓨터 기술의 진보가 아닌, 인간과 컴퓨터 관계의 발전사라고 평가할 수 있다. GUI는 단순한 기술적 편의 이상으로 우리 삶에 스며들어, 컴퓨터와 인간을 이어 주는 철학적 · 예술적 매개체로까지 평가받는다.

일반인이 디지털을 배운다는 것은 프로그램 언어가 아니라 GUI에 익숙해지는 것이다. 그러므로 시니어 디지털 리터러시는 컴퓨터나 핸드폰 화면 속 이미지를 배우는 것에서 시작할 수 있다. 디지털 화면은 창으로 구성되고 창 안에는 창(패널), 메뉴, 툴 등이 있다.

2. 창

1) 윈도우

컴퓨터를 하려면 창을 열어야 한다. 그래서 PC의 대표적인 운영체제의 이름도 윈도우(Windows)로, 여러 창을 운영할 수 있는 시스템을 의미한다. 물론, 매킨토시 운영체제도 창들로 구성된다. 윈도우는 실제 창(窓)에서 가져온 개념이지만 아날로그 창과 다른 특성을 갖는다. 윈도우는 다양한 크기로 변경할 수 있고 여러 개의 창을 동시에 열어 겹쳐 놓을 수도 있다. 창은 여러 개의 패널(panel)[2]로 구성될 수 있고 쉽게 뗐다 붙일 수 있다. 창 안의 파일이나 폴더는 다른 창으로 드래그(drag)[3]해서 쉽게 이동할 수 있다. 창은 컴퓨터뿐만 아니라 대부분의 디지털 기기의 화면을 구성하는 기본 단위다. 손 안에 작은 컴퓨터인 핸드폰이나 무인 서비스 단말기 컴퓨터 같은 키오스크(kiosk)도 창을 갖고 있다. 디지털 창은 단순히 보는 창이 아니라 사용자와 상호작용하는 인터페이스(interface)[4]다. 컴퓨터와 상호작용하기 위해서는 디지털 창 안의 세계를 배워야 한다.

창을 닫거나 아래로 내려놓거나 다른 창으로 이동하기 위해서는 ×표나 화살표 이미지의 버튼을 눌러야 한다. 그러므로 GUI 컴퓨터를 다룬다는 것은 이미지를 누르는 단순한 작업이다. 문제는 그것이 고령자에게는 이러한 교재의 글을 읽는 일보다 더 어렵다는 데 있다. 어린아이도 할 수 있게 쉽게 만든 이미지 인터페이스가 글보다 왜 더 어려울까? 그 이유는 이미지가 원래 글처럼 문법 같은 정확한 규칙을 가지고 있지 않기 때문이다. 그리고 실제 시니어를 위한 디자인이 제공되지 않기 때문이다. 예를 들어, 아이콘과 글자의 크기가 아주 작다면 시니어가 조작하기 힘들다. 그리고 현재 키오스크나 앱은 제조사마다 서로 다르기 때문에 젊은 세대에게도 혼란을 준다. 시니어 친화적 디자인과 제조사 간 인터페이스 표준화가 필요하다. 그러나 그런 환경이 오기 전까지는 고령자도 어린아이처럼 새로운 것을 두려워하지 않고 아이콘을 이것저것 누르면서 그 기능이 뭔지 생각해 볼 필요가 있다. 왜냐하면 이미지는 배우지 않고도 직관적으로 파악할 수 있기 때문이다. 기존의 아날로그 세상의 법칙에 익숙한 고령자들은 키오스크 앞에서 당황할 수밖에 없지만 아이들에게 키오스크는 그저 일상에서 맞닥뜨리는 수많은 새로운 세상 중 하나일 뿐이라 당황하지 않는 것이다. 그들은 새로운 세상에 항상 마음이 열려 있다. 그러므로 시니어가 아이들처럼 쉽게 디지털 리터러시를 갖추기 위해서는 디지털 기기 사용법에 앞서 아이들의 열린 마음

---

2 특정 정보나 기능을 보여 주는 작은 창이다.

3 선택해서 이동하는 동작을 뜻한다.

4 서로 다른 2개의 시스템이나 장치 사이에서 둘을 연결하는 부분을 가리킨다.

을 가져야 할 것이다.

인터넷 홈페이지도 초창기에는 아주 어려웠다. 역시 홈페이지 제작사들이 각기 다른 인터페이스로 만들었기 때문이다. 그러나 시간이 점차 지나 통일된 인터페이스가 만들어지면서 홈페이지 검색이 쉬워졌다. 키오스크도 그렇게 통일된 구성을 가지게 되면 보다 사용하기가 쉬워질 것이다. 또 처음이 어렵지 자꾸 하다 보면 익숙해져서 쉬워질 것이다.

2) 데스크톱

컴퓨터의 데스크톱이나 핸드폰의 홈화면은 사용자가 처음으로 만나는 기본 창으로, 시작화면이라고도 일컫는다. 데스크톱과 홈화면은 또한 애플리케이션이 모여 있는 바탕화면으로서, 특정 애플리케이션의 아이콘을 클릭하면 그 애플리케이션의 창이 뜬다. 데스크톱에서 여러 창을 띄워 놓고 멀티태스킹을 할 수 있고, 홈화면에서는 창들을 전환하면서 앱들을 번갈아 사용할 수 있다. 윈도우에서는 시작 메뉴(start menu)를, 맥에서는 하단 독(dock)[5]의 런치 패드(launchpad)[6]를 클릭하면 설치된 모든 애플리케이션을 볼 수 있다. 런치 패드는 '발사대'라는 의미로서, 원하는 곳으로 곧바로 로켓을 타고 날아간다는 디지털적 문화를 보여 준다.

한편, 스마트폰의 안드로이드(Android) 홈화면에서는 위로 스와이프(swipe, 손가락으로 미끄러지듯 넘기는 터치 제스처)하면 설치된 모든 앱 목록(app drawer)이 표시된다. 애플의 iOS(iPhone Operating System)는 모든 앱이 홈화면에 표시되기 때문에 좌우로 스와이프해서 앱을 찾을 수 있다. 또는 앱 보관함(app library)을 누르면 모든 앱이 이름 순서대로 뜨고 앱을 검색할 수도 있다.

데스크톱은 현실의 '책상 위(desktop)'라는 공간을 차용하여 폴더(folder), 즉

5 윈도우 작업표시줄과 비슷한 것으로 대부분의 작업이 시작되는 곳이다.

6 설치된 모든 앱을 한곳에 모아 보여 주는 곳이다.

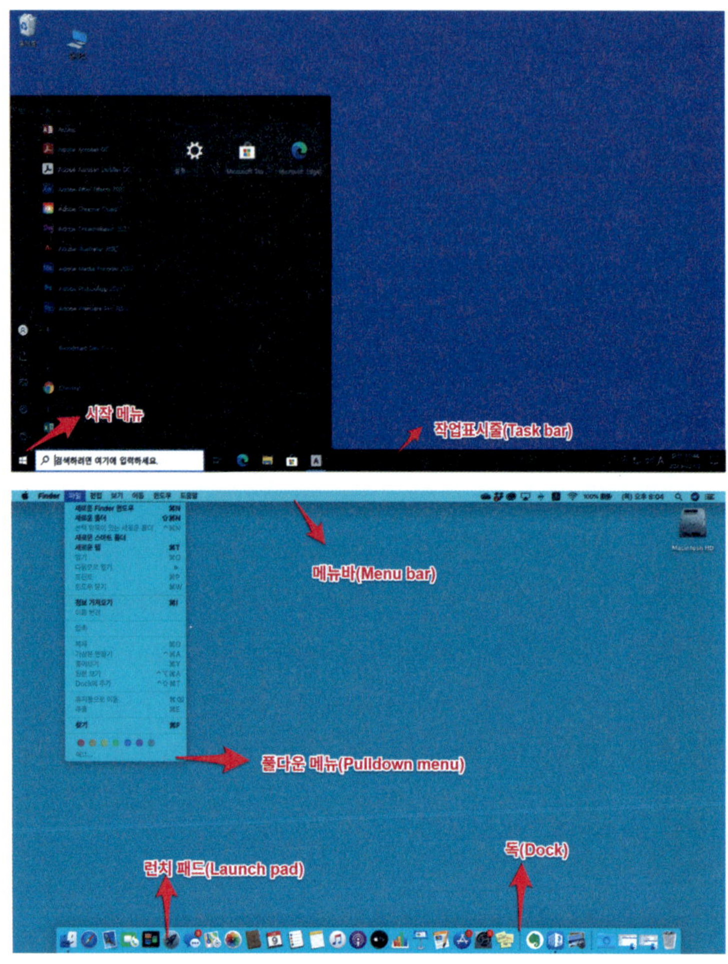

[그림 4-3] 윈도우 10의 데스크톱(상)과 맥OS 10의 데스크톱(하)

서류철(folder) 안에 '문서(document)'를 넣고, 문서가 많아지면 새로운 폴더를 만들어 문서를 찾기 좋게 계층적으로 분류한다. 폴더와 파일은 대분류와 소분류의 경로를 갖는다. 결국 컴퓨터 데스크톱은 아날로그 세계의 계층적 분류 방식을 디지털 세계로 가져와 처음 디지털 세계로 진입하는 사람에게 익숙한 경험을 제공한다. 그러므로 파일을 폴더에서 찾는 방식은 사실상 아날로그 방식이다. 디지털 세상에 진입했으면 검색도 디지털 방식으로 하는 것이 효율적이다. 사용자가 검색상자에 키워드를 입력해 신속하게 특정 파일을 찾을 수 있다. 검색으로 파일뿐만 아니라 애플리케이션, 설정, 인터넷 페이지까지 찾을 수 있다. 윈도우의 경우 하단 작업표시줄에 검색창이 있고 맥의 경우 메뉴바(menubar) 오른쪽 상단 돋보기 아이콘을 누르면 검색창(spotlight)이 뜬다.

스마트폰의 첫 화면을 홈화면이라 부르는 것은 스마트폰이 '책상'이라는 작업 공간보다는 일상생활을 영위하는 '집'의 개념에 더 가깝기 때문이다. 홈화면은 개인적인 공간으로, 사용자가 자주 사용하는 앱을 실행하는 출발점이다. 안드로이드의 경우 홈화면을 위로 스와이프하면 검색창이 나타난다. 아이폰은 옆으로 스와이프하다 보면 검색창이 나타난다. 또는 음성 인식 기능을 활용해 '헤이 구글' 또는 '시리야'라고 말하며 특정 앱 이름을 알려 주면 그 앱을 열 수 있다.

3. 창의 기능

1) 메뉴

컴퓨터는 실제 세계의 메뉴(menu)를 은유화했다. 메뉴는 사용자가 컴퓨터에게 특정 행동을 위임하는 명령어의 목록으로 컴퓨터의 상호작용적인 작업 방식을 대표한다. 메뉴는 메뉴바와 맥락 메뉴(context menu)로 구성된다.

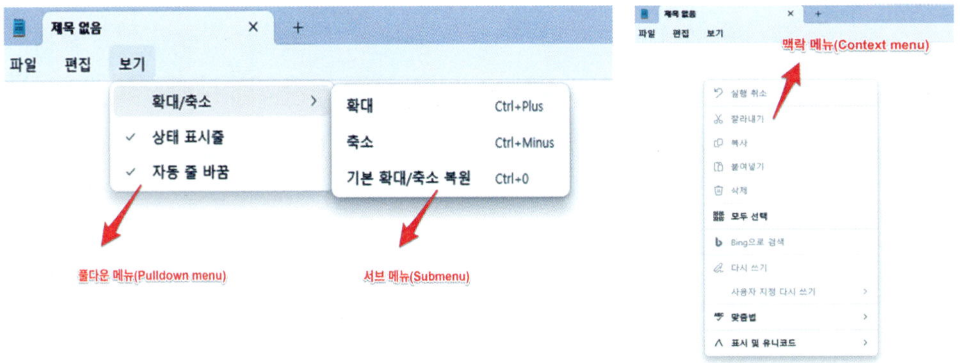

[그림 4-4] 메모장의 메뉴바(좌)와 맥락 메뉴(우)

PC의 경우 메뉴바는 일반적으로 창의 상단에 위치하여 메뉴를 선택할 때 메뉴가 아래로 내려가면서 목록을 보여 주는 풀다운(pulldown) 메뉴가 있다. 그리고 풀다운 메뉴의 특정 메뉴를 선택하면 서브 메뉴(submenu)의 목록이 보인다. 즉, 풀다운 메뉴는 클릭 시 펼쳐지는 목록이며 서브 메뉴는 특정 항목에서 추가로 확장되는 목록이다. 예를 들어, 메모장의 경우 창 상단 메뉴바에 파일, 편집, 보기의 메뉴가 있고, 보기 항목을 클릭하면 확대/축소, 상태표시줄, 자동 줄바꿈의 풀다운 메뉴가 뜨며, 여기서 확대/축소 항목을 선택하면 확대, 축소, 기본 확대/축소 복원의 서브 메뉴가 뜬다.

이렇게 메뉴바는 일반적으로 창 상단에 위치한다. 그러나 예외도 있다. 윈도우의 작업표시줄이나 맥의 독은 하단에 위치한 메뉴바라고 할 수 있다. 또 구글 크롬 같은 경우 창의 오른쪽 상단에 ⋮(점 3개 아이콘)을 클릭하면 메뉴가 열린다. 그리고 메뉴 항목을 클릭하면 해당 기능이 풀다운 메뉴로 펼쳐진다. 또 풀다운 메뉴의 특정 항목에 마우스를 올리면 옆으로 서브 메뉴가 확장된다.

맥락 메뉴는 사용자가 선택한 특정 개체(object)[7]또는 공간과 관련된 기능을 보여 주는 메뉴로서 컴퓨터의 경우 마우스 우클릭 시 뜨는 팝업(popup) 메뉴가 대표적이다. 우선, 마우스 커서가 있는 지점에서 마우스 우클릭해서 맥락 메뉴를 통해 특정 기능을 신속하게 쓸 수 있다. 마우스 우클릭에도 없는 기능이라면 메뉴바에서 찾아볼 수 있다.

스마트폰의 경우 손가락으로 터치를 하므로 메뉴바가 일반적으로 하단에 배치된다. 그러나 앱에 따라 하단 메뉴바에는 자주 사용하는 기능의 메뉴를 배치하고 상단에 검색, 설정, 알림, 햄버거 메뉴(≡) 등 부가 기능의 메뉴를 배치하는 경우가 많다.

예를 들어, 네이버 앱은 하단 메뉴바에 쇼핑, 홈, 투데이, 클립, 마이라는 메뉴가 있고, 상단 햄버거 메뉴를 터치하면 전체 서비스 메뉴가 나오게 된다. 홈화면의 앱 아이콘을 길게 누르면 앱 삭제, 앱 공유 등 관련 기능의 맥락 메뉴가 팝업

---

7 이미지, 글씨, 도형, 영상, 표 등 문서나 작업 공간 안에서 따로 선택하고 움직이거나 수정할 수 있는 요소다.

된다. 그리고 파일이나 폴더를 길게 누르면 삭제, 이동, 복사, 공유 등의 관련 기능을 제공하는 맥락 메뉴가 뜬다.

2) 탐색기

탐색기는 컴퓨터 안의 드라이브, 폴더, 파일, 앱 등을 찾아 관리하는 창이다. 윈도우 파일 탐색기는 상단의 타이틀바(title bar), 메뉴바, 툴바(toolbar), 경로창

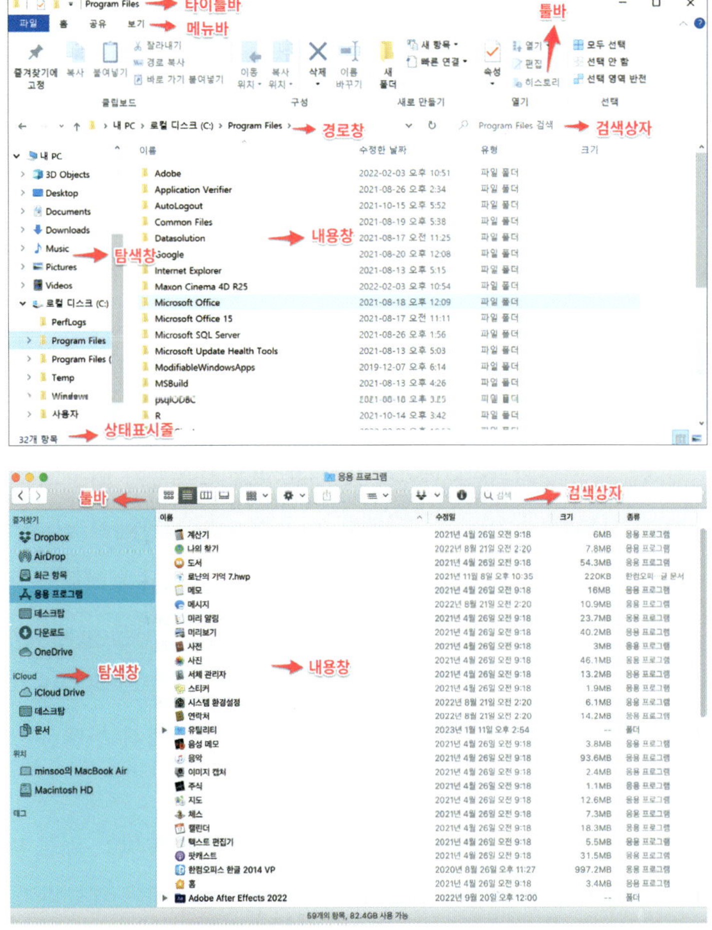

[그림 4-5] 윈도우 10의 파일 탐색기(상)와 맥OS 10의 탐색기(하)

(address bar), 검색상자와 왼쪽의 탐색창(navigation pane)과 오른쪽의 내용창(contents pane), 하단의 상태표시줄(status bar)로 구성된다. 타이틀바는 현재 열려 있는 폴더나 프로그램의 이름을 표시하고 창을 최소화(−), 최대화(□), 닫기(×)를 할 수 있는 버튼이 있다. 타이틀바를 드래그해서 창을 이동시킬 수 있다. 메뉴바에는 파일, 홈, 공유, 보기 메뉴가 있는데 각 메뉴 항목을 누르면 그 밑에 툴바가 뜬다. 툴바는 자주 사용하는 기능을 빠르게 실행할 수 있도록 아이콘 형태의 버튼을 모아 놓은 곳이다. 윈도우는 이런 툴바를 리본 메뉴(ribbon menu)라고 부른다. 예를 들어, 보기 항목을 클릭하면 툴바 안에 아주 큰 아이콘, 큰 아이콘, 보통 아이콘, 작은 아이콘, 목록, 자세히라는 버튼이 있다. 이것은 파일을 보는 여러 방식을 나타낸다. 자세히를 선택하면 파일 이름, 크기, 유형, 수정 날짜 등을 표시하는데, 파일 정보를 확인하며 정렬, 필터링할 때 유용하다. 경로창은 현재 열려 있는 폴더나 파일의 경로(주소)를 표시한다. 예를 들어, 어떤 파일을 선택했을 때 경로창에 C:₩Users₩Documents가 뜨면 그 파일이 C드라이브 안 Users 폴더 안 Documents 폴더 안에 있다는 의미다. 경로창 옆에는 ◀(뒤로), ▶(앞으로), ⬆(위로)는 이전이나 다음, 또는 상위 폴더로 이동하는 버튼이다.

검색상자는 현재 열려 있는 폴더 내에서 파일 및 폴더를 검색하는 창이다. 파일명, 확장자, 내용을 검색하면 원하는 파일을 빠르게 찾을 수 있다. 탐색창은 드라이브, 폴더, 즐겨찾기 등을 계층구조로 표시해 사용자가 빠르게 다른 폴더나 드라이브로 이동할 수 있도록 돕는다. 내용창은 탐색창에서 선택한 폴더나 드라이브의 파일과 폴더 목록을 표시한다. 상태표시줄은 현재 선택한 파일의 개수, 파일 크기 등의 정보를 제공한다. 이러한 탐색기의 구성은 웹페이지나 애플리케이션의 기본 구성이 된다. 예를 들어, 유튜브 역시 상단에 메뉴바가 있고 왼쪽 상단의 햄버거 버튼을 누르면 탐색창이 뜬다. 탐색창에서 선택한 항목의 내용이 내용창에 뜬다.

맥의 탐색기(finder) 역시 윈도우 탐색기와 유사하지만 툴바가 리본 메뉴가 아니라 단순하게 아이콘만 배치되어 있다. 또 맥의 탐색기에는 메뉴바가 아예 없는데, 그 이유는 데스크톱 상단 메뉴바가 탐색기뿐만 아니라 모든 앱의 메뉴바

역할을 하기 때문이다. 그리고 경로창이 따로 없고 맥락 메뉴 또는 인포메이션 아이콘을 누르면 파일이나 폴더의 정보보기에서 위치를 확인할 수 있다.

스마트폰에서도 파일을 폴더로 정리하고 관리할 수 있다. iOS는 '파일'이란 기본 앱에서, 안드로이드는 '파일 관리자(file manager)'에서 파일을 이동 · 복제 · 삭제할 수 있고, 아이클라우드(iCloud), 구글 드라이브(Google Drive), 원드라이브(OneDrive), 드롭박스(Dropbox) 등의 클라우드에도 연결해서 파일을 저장할 수 있다. 클라우드 드라이브를 사용하면 컴퓨터에서 작업해 저장한 파일을 스마트폰에서 쉽게 열어 볼 수 있는 장점이 있다.

3) 설정

일반적으로 톱니바퀴 아이콘을 갖는 설정(setting)은 기기의 동작을 사용자에 맞게 변경하는 기능이다. 컴퓨터의 경우 계정, 시간, 화면 해상도, 밝기, 소리 볼륨, 마우스 속도, 휠 스크롤 방향, 와이파이와 블루투스 연결, 바탕화면, 잠금화면, 글꼴 등을 설정할 수 있다. 여기서 가장 중요한 설정은 계정이다. 계정(account)은 사용자 데이터를 보호하고 맞춤형 환경을 만들 수 있는 중요한 설정의 요소다. 한 컴퓨터에서 여러 사용자가 개별 계정을 설정하면 여러 명이 써도 각각의 개인정보를 보호하고 맞춤형 환경을 유지할 수 있다. 윈도우는 마이크로소프트 계정의 원드라이브로 동기화하고 맥은 애플 계정의 아이클라우드로 동기화하여 여러 기기에서 동일한 환경을 만들 수 있는데, 컴퓨터와 스마트폰 간에도 사진, 파일, 연락처, 일정, 메시지 등을 공유할 수 있다.

예를 들어, 애플 스마트폰의 '캘린더'에 일정을 기록하면 맥에서도 동일한 일정을 보고 관리할 수 있다. 또한 스마트폰의 '아웃룩(Outlook) 캘린더'에 일정을 기록하면 윈도우 캘린더에 자동 업데이트된다. 그리고 새 컴퓨터를 사더라도 동일한 계정으로 로그인하면 이전 환경을 그대로 유지할 수 있다. 또 클라우드에 파일을 저장하면 컴퓨터가 고장 나더라도 파일은 클라우드에 안전하게 보관된다.

네이버, 유튜브, 넷플릭스, 배달의민족 같은 일상에서 많이 쓰는 플랫폼 서비

[그림 4-6] 윈도우 10의 설정(상)과 맥OS 10의 설정(하)

스의 계정도 개인정보 보호, 맞춤형 환경, 클라우드에 동기화 등 컴퓨터 계정과 동일한 역할을 한다. 다만, 컴퓨터 계정은 오프라인에서도 사용할 수 있지만 플랫폼 계정은 인터넷에 연결되어야만 사용할 수 있다.

계정은 시니어에게는 디지털 세계로 진입하는 데 쉽지 않은 관문이기도 하다. 왜냐하면 어떤 서비스를 사용하든 처음에는 계정을 만들어야 하고, 그 이후에도 계정으로 로그인해야 한다. 네이버, 구글, 페이스북 같은 유명 플랫폼의 계정을 만들어 놓으면 다른 서비스를 그 계정으로 회원가입하고 로그인할 수 있다.

그리고 외부 컴퓨터로 로그인할 때 본인 확인을 위해 휴대폰으로 보낸 암호 숫자를 입력하는 경우가 많다. 그러므로 고령자도 스스로 계정을 만들고 휴대폰을 활용해 로그인하는 방법을 배우는 것이 아주 중요하다. 특히 아이디와 비밀번호 같은 로그인 정보를 잃어버리지 않도록 메모 습관을 가져야 할 것이다.

스마트폰에서는 톱니바퀴 모양의 설정 앱을 통해 컴퓨터와 같은 설정을 할 수 있다. 그러나 스마트폰 설정은 컴퓨터와 기능적으로 유사하지만 터치 스크린, 음성 인식, 제스처 설정 같이 스마트폰만의 설정이 있다. 또한 컴퓨터는 세부적인 설정을 직접 조작할 수 있지만 스마트폰의 설정은 터치로 조작해야 하므로 좀 더 단순하다. 카카오톡, 페이스북 같은 플랫폼 서비스들은 공통적으로 계정 관리, 보안, 알림, 결제, 맞춤 설정을 공통으로 가지고 있다. 그러나 스마트폰보다 그 기능이 더 단순하고 주로 서비스 맞춤 설정에 초점이 맞춰져 있다. 각 기기마다 설정의 내용과 방식이 다르고 설정하는 기능이 아주 많기에 그 기능을 다 배울 필요는 없다. 그 대신 설정을 바꿀 것이 있다면 챗GPT 같은 인공지능 서비스에 물어보면 된다.

4. 창의 단축 입력

창의 단축 입력이란 마우스로 여러 번 클릭하거나 복잡하게 메뉴를 찾아가는 대신, 아이콘을 한 번 클릭하거나 간단한 제스처, 키보드의 단축키를 누르거나 버튼을 조합해 원하는 명령을 더 쉽고 빠르게 실행하는 방식을 말한다. 즉, 사용자가 창에서 원하는 작업을 최소한의 동작으로 간단히 수행할 수 있도록 돕는 방법이다.

1) 아이콘

아이콘은 컴퓨터, 스마트폰, 웹사이트 등에서 특정 기능, 앱, 파일, 폴더 등을

〈표 4-1〉 자주 쓰는 아이콘

아이콘 이름	아이콘 (이모지)	간단 설명
홈(home)	🏠	홈화면(첫 페이지)으로 이동할 때 사용
검색(search)	🔍	콘텐츠나 정보를 검색할 때 사용
새로 고침(refresh)	🔄	페이지나 리스트 등을 다시 불러올 때 사용
하위 메뉴 보기 (expand)	🔽	숨겨진 하위 메뉴나 세부 옵션을 펼쳐서 볼 때 사용
펼치기(show)	>	숨어 있는 특정 내용이나 메뉴를 펼쳐 사용
감추기(hide)	V	특정 내용이나 메뉴를 보이지 않게 감출 때 사용
설정(settings)	⚙	시스템, 앱, 계정 등의 환경 설정을 관리할 때 사용
메뉴(menu)	≡	주요 기능 이외의 추가 메뉴(햄버거 메뉴)나 옵션을 열 때 사용
사용자(profile)	👤	사용자 정보, 프로필, 로그인/로그아웃 등에 관련
알림(notification)	🔔	새 메시지나 이벤트 등 새로운 알림이 있을 때 표시
휴지통(delete)	🗑	파일이나 문서를 삭제할 때 사용
다운로드(download)	⬇	파일을 기기에 저장할 때 사용
업로드(upload)	⬆	기기에서 서버로 파일을 전송하거나 게시할 때 사용
공유(share)	↗	콘텐츠(링크, 이미지 등)를 다른 곳에 공유할 때 사용
하트(like/favorite)	❤	좋아요, 즐겨찾기, 관심 표시 등에 사용
뒤로가기(back)	◀	이전 페이지나 이전 단계로 이동할 때 사용
앞으로가기(forward)	▶	다음 페이지나 다음 단계로 이동할 때 사용
닫기(close)	✕	현재 창이나 팝업 등을 닫을 때 사용
확인(confirm)	✔	동의, 완료, 체크, 승인 등의 의미로 사용
카메라(camera)	📷	사진 촬영, 이미지 캡처 기능을 실행할 때 사용
마이크(mic)	🎤	음성 입력, 녹음 기능 등을 실행할 때 사용
볼륨(volume)	🔊	사운드 상태나 볼륨 크기를 표시 및 조절할 때 사용
와이파이(Wi-Fi)	📶	무선 네트워크 연결 상태를 표시
블루투스(Bluetooth)	ᛒ	블루투스 연결 상태를 표시(B 모양 아이콘)

시각적으로 나타내는 작은 그래픽 요소다. 사용자가 언어에 관계없이 아이콘으로 직관적으로 의미를 파악할 수 있다는 장점이 있다.

2) 제스처

제스처(gesture)는 스마트폰에서 화면을 손가락으로 문지르거나 눌러서 작동시키는 방식이다. 〈표 4–2〉와 같은 제스처가 많이 쓰인다.

〈표 4–2〉 자주 쓰는 제스처

탭(tab, 터치)	앱 실행, 버튼 클릭, 링크 열기
더블 탭(double tab, 빠르게 두 번 터치)	사진이나 웹페이지 확대, 유튜브 10초 이동
롱프레스 (long press, 화면 길게 누르고 유지)	문장 선택, 단축 메뉴 열기, 앱 이동
드래그(drag, 누르면서 이동)	앱 아이콘 이동, 파일 및 텍스트 이동
핀치인(pinch In, 두 손가락으로 모으기)	줌아웃(이미지 축소)
핀치아웃 (pinch Out, 두 손가락으로 벌리기)	줌인(이미지 확대)
좌우 스와이프(swipe)	콘텐츠 이동(사진, 웹브라우저를 앞뒤로 이동)
상하 스와이프	스크롤(화면 잠금 해제, 웹페이지나 SNS 피드)
홈화면에서 위로 스와이프	모든 앱을 모아 놓은 앱서랍 열기(안드로이드)
화면 하단에서 위로 스와이프	홈화면으로 이동
화면 하단에서 위로 스와이프 후 잠시 유지	열린 앱 목록 보기(아이폰). 안드로이드는 최근 앱 버튼 있음
화면 상단에서 아래로 스와이프	알림 보기, 와이파이, 비행기 모드 등 제어 센터(안드로이드)
화면 왼쪽 상단에서 아래로 스와이프	알림 보기(아이폰)
화면 오른쪽 상단에서 아래로 스와이프	와이파이, 비행기 모드 등 제어 센터와 빠른 설정

3) 단축키

단축키(shortcut)는 컴퓨터에서 특정 기능을 빠르게 실행시키는 키보드의 하나의 키 또는 키 조합이다. 〈표 4-3〉과 같은 단축키가 많이 쓰인다. 〈표 4-4〉는 스페이스바와 엔터키의 기능을 보여 준다.

〈표 4-3〉 자주 쓰는 단축키

기능	윈도우	맥	설명
복사	Ctrl + C	Command + C	선택한 내용을 복사
붙여 넣기	Ctrl + V	Command + V	클립보드 내용을 붙여 넣기
잘라 내기	Ctrl + X	Command + X	선택한 내용을 잘라 내기
실행 취소	Ctrl + Z	Command + Z	마지막 작업을 취소
다시 실행	Ctrl + Y / Ctrl + Shift + Z	Shift + Command + Z	실행 취소한 작업을 다시 실행
전체 선택	Ctrl + A	Command + A	모든 항목을 선택
저장	Ctrl + S	Command + S	현재 파일을 저장
열기	Ctrl + O	Command + O	파일 열기
새로 만들기	Ctrl + N	Command + N	새 문서나 창을 열기
인쇄	Ctrl + P	Command + P	문서를 인쇄
검색	Ctrl + F	Command + F	문서나 웹페이지에서 검색
창 닫기	Alt + F4	Command + W	현재 창을 닫기
프로그램 종료	Alt + F4	Command + Q	프로그램 종료
작업 관리자 열기	Ctrl + Shift + Esc	Command + Option + Esc	작업 관리자 또는 강제 종료 창 실행
스크린샷 (일부)	Windows + Shift + S	Command + Shift + 4	화면의 일부를 캡처(윈도우 저장 위치: 내 PC 〉 사진 〉 스크린샷 폴더; 맥 저장 위치: 바탕화면)

(계속)

기능	윈도우	맥	설명
스크린샷 (전체)	Windows + Print Screen(PrtScn)	Command + Shift + 3	화면의 전체를 캡처(윈도우 저장 위치: 내 PC 〉 사진 〉 스크린샷 폴더; 맥 저장 위치: 바탕화면)
창 전환	Alt+Tab	Command + Tab	현재 열려 있는 모든 프로그램 간의 창 전환, 원하는 창이 선택된 상태에서 Alt에서 손을 떼면 해당 창으로 전환됨

〈표 4-4〉 스페이스바와 엔터키의 기능

키	플랫폼	기본 기능	기타 상황별 기능 예시
스페이스바	윈도우	공백 입력, 비디오/오디오 재생/일시정지	• 웹페이지: 아래로 스크롤
	맥	공백 입력, 비디오/오디오 재생/일시정지	• 탐색기: 파일 선택 후 Quick Look(미리 보기) 실행
엔터키	윈도우	줄 바꿈, 명령 실행, 버튼 클릭	• 파일 탐색기: 선택한 파일 열기
	맥	줄 바꿈, 명령 실행, 버튼 클릭	• 탐색기: 파일 이름 바꾸기, 파일 열기: Command + O 사용

4) 스마트폰 기본 버튼 조합

스마트폰 측면에 버튼이 있는데, 버튼 하나를 누르거나 동시에 여러 버튼을 눌러 기능을 조작할 수 있다. 〈표 4-5〉는 스마트폰 버튼 조합을 정리한 것이다.

〈표 4-5〉 스마트폰 버튼 조합

전원 버튼+볼륨 감소(안드로이드)/볼륨 증가(아이폰)	스크린샷(화면 캡처)
전원 버튼 길게 누름	전원, 긴급통화(안드로이드)
전원 버튼+볼륨 길게 누름	전원, 긴급통화(아이폰)

*주: 기종(제조사, 출시 시점 등)에 따라 방법이 다를 수 있다.

참고문헌

백욱인(2013). 컴퓨터의 역사. 커뮤니케이션북스.

정재승(2018). 열두 발자국. 어크로스.

정지훈(2020). 거의 모든 IT의 역사. 메디치미디어.

Bae, H. (2015. 04. 06.). Bill Gates' 40th anniversary email: Goal was 'a computer on every desk'. *Cnnbusiness*. https://money.cnn.com/2015/04/05/technology/bill-gates-email-microsoft-40-anniversary/

Hsu, H. (2023. 01. 19.). The Lisa: Apple's Most Influential Failure. CHM. https://computerhistory.org/blog/the-lisa-apples-most-influential-failure/CHM

Reimer, J. (2005. 05. 05.). A History of the GUI. ars TECHNICA. https://arstechnica.com/features/2005/05/gui/

Sandberg-Diment, E. (1984.01.24.). PERSONAL COMPUTERS; HARDWARE REVIEW: APPLE WEIGHS IN WITH MACINTOSH. *The New York Times*. https://www.nytimes.com/1984/01/24/science/personal-computers-hardware-review-apple-weighs-in-with-macintosh.htm.

Version Museum. (n.d.). Classic Mac OS design evolution. Version Museum. https://www.versionmuseum.com/history-of/classic-mac-os

Wikipedia contributors. (n.d.). Xerox Alto mit Rechner [Photograph]. Wikimedia Commons. https://en.wikipedia.org/wiki/File:Xerox_Alto_mit_Rechner.JPG

Wikipedia contributors. (n.d.). Xerox Alto mit Rechner [Photograph]. Wikimedia Commons. https://commons.wikimedia.org/w/index.php?curid=128132787

Wikipedia contributors. (n.d.). Xerox Alto [Photograph]. Wikimedia Commons. https://commons.wikimedia.org/w/index.php?curid=55033088

5장

디지털 지식 읽기

인터넷은 컴퓨터 연결에서 시작해 웹으로 지식을 공유했다. 구글과 네이버를 비롯한 각종 포털 사이트는 검색 기술을 발전시켜 전 세계 정보 접근성을 높이고, 소셜 미디어는 개인 간 정보 공유를 활성화해 지식 확산을 가속화했으며, 생성형 인공지능은 인간처럼 질문에 자연스럽게 답하면서 텍스트, 이미지, 영상 등 다양한 형태로 정보를 생성한다. 이는 오늘날 지식을 습득하는 방식에 큰 변화를 가져오고 있다. 이로써 디지털 지식은 더욱 개방적이고 즉각적으로 활용되는 형태로 진화했다.

1. 디지털 지식의 스토리

1969년 10월 29일에 미국 캘리포니아대학교 로스앤젤레스캠퍼스(UCLA)의 한 연구실에서는 역사적인 실험이 진행되었다. 연구팀은 두 대의 컴퓨터를 전화선으로 연결하여 데이터를 주고받고자 했고, UCLA의 대학원생이 원격지 스탠퍼드연구소(SRI) 컴퓨터에 'login'이라는 단어를 보내려 시도했다. 그러나 운송망의 미숙함으로 'lo' 두 글자만 보내진 직후 시스템이 다운되고 말았다(McMillan, 2019). 비록 'lo'라는 짧은 글자밖에 전달되지 않았지만, 서로 떨어진 두 컴퓨터가 처음으로 통신에 성공한 이 순간을 오늘날 우리는 인터넷의 탄생으로 기억한다. 이후 이 작은 시작은 눈덩이처럼 커져 전 세계 수많은 컴퓨터가 한데 연결되는 글로벌 네트워크로 발전했다.

1990년대 초반 유럽 입자물리연구소(CERN)의 팀 버너스 리(Tim Berners-Lee)

경은 월드 와이드 웹(World Wide Web: WWW)을 고안하여 인터넷상에 웹페이지로 지식을 게시하고 링크로 서로 연결하는 방식을 선보였다. 그 결과, 인터넷은 단순한 통신망을 넘어 세계 지식의 저장소와 유통망으로 기능하기 시작했다. 1993년 웹 기술이 공개되고 웹사이트가 폭발적으로 늘어나자, 개인 홈페이지나 온라인 게시판을 통해 각자가 가진 지식과 정보를 공유하는 문화가 퍼져 나갔다. 인터넷은 '정보의 바다'라는 별칭처럼, 시간이 흐를수록 거대한 지식의 축적체가 되었고 누구나 그 바다에 접속해 원하는 지식을 얻을 수 있는 기반이 되었다. 그런데 인터넷에 정보가 쌓일수록 필요한 지식을 찾아내는 기술이 필요했다.

1998년 스탠퍼드대학교 대학원생이었던 래리 페이지(Larry Page)와 세르게이 브린(Sergey Brin)은 구글(Google)을 창업했다. 구글은 기존의 포털 사이트와 달리 홈페이지에 배너 광고 없이 검색창만을 올려놓은 후 검색 엔진에 집중했다. 이때 구글은 페이지랭크(Page rank)라는 랭킹 알고리즘을 개발했다. 페이지랭크는 학술 분야에서 인용이 많이 된 논문을 높게 평가하는 것처럼 링크가 많이 된 웹페이지를 높게 평가했다. 특히 공신력 있거나 고품질의 웹사이트가 링크할수록 더 좋은 평가를 받는다. 현재 구글은 링크 이외의 다른 다양한 요소를 고려하고 AI를 활용해 검색의 정확도를 지속적으로 업데이트한다. 구글은 사용자가 원하는 정보가 있는 웹페이지를 빠르게 찾아 주면서 기존의 인터넷 포털 사이트 중 강자였던 야후(Yahoo!)를 제치고 최고의 인터넷 관문이 되었다.

그러나 배너광고를 거부한 채로 마땅한 비즈니스 모델이 없는 상태에서 재정적 어려움을 겪던 구글은 2000년에 사용자의 검색 활동을 방해하지 않는 새로운 광고 모델인 구글 애드워즈(AdWords)를 개발했다. 이는 고투닷컴[goto.com, 이후 오버츄어(Overture)로 개명]의 문자 광고를 차용한 모델이다. 그리고 2003년에는 외부 웹사이트에 광고를 싣고 웹사이트 운영자와 수익을 공유하는 애드센스(AdSense)를 출시했다. 이 두 광고 모델의 성공으로 확보한 거대한 수익을 바탕으로 구글은 전 세계 도서관 책을 디지털화해서 보여 주는 구글 북(Google Book)과 전 세계 지리정보를 보여 주는 구글 맵(Google Map)을 개발한다. 그리고 2006년에 유튜브(YouTube)를 인수해 사용자 제작 콘텐츠(User Generated

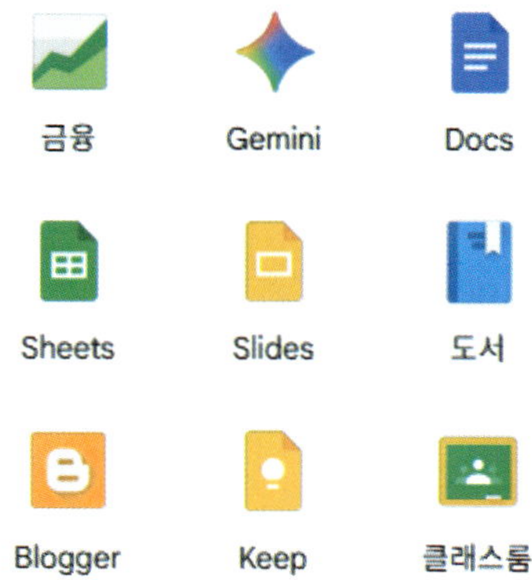

[그림 5-1] 구글의 생산성 도구

Contents: UGC)의 대표적인 사이트로 성장시키면서 동영상 검색 문화를 만들었다. 이로써 구글은 전 세계 지식을 수집해서 누구나 쉽게 접근할 수 있게 하겠다는 원대한 목표를 성취했다. 이후 구글은 독스(Docs), 슬라이드(Slides), 시트(Sheets), 미트(Meet), 드라이브(Drive), 클래스룸(Classroom) 등 생산성 도구를 개발해 홈페이지 오른쪽 상단 메뉴를 통해 제공하고 있다. 구글은 검색 엔진과 생산성 도구에 특화한 웹사이트로 전 세계 인터넷 검색 시장을 여전히 장악하고 있다.

우리나라의 네이버(Naver)는 어떨까? 1999년에 이해진은 삼성SDS 시내벤처 직원들과 함께 네이버를 창업한다. 네이버는 당시 야후코리아나 심마니, 네띠앙의 디렉토리 서비스와 차별화하기 위해 검색로봇이 데이터를 수집하는 검색 엔진을 개발했다. 그러나 1999년 당시 한글 웹사이트는 약 5만 개에 불과해 정확한 검색 결과를 내놓기가 힘들었다. 이에 네이버는 출판사 및 정부 기관과 계약해 백과사전류의 자체 데이터 확보에 집중했다(윤정근, 임일, 2009). 2000년에 네이버는 한게임과 합병하여 후발주자로서 재정적 어려움을 해결하고 인터넷 한겨레의 디비딕을 차용해 지식 검색 '지식iN'을 출시했다. 지식iN은 사용자가 질문하면 다른 사용자가 답을 올리는 사용자 스스로 콘텐츠를 생산하는 웹2.0 서비스로, 전 국민적으로 참여하게 되면서 2003년 네이버가 2002년까지 포털 사이트 점유율 1위를 차지했던 다음(Daum)을 제치고 포털 사이트 1위를 차지하는 결정적 계기가 됐다(한선, 2010). 이후 네이버가 1위의 네트워크 효과(network effect)[1]를 활용해 카페와 블로그를 성공시키면서 질 높은 검색을 위한 충분한 데이터를 확보하게 된다. 이로써 네이버는 초창기 사용자에게 신뢰 있는 콘텐츠를 제공하는 포털이 되겠다는 목표를 성취하게 된다.

2000년대 중반이 되자 웹2.0이라 불리는 새로운 흐름이 나타났다. 이는 인터넷 이용자가 정보를 소비하는 것에서 더 나아가 직접 생산하고 공유하기 시작했다는 것을 뜻한다. 그 중심에 소셜 미디어(social media)의 등장이 있었다. 페이스북, 트위터(현 X), 유튜브와 같은 플랫폼은 사람과 사람을 실시간으로 연결해 주었고, 누구나 손쉽게 글, 사진, 동영상 등 콘텐츠를 발행할 수 있는 환경을 제공했다. 이제 개인도 전 세계를 상대로 자신의 지식과 의견을 공유하는 발신자가 될 수 있게 되었다. 이는 지식의 분배 방식을 다시 한번 크게 바꾸어 놓았다. 전문가나 언론을 통해 일(一)방향으로 전달되던 지식이 이젠 다대다(多對多) 방식으로 쌍방향 소통을 통해 퍼져 나가게 된 것이다. 다시 말해, 소셜 미디어의 광범위한 활용은 지식의 전파를 가속화하고, 지식에 접근하는 경로를 다양화했으며, 전 세계적인 지식 공유를 촉진했다.

2022년 11월, OpenAI사가 선보인 생성형 AI인 챗GPT는 초거대 언어 모델(Large Language Model: LLM)을 일반 대중이 대화 형식으로 활용할 수 있도록 한 챗봇(chatbot)으로서, 질문에 대해 직접 문장으로 된 대답이나 설명을 생성하여 제공한다. 검색 엔진이 어디서 답을 찾을지를 알려 줬다면, 생성형 AI는 스스로 학습한 지식을 종합하여 직접 답을 만들어 낸다는 점에서 새로운 지식 접근 방식을 제시한다. 생성형 AI의 등장 배경에는 수십 년간 축적된 AI 연구의 성과가 있었다. 챗GPT를 비롯한 제미나이(Gemini), 클로드(Claude) 같은 최신 언어 모델들은 수백억에서 수조 개에 이르는 매개변수를 갖춘 인공신경망에, 인터넷에 존재하는 방대한 텍스트 데이터(온라인 백과사전, 서적, 기사, 게시물 등)를 훈련시

1 사용자가 늘어날수록 제품이나 서비스의 가치가 증가하는 현상을 가리킨다.

커 만들어졌다(Laizure, 2024). 그 결과, 이들 모델은 마치 사람처럼 언어를 이해하고 새 문장을 만들어 내는 능력을 갖추게 되었다.

생성형 AI는 질문에 대한 정확한 정보 제공자일 뿐 아니라, 사람들이 정보를 찾고 협업하는 문화 자체를 변화시킬 가능성이 있다. 궁극적으로 인간은 언제 사람 동료에게 조언을 구하고 언제 AI 도구를 활용할지에 대한 새로운 균형점을 찾고 있으며, 이는 디지털 지식의 생성과 소비 양상이 진화하고 있음을 말해 준다(Burtch et al., 2024).

인터넷의 탄생으로 시작된 디지털 지식 혁명은 검색 엔진, 소셜 미디어, 생성형 AI의 순차적인 등장을 통해 단계적으로 진화해 왔다. 인터넷은 전 세계 지식을 연결하여 접근성의 지평을 넓혔고, 검색 엔진은 그 속에서 필요한 지식을 신속히 탐색할 수 있게 해 주었다. 소셜 미디어는 사람들 서로가 지식의 매개자가 되어 정보를 주고받는 플랫폼을 형성했고, 이제 생성형 AI는 기계가 방대한 지식을 학습하여 인간의 물음에 직접 답하는 동반자로 자리 잡아 가고 있다. 이러한 흐름 속에서 지식은 갈수록 더 많은 이에게 열리고, 더 다양한 형태로 공유되며, 더 즉각적으로 활용되고 있다.

2. 인터넷

웹사이트 주소를 보면 www 다음에 보통 인터넷의 고유한 주소인 도메인(domain)이 붙는다. 예를 들어, https://www.knou.ac.kr의 경우 knou.ac.kr이 도메인이고, www는 월드 와이드 웹(World Wide Web)의 약자로서 웹사이트를 표시하는 서브도메인이다. shop은 쇼핑몰을, blog는 블로그를 표시하는 서브도메인이다. 예를 들어, https://blog.naver.com/alwayskwon는 alwayskwon의 네이버 블로그 주소다. 또 도메인 앞에 붙어 있는 https://는 사용자의 개인정보나 중요한 데이터를 보호해 주는 보안 기능이 추가된 인터넷의 프로토콜(규약)이다.

인터넷은 컴퓨터를 연결하는 네트워크이고, 월드 와이드 웹은 그 인터넷 위에서 웹페이지를 서로 연결하는 기술이다. 월드 와이드 웹은 정보를 웹페이지로 만들고 그 웹페이지를 하이퍼텍스트 링크로 서로 연결할 수 있게 해 인터넷을 정보의 바다로 만들었다. 웹페이지는 HTML(Hyper Text Markup Language)로 작성한다. 인터넷 초창기 네트워크 속도가 느렸기 때문에 웹페이지는 대부분 텍스트로 구성됐다. 점차 인터넷 속도가 빨라지면서 사진과 동영상이 나타났다.

1) 인터넷 포털

인터넷 초창기에는 소위 '인터넷 관문'이라고 하는 포털 서비스가 인기가 좋았다. 대표적인 인터넷 포털로 야후가 있었는데, 많은 웹페이지를 주제별로 목록을 만들어 제공했다. 이를 디렉토리(directory) 서비스라고 했다. 야후 홈페이지에는 검색창도 있었지만 검색으로 원하는 결과를 찾기 쉽지 않았기 때문에 포털

[그림 5-2] 인터넷 초창기 야후와 네이버의 디렉토리 서비스

출처: Internet Archive(www.archive.org/).

이 직접 웹페이지를 분류해서 찾기 좋게 제공했다. 즉, 인터넷 초창기에는 사람이 직접 웹페이지를 분류 및 정리해서 제공했다. 그러므로 초창기 포털 사이트는 일종의 도서관에서 책을 쉽게 찾을 수 있도록 도와주는 십진 분류표를 제공했다고 볼 수 있다. 그러나 인터넷이 폭발적으로 성장하면서 웹페이지 수가 기하급수적으로 늘어났고, 이로써 기계가 빠르게 웹페이지를 분류 및 색인하는 검색 엔진이 나오게 되었다.

2) 검색 엔진

검색 엔진(search engine)은 '도서관 사서'라고 생각할 수 있다. 우리가 어떤 정보를 원하면 사서가 도서관의 책을 찾아 주듯이, 검색 엔진도 웹페이지를 찾아준다. 만약 도서관 사서가 없다면 우리가 직접 도서관의 분류 체계에 따라 컴퓨터, 철학, 종교, 사회과학, 언어, 자연과학, 기술, 예술, 문학, 역사 등의 서재를 선택해서 직접 책을 찾아야 한다. 반면 검색 엔진은 필요한 정보를 찾아 곧바로 보여 주는 능력 있는 사서다.

검색 엔진은 크롤러(Crawler) 또는 봇(Bot)이라는 프로그램을 사용해 인터넷에 있는 수많은 웹페이지를 둘러보며 정보를 수집한다. 수집한 정보는 검색 엔진의 거대한 데이터베이스에 저장된다. 이 과정을 색인(indexing)이라고 한다. 여기서 웹페이지의 내용, 타이틀, 이미지, 키워드 등 여러 정보가 분류되어 저장된다. 나음 검색어 처리 단계에서 사용자가 검색어를 입력하면, 검색 엔진은 그 키워드와 관련된 정보를 인덱스에서 찾아낸다. 검색 엔진은 여러 웹페이지 중에서 가장 관련성이 높고 신뢰할 수 있는 페이지를 상위에 보여 주기 위해 특정 알고리즘[2]을 사용한다. 이때 페이지의 품질, 사용자의 성향, 행동 패턴, 검색 이력, 링크 수 등 다양한 요소가 고려된다. 이를 '랭킹(ranking)'이라고 한다.

마지막으로 검색 엔진은 결과를 표시한다. 관련성 높은 페이지부터 순서대로

---

2 문제 해결을 위한 규칙적인 절차나 계산 방법을 말한다.

사용자에게 결과를 보여 준다. 사용자는 이 결과 중에서 원하는 정보나 웹페이지를 클릭하여 방문할 수 있다. 이 원리를 이해하면 시니어도 인터넷에서 필요한 정보를 효과적으로 찾는 데 도움이 될 것이다. 특히 검색어를 어떻게 입력하면 원하는 결과를 더 잘 얻을 수 있는지, 그리고 검색 결과의 순위가 어떻게 결정되는지에 대한 기본적인 이해는 검색 능력 향상에 큰 도움이 된다. 검색 엔진을 제공하는 웹사이트로서 대표적으로 네이버와 구글이 있다.

3) 네이버의 웹사이트

(1) PC 홈페이지

네이버 PC 홈페이지에는 크게 검색창, 메뉴바, 메뉴 내용창이 있고, 그 메뉴 내용창 안에 세부적으로 뉴스 패널, 로그인 패널, 쇼핑 패널, 관심사 패널이 질서정연하게 구성된다. 네이버 홈페이지는 네이버가 제공하는 서비스를 최대한 잘 정리한 메뉴판이 된다. 각 세부 패널은 자신만의 독립된 메뉴바와 메뉴 내용창을 갖고 있다. 이러한 인터페이스는 처음 방문한 사람도 익숙하게 느껴질 수 있도록 기존에 오랫동안 사용자가 써 온 컴퓨터 운영체제의 파일 탐색기 인터페이스를 차용한 것이라 볼 수 있다.

화면 최상단 메뉴바의 왼쪽에 ≡(햄버거 버튼)이 위치하는데, 이를 누르면 바로가기 페이지가 뜬다. 바로가기 페이지의 상단에는 메일, 카페, 블로그, 스토어, 네이버페이 등의 편집 가능한 버튼이 있고, 하단에는 100개 이상의 전체 서비스를 스크롤해서 볼 수 있다. 따라서 네이버 웹사이트는 검색뿐만 아니라 일상생활을 돕는 다양한 서비스와 유희적인 콘텐츠를 제공하는 '생활 플랫폼'이라고 할 수 있다. 이는 네이버의 생활 플랫폼으로서의 정체성을 보여 준다. 즉, 네이버는 사이버 공간이지만 많은 사람이 일상적으로 드나드는 생활 공간을 의미한다.

- 햄버거 버튼 우측에는 결제 내역을 보여 주는 네이버페이 버튼이 있다.
- 맨 오른쪽에는 말풍선 모양의 네이버톡, 종 모양의 알림, 장바구니 모양의 장

바구니 아이콘이 있다.

- 네이버톡은 네이버 쇼핑몰, 카페, 블로그 운영자와 채팅 서비스다.
- 알림은 메일이나 결제, 댓글, 답변, 배송상태 등을 알려 준다.

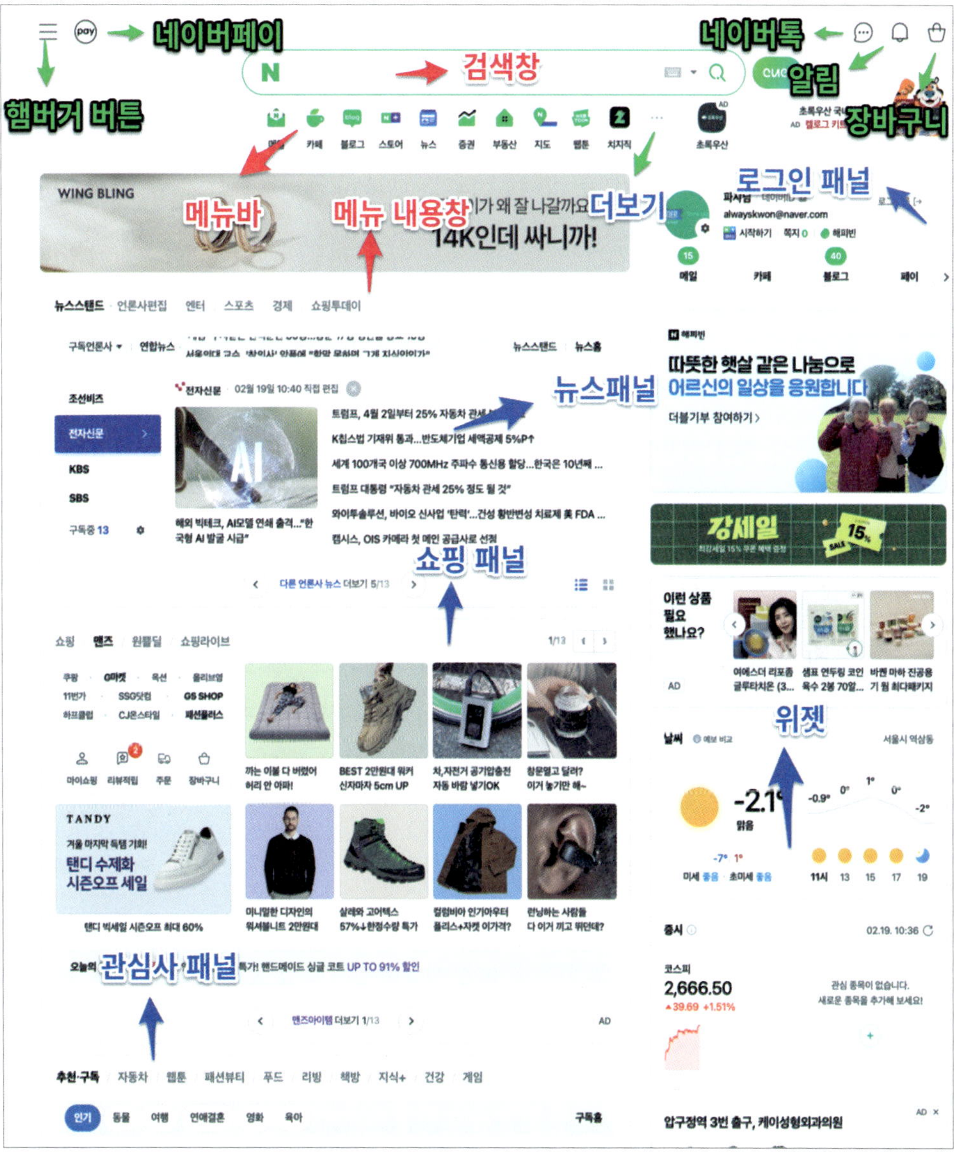

[그림 5-3] 네이버 PC 홈페이지

- 장바구니는 네이버스토어에서 구매하려고 담아 놓은 상품 목록을 보여 준다.

- 상단 중앙에는 웹사이트의 정체성을 드러내는 네이버 로고와 검색창이 있다.
- 검색창 하단의 메뉴바에는 메일, 카페, 블로그, 스토어, 뉴스, 증권, 부동산, 지도, 웹툰, 메모, …(더보기)의 메뉴가 있다. '더보기'를 누르면 풀다운 메뉴가 전체 메뉴를 보여 준다.
- 메뉴바 하단에 위치한 메뉴 내용창은 좌우 2개의 공간으로 구분된다.
  - 왼쪽 상단의 뉴스스탠드는 마치 윈도우 파일 탐색기처럼 왼쪽 탐색창에 뉴스 디렉토리가 있고 그 디렉토리를 선택하면 해당 디렉토리의 기사들이 오른쪽 내용창에 뜬다.
  - 역시 파일 탐색기처럼 목록 보기와 아이콘 보기를 선택할 수 있다.
  - 또한 톱니바퀴 아이콘을 클릭해서 언론사 구독을 설정할 수 있다.
- 뉴스스탠드 하단에 위치한 쇼핑 패널은 사진앨범처럼 격자 구조로 제품 사진을 보여 준다. 쇼핑, 맨즈, 원쁠딜, 쇼핑라이브의 메뉴가 있어 각 메뉴를 클릭하면 내용창이 바뀐다.
- 쇼핑 패널 하단에 있는 관심사 패널은 추천 구독, 자동차, 웹툰, 패션뷰티, 푸드, 레시피, 리빙, 책방, 지식+, 건강, 게임 등으로 분류되어 전문가나 일반인들이 창작한 콘텐츠를 보여 준다.
- 우측 상단의 로그인창에는 계정 정보와 함께 하단에 메일, 카페, 블로그, 페이, 포스트, MYBOX, 설정의 메뉴가 있다. 설정에 들어가 자주 쓰는 메뉴의 순서를 변경할 수 있다.
- 로그인창 하단에는 날씨와 증시 정보가 있다.
- 우측 하단에는 캘린더, 메모, 사전과 같은 위젯 보드가 있다. 위젯(widget)은 정보를 표시하거나 주요 기능을 빠르게 활용할 수 있도록 돕는 도구다.

(2) 네이버의 PC 검색 결과 페이지

네이버의 PC 검색 결과 페이지에는 상단에 검색창이 있고 맨 오른쪽에 프로필, 네이버톡, 알림, 메일, 더보기 버튼이 있다. 그 밑에 메뉴바가 있는데 검색어에 따라 메뉴 내용이 변경된다. 예를 들어, '만화'라는 검색어로 검색하면 이미지, 어학사전, 블로그, 카페, 지식iN, 인플루언서, 동영상, 쇼핑, 뉴스 등의 순서로 메뉴 항목이 뜬다.

그리고 내용창은 왼쪽 공간과 오른쪽 공간으로 나뉘는데, 왼쪽 공간은 검색 결과를 보여 주고 오른쪽 공간은 연관 검색어와 네이버의 광고나 홍보를 보여 준다. 예를 들어, 만화라는 검색어로 검색을 하면 검색 결과로서 파워링크라는 광고가 상단에 뜨고 그 밑에 네이버 웹툰, 플레이스, 이미지, 지식백과 같은 네이버 콘텐츠가 표시된다. 그런데 이런 내용의 순서는 사용자에 따라 달라진다. 왜냐하면 사용자의 검색 기록, 관심사, 클릭 패턴을 분석해 맞춤형으로 메뉴의 순서와 검색 결과를 제공하기 때문이다.

동일한 검색어라도 사용자의 검색 이력과 관심사에 따라 내용을 다르게 분류한다. 예를 들어, 게이밍 노트북을 자주 검색하는 사용자가 노트북을 검색하면

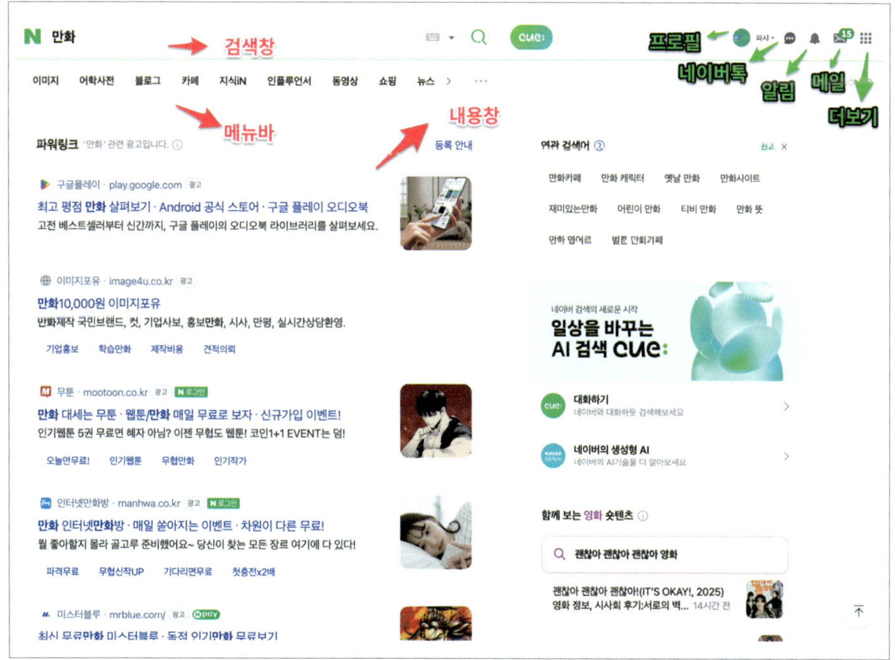

[그림 5-4] 네이버 PC 검색 결과 페이지

고사양 제품의 쇼핑 상품이나 리뷰 블로그를 상단에 배치할 수 있다. 즉, 네이버는 사용자의 검색 의도를 판단하여 그에 맞는 관련성 높은 콘텐츠를 우선 배치한다. 이를 위해 네이버는 빅데이터를 통해 특정 검색어에 대해 어떤 콘텐츠 유형을 자주 클릭하는지 AI가 분석해 메뉴의 순서를 동적으로 조정한다.

네이버의 검색 결과는 네이버의 콘텐츠가 먼저 상단에 뜨고 그다음에 외부 페이지가 나타난다. 이때 외부 페이지를 클릭하면 새 페이지로 뜨기 때문에 네이버 페이지는 여전히 남아 있다. 이렇게 네이버는 사용자가 웹사이트에 머물게 하는 특징을 갖는다.

(3) 네이버 모바일 앱 홈화면

네이버의 모바일 앱 홈화면은 아주 간단하다. 가운데 검색창이 있고 그 밑에 배너 광고, 날씨 위젯, 사용자를 위한 추천 클립의 순서로 구성된다. PC 홈페이지와 다른 독특한 점은 검색창 안 동그라미 모양의 에어서치(AirSearch) 버튼을 누르면 음성, 음악, 렌즈, QR 코드, 파파고 번역, 쇼핑 렌즈 등의 메뉴가 나타난다. 이는 검색어를 글로 써서 검색하는 방식과 달리, 말로 검색하거나 음악을 들려 줘 그 음악 정보를 찾거나 카메라로 촬영해 그 이미지를 검색하는 방식이다. 예를 들어, 파파고 번역을 켜고 카메라로 외국어로 된 사용설명서를 찍어 한글로 번역할 수 있다. 이는 외국으로 여행을 갔을 때 유용한 기능이다.

또한 PC 홈페이지와 달리, 모바일 앱은 최하단에 고정되어 있는 메뉴바가 있는데, 스토어, 홈, 투데이, 클립, 프로필 항목이 있다. 스토어는 네이버스토어이고, 홈버튼을 누르면 항상 홈화면으로 돌아올 수 있다. 투데이를 누르면 투데이 페이지가 뜨면서 뉴스, 스포츠, 엔터, 경제, 건강, 자동차, 게임 등의 항목이 상단 메뉴바에 나열되는데, 그 순서를 설정할 수 있다. 또 좌우 스와이프로 메뉴를 이동할 수 있다. 클립은 숏폼 영상을 보여 준다. 프로필 아이콘을 누르면 개인화된 신원증명, 각종 결제 정보를 볼 수 있다.

또 화면 상단 왼쪽에 ≡(햄버거 버튼)이 위치하는데, 이를 누르면 PC 홈페이지처럼 전체 서비스를 알려 주는 바로가기 페이지가 뜬다. 또 그 옆에 페이, 장바

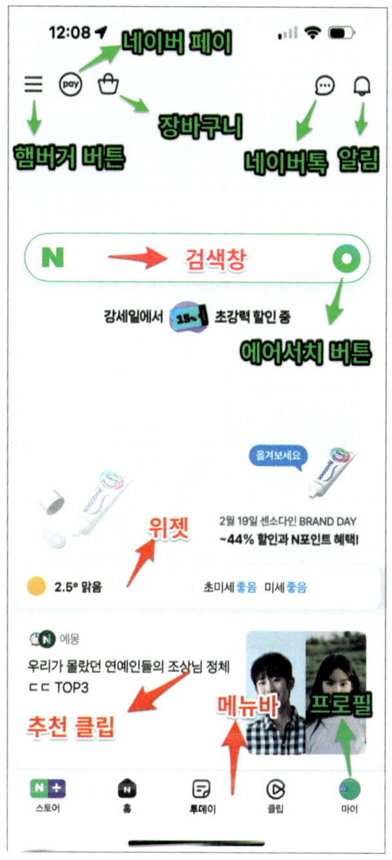

[그림 5-5] 네이버 모바일 앱 홈화면

구니, 말풍선 모양의 네이버톡, 종 모양의 알림 아이콘이 있다. 네이버톡은 네이버 쇼핑몰, 카페, 블로그 운영자와 채팅 서비스다. 알림은 메일이나 결제, 댓글, 답변, 배송상태 등을 알려 준다.

(4) 네이버 모바일 앱 검색 결과 화면

모바일 앱 검색 결과 화면은 PC 검색 결과 화면과 전반적으로 유사하지만 상단 검색창의 마이크 버튼을 눌러 음성으로 검색할 수 있다는 점에서 차이가 있다. 또 하단의 N은 홈화면 버튼이고 좌우 화살표는 화면을 이동하는 버튼이다.

가운데 에어서치 버튼이 있고, 동그란 화살표는 새로 고침 버튼으로 현재 보고 있는 화면을 새로 고침해서 최신 정보로 업데이트하는 기능이다. 디지털의 글은 고정되어 있는 것이 아니라 항상 업데이트되는데, 예를 들어 최신 댓글을 새로 고침을 해서 확인할 수 있다. 위로 올라가는 방향의 화살표는 공유 버튼으로, 해당 화면을 문자, 카톡, 이메일 등으로 보내거나 메모에 저장할 수 있다. 또 두 줄 버튼을 누르면 [그림 5–6]과 같은 툴바가 팝업된다. 툴바 안에는 페이지의 주소(URL)를 복사하거나 화면을 캡처하거나 네이버 메모 앱인 Keep에 저장하거나 열린 페이지를 확인할 수 있는 다양한 도구가 있다.

이러한 메뉴의 내용이나 위치는 앱을 업데이트마다 변경될 수 있다. 그러므로

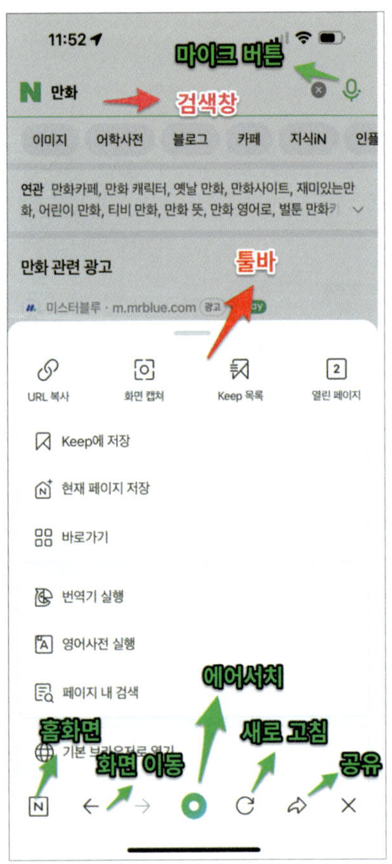

[그림 5–6] 네이버 모바일 앱 검색 결과 페이지

각 메뉴의 위치와 기능을 외울 필요는 없이 누르면서 각각의 기능을 사용하면 된다. 대신 세 줄의 아이콘은 메뉴 더보기를 의미하고 두 줄의 아이콘은 툴바를 의미한다는 규칙이나 홈버튼 또는 새로 고침 버튼의 원리를 이해할 필요가 있다.

4) 구글의 웹사이트

(1) 구글 PC 홈페이지

구글 PC 홈페이지에는 하나의 검색창만 존재한다. 이는 구글 페이지가 사용자가 가야 하는 최종 목적지가 아니라 그야말로 정보나 지식을 찾기 위해 단순히 거쳐 가는 관문임을 말해 준다. 실제 구글의 검색 결과 페이지의 링크를 클릭하면 외부 사이트가 나타나고 구글 홈페이지는 사라진다. 구글 홈페이지에는 광고가 없다. 반면 구글은 검색 결과 페이지와 수백만 개의 외부 사이트에 광고를 게재한다. 그러므로 구글은 네이버와 달리 사용자가 원하는 정보를 찾아서 구글

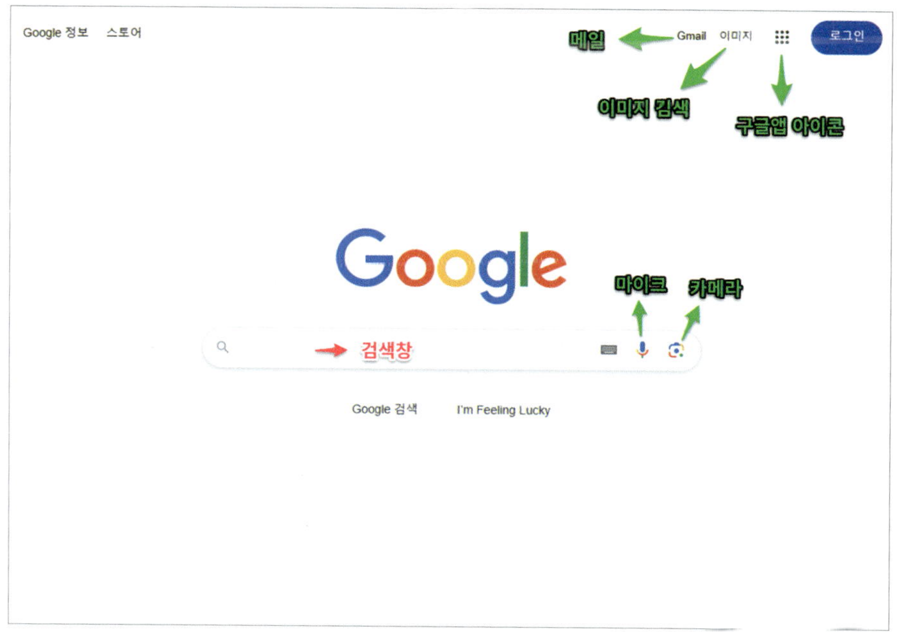

[그림 5-7] 구글 PC 홈페이지

홈페이지 밖으로 나가게 하는 특징을 갖는다.

구글 검색창에는 마이크와 카메라 아이콘이 있다. 각각을 클릭해 음성 검색과 이미지 검색을 할 수 있다. 음성 검색은 직접 말을 하면 컴퓨터가 음성을 인식해 필요한 정보를 편리하게 찾아 준다. 이미지 검색은 카메라로 촬영한 이미지를 올리거나 컴퓨터에 저장된 이미지를 올려 그 이미지에 대한 정보를 찾을 수 있다.

구글 홈페이지의 오른쪽 상단에 점 9개의 구글앱 아이콘을 클릭하면 유튜브, 구글 플레이, 미트, 채팅, 드라이브, 캘린더, 사진, 스프레드시트, 프레젠테이션, 도서, 킵, 잼보드, 클래스룸, 어스 등 주로 다양한 작업을 할 수 있는 생산성 앱이 나타난다. 그러나 그 서비스 대부분이 유튜브처럼 검색 사이트 밖에서 이루어지기 때문에 구글 웹사이트는 검색에 집중되어 있다고 볼 수 있다.

(2) 구글 PC 검색 결과 화면

구글의 PC 검색 결과 페이지는 내용상 크게 검색창, 메뉴바, 메뉴 내용창으로 나뉜다. 내용창은 왼쪽 공간과 오른쪽 공간으로 나뉘는데, 둘 다 검색 결과를 보여 준다. 검색 결과는 외부 사이트를 상단에 보여 주고, 그 아래에 장소, 뉴스 등 구글의 콘텐츠를 보여 준다. 메뉴바에는 전체, 이미지, 동영상, 뉴스, 지도, 쇼핑, 도서, 금융, 도구라는 항목이 있다. 구글 역시 네이버와 마찬가지로 검색어에 따라서 메뉴의 순서가 바뀐다.

구글의 검색 결과 순서는 페이지 랭크, 사용자 경험, 키워드 매칭, 최신성, 검색 의도 등의 기준에 따라 결정된다. 페이지 랭크는 웹페이지의 링크 수와 권위를 평가해 높은 점수를 받은 페이지를 상위 노출하는 것이다. 즉, 다른 신뢰도 높은 웹사이트에서 많이 링크된 웹페이지일수록 좋은 웹페이지로 간주하는 구글의 웹페이지 평가 방식이다. 사용자 경험은 사용자의 클릭 패턴, 체류 시간, 이탈률 등 행동 데이터를 말한다. 키워드 매칭은 검색어와 웹페이지 간의 키워드 연관성을 말한다. 최신성은 실시간 뉴스나 최신 콘텐츠를 우선순위로 올린다는 의미를 갖는다. 검색 의도는 사용자가 원하는 정보를 AI로 예측하여 최적화하는 것을 말한다.

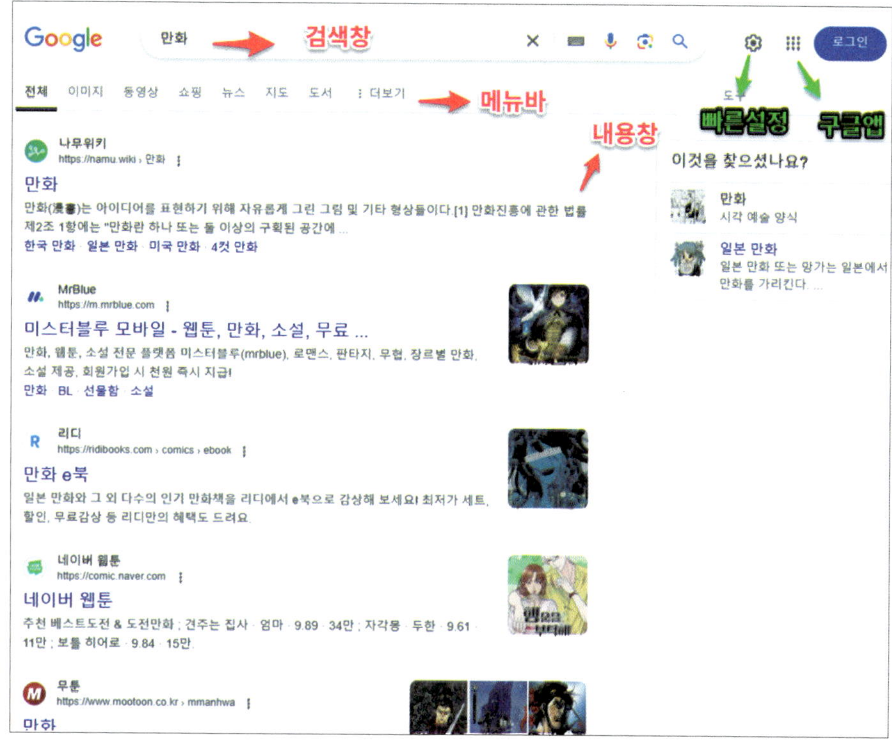

[그림 5-8] 구글 PC 검색 결과 화면

5) 네이버와 구글의 검색 방법

네이버, 구글에서 보다 정확하고 효율적인 검색을 위한 몇 가지 팁이 있다.

- **구체성**: 구체적인 키워드로 검색한다. 예를 들어, 요즘 영화관에서 어떤 영화를 상영하는지 궁금하다면 그냥 '영화'보다 '현재상영영화'라고 검색하는 것이 낫다.
- **필터**: 검색어로 검색한 후 검색 결과 페이지의 검색창 밑에 있는 동영상, 뉴스, 이미지, 쇼핑, 도서 등의 필터를 클릭하면 각 필터와 관련된 웹페이지를 검색한다.

- **출처 확인**: 글의 출처가 신뢰할 수 있는 기관이나 전문가인지 확인한다.
- **게시일 확인**: 최신 정보인지 오래된 정보인지 확인한다.
- **주소 확인**: 복잡한 주소의 웹사이트는 주의한다. 평판이 좋은 웹사이트는 일반적으로 간단한 주소를 갖는다. 예를 들어, 은행 사이트로 위장한 보이스 피싱 사이트에 속지 않기 위해 주소의 알파벳 철자가 정확히 맞는지 확인해야 한다.
- **비교 확인**: 동일한 주제로 다양한 웹사이트를 비교해서 더 좋은 정보를 선택한다.
- **사전**: 검색어 뒤에 '의미'라고 입력하면 사전적 의미를 찾을 수 있다.
- **계산**: 검색창에 곱하기로 *를, 나누기로 /를 활용하여 숫자를 계산할 수 있다. 예를 들어, '45*23'이라고 입력하면 계산 결과 '1035'를 알려 준다.
- **단위변환**: 예를 들어, '6만 달러를 원으로'라고 검색하면 원화 값을 알려 준다.
- **영어 단어 검색:** 예를 들어, '총서를 영어로'라고 검색하면 총서를 영어로 알려 준다.
- **카메라로 외국어 검색**: 스마트폰에서 파파고 번역 버튼을 누르거나 구글 렌즈 버튼을 눌러 외국어를 촬영하면 번역해 준다.
- **음성 검색**: 마이크 아이콘을 선택해서 말하면 된다.
- **이미지 검색:** 렌즈 아이콘을 선택해 카메라로 촬영하거나 저장된 사진을 업로드하면 된다.
- **QR 코드 검색**: QR 코드 버튼을 누르거나 카메라를 켜서 QR 코드를 화면에 넣으면 해당 페이지가 곧바로 연결되거나 해당 주소가 뜨고 그것을 누르면 해당 페이지로 연결된다.
- **음악 검색**: 음표 아이콘을 누르면 스마트폰이 흘러나오는 음악을 듣고 그 정보를 알려 준다.

3. 소셜 미디어

요즘 젊은 세대는 네이버나 구글뿐만 아니라 소셜 네트워크 서비스(Social Network Service: SNS)에서 정보나 지식을 검색한다. 특히 MZ 세대는 기존 검색 엔진보다 소셜 미디어를 선호하는 경우도 있다. 그 이유는 소셜 미디어가 블로그나 카페보다 더 실시간적인 정보가 많기 때문이다. 또 해시태그(#)를 검색어 앞에 넣어서 검색하면 정확하고 최신 정보를 찾을 수 있다. 그리고 글보다 영상이 익숙한 젊은 세대는 글 위주의 기존 검색 엔진보다는 영상 위주의 인스타그램이나 유튜브를 선호할 수 있다. 특히 유튜브는 단순히 TV처럼 영상을 볼 수도 있지만 정보를 찾는 검색 도구로 활용할 수 있다. 또 유튜브는 다른 소셜 미디어와 달리 쇼츠나 라이브 스트리밍뿐만 아니라 녹화된 긴 영상이 많으므로 깊이 있는 지식을 습득하기에 좋다. 유튜브에서 뭐든지 보고 배울 수 있는 다양한 튜토리얼(tutorial)[3]을 찾을 수 있다.

1) 유튜브 검색

유튜브 홈페이지 역시 윈도우 파일 탐색기와 구조가 거의 동일하다. 제일 위에 타이틀바가, 그 옆에는 검색상자(검색창)가, 그 밑에 메뉴바가 있다. 왼쪽에 탐색창과 오른쪽에 내용창이 있다. 이는 유튜브가 기본적으로 파일 탐색기 같은 검색 공간이라는 의미다. 이 역시 첫 사용자가 최대한 빨리 적응하도록 사용자의 컴퓨터 운영체제 사용 습관을 활용한 것이다. 유튜브 홈페이지만의 독특한 기능은 오른쪽 상단에 있는 + 만들기 버튼이다. 이는 동영상을 업로드하거나 라이브 스트리밍을 하는 기능으로, 유튜브가 사용자 제작 콘텐츠 플랫폼임을 알려준다.

---

3 특정 지식이나 기술을 단계적으로 시연하고 설명하여 시청자가 쉽게 따라 할 수 있도록 돕는 교육용 동영상 콘텐츠를 뜻한다.

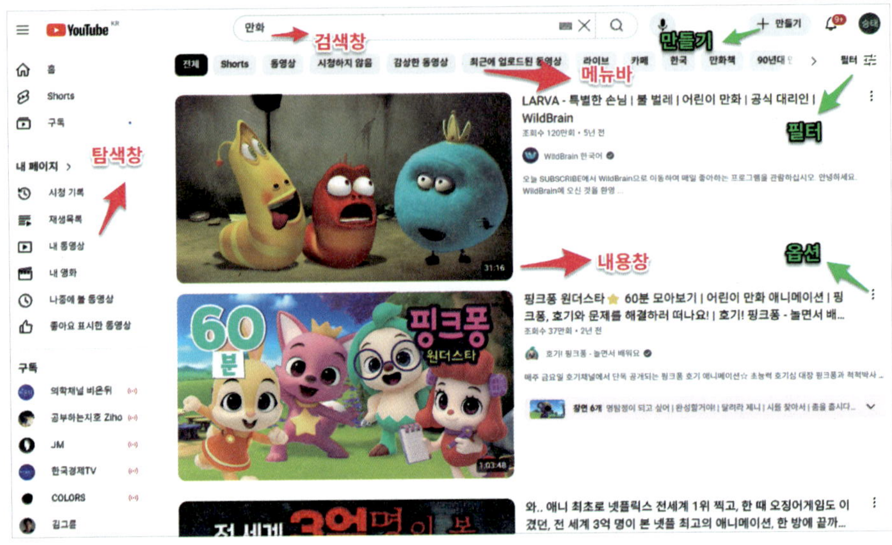

[그림 5-9] 유튜브 PC 홈페이지

탐색창에는 홈, 쇼츠, 구독, 내 페이지, 구독 채널 목록, 탐색, 유튜브 더보기, 설정 등의 메뉴가 있다. 홈화면의 메뉴바에는 전체, 음악, 팟캐스트, 라이브, 게임, 뉴스 등의 메뉴가 있는데, 사용자에 따라 메뉴의 종류가 바뀐다. 내용창에는 섬네일 이미지를 가진 동영상들이 격자 모양으로 나열된다. 또한 과거 시청 기록, 인기 트렌드, 구독 채널 등을 고려해 유튜브 알고리즘이 개인별 맞춤형으로 동영상을 추천한다. 그러므로 유튜브 홈화면은 그 구조만 동일하지 내용은 사람마다 다르다. 그래서 유튜브 홈화면만 보면 그 사람의 취향과 관심사를 알 수 있다.

2) 유튜브 검색 방법

유튜브 역시 정확하고 효율적인 검색을 도와주는 팁이 있다.

- **출처 확인**: 영상 게시자가 신뢰할 수 있는지 파악한다.

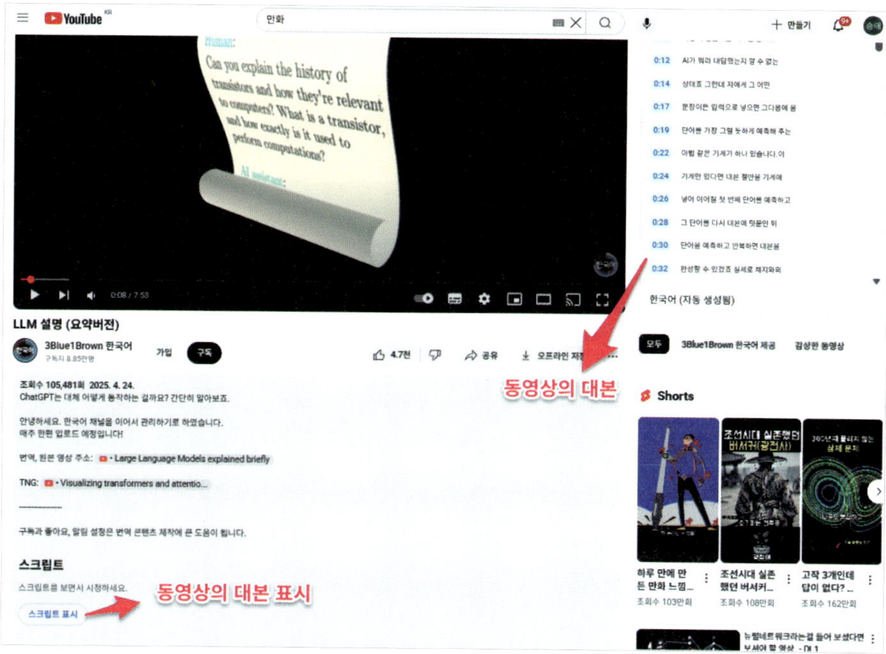

[그림 5-10] 유튜브 영상 대본 보기

- **게시일 확인**: 오래된 정보인지 최신 정보인지 파악한다.
- **필터 사용**: 원하는 검색어로 검색한 후 검색 결과 페이지의 오른쪽 상단에 필터를 선택해서 업로드 날짜, 조회수, 길이, 평점 등을 기준으로 필터링을 하면 더 빨리 원하는 정보를 찾을 수 있다.
- **비교 확인**: 하나의 주제에 다양한 채널의 정보를 비교하여 더 좋은 정보를 선택할 수 있다.
- **스크립트**: 동영상 하단 조회수와 콘텐츠 정보가 적혀 있는 회색 바의 더보기를 클릭하면 하단에 스크립트 표시가 있다. 그것을 클릭하면 동영상 오른쪽에 동영상의 대본을 확인하면서 시청할 수 있다. 이 대본을 모두 선택한 후 복사하여 챗GPT의 프롬프트창에 붙여 넣기를 한 후 요약해 달라고 하면 동영상의 요약된 내용을 확인할 수 있다.
- **인공지능 요약 서비스 활용**: 제미나이(Gemini)나 릴리스(Lilys) 등의 AI에 접속

한 다음 특정 유튜브 콘텐츠의 주소를 프롬프트창에 넣으면 해당 유튜브 콘텐츠의 내용을 요약해 달라고 요청할 수 있다.

3) 소셜 미디어의 비판적 소비 및 활용

소셜 미디어에서 언제 어디서나 다양한 정보를 찾을 수 있지만, 반대로 정보를 편식할 수도 있다. 대부분 소셜 미디어의 알고리즘은 사용자의 관심과 취향을 파악해서 그것과 관계된 콘텐츠를 지속적으로 노출하는 경향이 있다. 예를 들어, 한 사용자가 인스타그램 릴스(Reels)에서 AI 관련 콘텐츠를 자주 보게 되면 곧 릴스 속 세계는 AI로 도배될 것이고, 사용자는 마치 세상 사람들이 모두 AI에 열광한다고 착각하게 될 수 있다. 이것이 필터버블(filter bubble)에 의한 확증편향(comfirmation bias)이다. 인간은 기본적으로 자신이 듣고 싶은 것만 듣고 보고 싶은 것만 보는 경향을 가지고 있는데 알고리즘이 이를 악화시킨다고 볼 수 있다. 그래서 최근 쟁점되는 이슈에서 여론이 점점 극단적으로 양분되는 것이다. 그러므로 소셜 미디어가 주는 정보를 그대로 믿기보다 항상 비판적인 태도를 가지고 의도적으로 다양한 정보를 검색해 균형이 있는 관점을 견지할 필요가 있다.

4. 생성형 인공지능

인공지능 시대가 되면서 점점 지식을 습득하는 속도가 빨라지고 있다. 궁금한 것은 무엇이든 인공지능에게 물어보면 곧바로 알아낼 수 있다. 이 말은 인공지능을 활용하는 사람과 그렇지 못한 사람과 지식의 차이가 커진다는 이야기다. 고령자는 인공지능이 첨단 기술이라 어려울 것이라 겁낼 수 있다. 그러나 인공지능은 사람의 말을 알아듣기에 인류가 만든 가장 쉬운 도구라고 할 수 있다. 왜냐하면 기존 도구는 사용법을 배워야 했지만 인공지능은 그냥 사람처럼 묻고 대답하면서 소통하면 되기 때문이다. 검색 엔진이 도서관 사서라면 인공지능은 모든 분야에 능통한 교사라고 할 수 있다. 이 교사는 많은 책을 읽고 학습했기 때문에 다양한 질문에 답할 수 있다. 그러나 검색 엔진으로 검색할 때도 다양한 웹페이지를 비교해서 내용의 정확성과 신뢰성을 살피듯이 인공지능이 알려 주는 정보 역시 검증이 필요하다. 인공지능은 학습한 내용을 토대로 확률적으로 가장 그럴듯한 대답을 하므로 일반적인 내용은 대부분 맞지만 전문적인 내용은 가끔 틀리기도 하므로 인공지능의 검색 기능을 통해 또는 기존 검색 엔진을 통해 사실 여부를 파악해야 한다. 그러나 이런 검증은 다른 미디어도 마찬가지다. 인터넷 정보나 심지어 학술 정보도 틀릴 때가 있으므로 교차 확인이 필요하다.

생성형 인공지능은 기존 데이터를 학습해 기억하고 있다가 인간의 질문이나 명령에 맞게 대답을 생성하는 기계다. 대답은 기계 입장에서는 출력으로 말과 글뿐만 아니라 이미지, 동영상, 음악, 음성, 프로그래밍 코드 등 다양한 형식을 갖는다. 이렇게 인공지능은 글뿐만 아니라 사진, 영상, 소리 등 여러 종류의 데이터를 동시에 이해하고, 이들을 섞어서 새로운 결과물을 만들어 낼 수 있는데, 이를 멀티모달(multimodal)이라고 한다. 그러나 현재 대부분의 인공지능은 어떤 한 분야에 특화하고 있다.

- 챗GPT나 제미나이 같은 대규모 언어 모델(LLM)은 글을 쓰고 그림을 그린다.
- 달리(Dall-E)와 스테이블 디퓨전(Stable Diffusion)은 실사적 이미지에 강하다.
- 미드저니(Midjourney)는 일러스트나 예술적 스타일 이미지에 특화되어 있다.
- 로어머신(Lore Machine)이나 스토리보더(Storyboarder) AI는 스토리를 분석해 스토리보드를 생성한다.
- 소라(Sora), 베오(Veo), 런웨이(Runway), 피카(Pika), 클링(Kling)은 비디오를 생성한다.
- 아이바(Aiva), 수노(Suno), 유디오(Udio)는 음악을 생성한다.
- 일레븐랩스(ElevenLabs), 브루(Vrew), 타입캐스트(Typecast)는 음성과 효과음을 자동으로 생성한다.

구텐베르크의 활자 탄생으로 문자가 대중화되어 과학 기술이 급격히 발전했다면 사진과 영화의 탄생으로 영상이 대중화되면서 예술이 고도로 발전했다. 사진이 나오면서 회화는 추상화와 개념미술로 발전했고, 영화가 자신만의 언어를 갖게 되면서 종합예술로 발전했다. 컴퓨터는 모든 미디어를 시뮬레이션해서 과학 기술과 예술을 통합시켰다. 이제 인공지능은 과학 기술과 예술에 새로운 변화를 불러오고 있다.

1) 챗GPT

챗GPT는 OpenAI에서 개발한 자연어 처리(Natural Language Processing: NLP) 모델인 GPT(Generative Pre-trained Transformer) 기반의 챗봇을 의미한다. 챗봇은 인공지능이나 머신러닝 알고리즘을 사용해 자연어로 사용자와 대화하는 컴퓨터 프로그램이다. GPT에서 G는 Generative(생성하는)로서 사람처럼 글을 만들어 내는 능력을 말한다. P는 Pre-trained(사전 훈련된)로서 방대한 기사, 책, 웹사이트 등의 글을 학습하여 언어 구조, 문법, 일반적인 문구부터 지식까지 습득했다는 의미다. T는 Transformer(트랜스포머)로서 문장의 뜻을 파악하고 연결하는 기술을 말한다. 이 모델은 시퀀스의 모든 요소를 동시에 병렬적으로 처리하므로 훈련 시간이 빠르다.

2) 인공지능 활용법

인공지능은 첨단 기술이라 너무 어렵게 생각하거나 잘못된 사실을 지어 내는 환각(hallucination) 문제나 저작권 문제로 사용을 꺼리는 경우가 있다. 그러나 완벽하지 않더라도 도움을 받을 수 있는 방향으로 사용해 보는 것이 좋다.

인공지능은 실제 사용하는 데 전혀 어렵지 않다. 마치 친구의 성향이나 특징을 파악하면 어떻게 대해야 할지 알게 되듯이 인공지능도 친해지면 자연스럽게 활용법을 터득하게 된다. 그러므로 많이 써 보는 것이 중요하다. 프롬프트를 작성하는 효과적인 방법을 공부하는 것도 좋겠지만 그전에 우선 부담 없이 써도 도움을 받을 수 있다.

보통 좋은 대답을 받으려면 질문을 잘해야 한다고 말한다. 이는 사람 간의 관계든 인공지능 간의 관계든 같다. 수업 시간에도 공부를 잘하는 사람이 질문도 잘한다. 우선, 관련 지식이 있어야 적절한 질문을 할 수 있다. 그리고 질문할 사람에 대해 잘 알고 있어야 무엇을 어떻게 질문할지 알 수 있다. 그러므로 인공지능이 어떻게 작동하고 어떤 데이터 기반으로 학습했는지, 또 그 한계는 무엇인지 등에 대한 인공지능의 특성을 잘 이해한다면 더 효과적으로 사용할 수 있을 것이다.

3) 인공지능의 특징

여기에서는 인공지능의 특징을 열다섯 가지로 정리해서 설명한다.

- 인공지능은 학습한 데이터를 바탕으로 새로운 지식이나 이미지를 만들어 낸다. 이는 기존의 글이나 그림을 그대로 복제한 것이 아니므로 원칙적으로는 직접적인 저작권 침해가 아니라고 볼 수 있다. 그러나 인공지능은 기존의 창작물과 매우 유사한 결과물을 생성할 가능성이 있고 이 경우 원작자의 저작권을 침해할 우려가 있다. 따라서 인공지능이 생성한 콘텐츠는 기존 저작물과의 유사성, 창작성의 정도 등을 개별적으로 평가하여 저작권 침해 여부를 신중히 판단할 필요가 있다.
- 인공지능은 친절하다. 인공지능은 무엇을 묻든지, 얼마나 많이 묻든지 잘 답해 준다. 그러므로 너무 신중하고 조심스럽게 프롬프트를 작성할 필요가 없다. 그냥 생각나는 대로 질문을 한 후 대답을 보면서 조금씩 질문을 수정하면 된다. 그러나 뜬금없거나 모호한 질문보다는 구체적인 질문을 하거나 맥락을 알려 주고 관련 자료까지 제공한다면 더 정확한 대답을 받을 수 있다. 결국 사람들에게 효과적으로 질문하는 방식을 잘 적용하면 된다.

- 인공지능은 학습한 내용을 토대로 통계적으로 가장 그럴듯한 답변을 구성한다. 그리고 직접 검색도 하고 자료를 찾아 출처를 보여 줄 수도 있다. 그럼에도 불구하고 인공지능이 제시한 출처는 반드시 확인해 봐야 한다. 그러므로 보고서나 논문 같은 엄정한 글은 직접 써야 한다.
- 인공지능은 학습한 것을 토대로 질문에 답하지만 학습하지 않은 것도 최선을 다해 답변한다. 인공지능은 대부분 기정사실화된 지식을 학습했지만 최신 정보나 아직 알려지지 않은 전문 분야의 깊은 지식은 학습하지 않았을 가능성이 많다. 문제는 인공지능이 학습하지 않은 것을 모른다고 답하지 않고 기존 지식을 재구성해 대답하기 때문에 엉뚱한 답변이 나올 수 있다. 그러므로 인공지능이 답변한 내용이 이상하면 반드시 검증을 해야 한다. 인공지능을 활용할 때는 자신이 잘 아는 분야에서 더 좋은 답변을 얻어 낼 수 있다. 왜냐하면 인공지능의 답이 이상한지 제대로 된 것인지 구분할 수 있어야 하기 때문이다. 또한 인공지능에게 답의 근거를 링크로 알려 달라고 한 후 직접 링크에 연결된 페이지로 이동해 사실을 확인할 수도 있다.
- 인공지능이 모르는 것은 알려 주고 질문하면 된다. 자료를 업로드하거나 프롬프트창에 붙여 넣기를 한 후 그 자료를 토대로 질문을 하면 그 자료에 충실하게 잘 답변한다. 그러나 민감한 자료나 개인정보는 업로드하면 안 된다. 인공지능을 사용할 때도 항상 보안에 신경을 써야 한다.
- 인공지능은 패턴을 잘 찾는다. 그러므로 인공지능이 인간보다 잘하는 것은 기존 지식의 요약과 정리다. 예를 들어, 보고서를 업로드해서 핵심 개념 세 가지에 초점을 맞춰 요약하라고 할 수 있다. 또한 많은 사람의 인터뷰 내용을 받아쓰기 해서 요약 정리를 시키면 아주 잘한다. 이때 두 가지 이상의 인공지능을 사용할 수 있다. 인터뷰 내용의 음성 인식과 텍스트 생성은 브루처럼 음성 인식에 특화된 인공지능을 사용하고 그 텍스트의 요약과 정리는 챗GPT 같은 대규모 언어 모델에게 시킬 수 있다.
- 인공지능은 비교 분석을 잘한다. 인공지능은 다양한 지식을 학습했기에 어떤 것이든지 적절히 비교 분석한다. 예를 들어, 디지털을 설명하라고 할 수 있지

만 디지털과 아날로그를 비교해서 설명하라고 하면 더 좋은 답변이 나올 수 있다.

- 인공지능은 언어 이해력이 뛰어나다. 그러므로 만약 책을 읽다가 이해가 되지 않는 글이 있다면 그 페이지의 사진을 찍어 보여 주면서 중요한 세부 사항이 빠지지 않도록 원문 그대로 잘 설명하라고 요청할 수 있다. 그래도 어렵다면 초등학생도 이해할 수 있도록 설명해 달라고 하면 된다.
- 인공지능은 '개떡같이' 말해도 '찰떡같이' 알아듣는다. 그러므로 프롬프트를 입력할 때 사소한 오타나 띄어쓰기가 틀려도 고치지 않고 진행해도 크게 문제가 없다.
- 인공지능은 논리적으로 답변하려고 노력한다. 그러나 인공지능은 확률적 예측 모델이므로 논리적 비약이 생길 수 있다. 그러므로 인공지능에게 대답의 조건을 체계적으로 설정하면 더 논리적인 답을 제공받을 수 있다.
- 인공지능은 편향적일 수 있다. 인공지능은 인간이 만든 데이터를 학습하므로 인종, 성별, 문화에 대한 편견을 가질 수 있다. 그리고 모델 개발사의 데이터 선택이나 알고리즘 설계에도 편향이 있을 수 있다. 그러므로 인공지능을 대할 때도 사람을 대할 때와 비슷하게 비판적인 태도를 가질 필요가 있다. 또한 한 모델에만 의존하지 말고 다른 모델을 교차 비교해도 좋을 것이다.
- 인공지능은 다양한 관점을 제시할 수 있다. 인공지능은 학습을 많이 했기에 다양한 관점의 지식을 가지고 있다. 그러므로 인공지능에게 비판적이고 다양한 의견(예: 찬성, 반대, 중립 입장)을 비교해서 제시하라고 질문하면 좋다. 즉, 인공지능을 비판적인 평가자로 활용하는 것도 좋다.
- 인공지능은 다방면을 고려해 답변한다. 그러므로 인공지능은 답변한 것 중에서 생각지 못했던 새로운 아이디어를 발견할 수 있다. 인공지능은 아이디어를 구상할 때 같이 브레인스토밍하기 좋다. 그러나 인공지능이 제시한 아이디어를 실제 사용하기 전에 항상 검증해야 한다.
- 인공지능은 관습적인 글을 잘 쓴다. 인공지능은 서론, 본론, 결론을 잘 지켜서 모범석으로 글을 쓴다. 그러나 현실을 깊이 있게 다루는 생생한 글을 쓰지 못

한다.

- 인공지능은 상투적이다. 그러므로 인공지능에게 글을 대신 쓰게 하면 어디서 본 듯한 뻔한 글을 써 준다. 그러므로 인공지능에게 좀 더 세밀한 요구를 하면서 초안 작성이나 아이디어 수집 용도로 협업을 한 후 최종적인 글을 본인이 직접 작성한다.
- 인공지능은 삶의 경험도 감정과 욕구도 없다. 그러므로 인공지능은 인간 삶의 진실을 드러내는 섬세하고 독창적인 글을 쓰지 못한다. 그런 글을 인공지능에게 전적으로 맡기면 안 되고 협력하면서 서로의 약점을 보완하는 방향으로 글을 개선하면 좋을 것이다.

참고문헌

윤정근, 임일(2009). 한국의 대표 인터넷 기업 NHN(2008). **연세경영연구**, 46(1), 93-118.

한선(2010). 네이버의 포털 시장 내 구조 변화와 사회적 함의. **한국언론학보**, 54(1), 107-127.

Burtch, G., Lee, D., & Chen, Z. (2024). The consequences of generative AI for online knowledge communities. *Scientific Reports, 14*(1), 10413.

Laizure, S. C. (2024). Caution: ChatGPT doesn't know what you are asking and doesn't know what it is saying. *The Journal of Pediatric Pharmacology and Therapeutics, 29*(5), 558-560.

McMillan, C. (2019. 10. 29.). Lo and behold: The internet. University of California. https://www.universityofcalifornia.edu/news/lo-and-behold-internet

네이버. www.naver.com

Google. www.google.com

Internet Archive. www.archive.org

YouTube. www.youtube.com

6장

디지털 쓰기와 그리기

디지털 기기를 활용해 생산 활동을 하려면 일정관리, 노트, 협업, 클라우드 서비스와 같은 생산성 앱과 문서 작성을 위한 오피스 앱(한글, 워드, 독스 등)을 사용할 수 있어야 한다. 특히 사진 편집, 일러스트 제작, 영상 제작 등 창의적 콘텐츠를 만들기 위해 포토샵, 일러스트레이터, 프리미어 프로, 애프터 이펙트 같은 어도비 미디어 앱 사용법도 익히는 것이 중요하다. 이러한 프로그램들은 작업 공간 설정, 구성, 수정, 최종 내보내기 순서로 공통적인 작업 방식을 갖추고 있으며, 고령자도 오피스 앱과 미디어 앱 모두 공통된 메뉴와 도구를 공유해 하나만 익숙해지면 이후 다른 프로그램도 쉽게 배울 수 있다.

1. 디지털 쓰기와 그리기의 역사

1960~1970년대에 컴퓨터가 보급되면서 사무 자동화(Office Automation: OA)라는 개념이 부상했다. 1977년 일본의 광학 기기 제조 기업인 리코(Ricoh)는 OA라는 약어를 처음 만들어 쓸 정도로 사무실 업무를 기계와 컴퓨터로 자동화하려는 움직임을 보였다. 마이크로소프트는 1983년 MS 워드(Microsoft Word)를 처음 선보였는데, 기존의 타자기나 다른 워드프로세서와 달리 보는 대로 출력(What You See Is What You Get: WYSIWYG) 개념을 도입하여, 편집 중인 화면에 실시간으로 줄 바꿈과 볼드체 또는 이탤릭체 같은 서식 효과를 표시해 주었다.

한편, 표 계산 작업의 자동화는 스프레드시트(spreadsheet) 소프트웨어의 탄생으로부터 시작되었다. 최초의 전자 스프레드시트인 비지컬크(VisiCalc)는 1979년 애플 II 컴퓨터용으로 등장하여 '킬러 앱'으로 불릴 만큼 엄청난 파급효과를 가져왔다. 마이크로소프트는 1985년 매킨토시용 엑셀(Excel)을 출시하며 사무용 소프트웨어 시장에 진입했다. 초기에는 워드퍼펙트(WordPerfect; 워드프로세서), 로터스 1-2-3(Lotus 1-2-3; 스프레드시트)와 같은 경쟁 제품이 있었으나, 1990년 마이크로소프트가 워드, 엑셀, 파워포인트 등을 하나로 묶은 오피스(Office) 제품군을 내놓으면서 판도를 바꾸었다. 윈도우의 그래픽 사용자 인터페이스(GUI)를 등에 업은 이러한 제품들은 사용 편의성 면에서 앞서 나갔고, 결국 1990년대 초반 이전 세대의 도구들을 누르고 시장 지배적인 위치를 차지했다.

한편, 그림 그리기와 미디어 제작의 디지털화는 미디어 애플리케이션(이하 앱)의 탄생과 함께 진행되었다. 1982년 존 워녹(John Warnock)과 찰스 게슈케(Charles Geschke)는 제록스 PARC를 떠나 어도비 시스템즈(Adobe Systems)를 설립했다. 이들이 처음 개발한 혁신은 포스트스크립트(PostScript)라는 페이지 기술 언어(page description language)였는데, 1984년에 발표된 포스트스크립트는 텍스트와 이미지의 인쇄 방식을 근본적으로 혁신했다. 포스트스크립트는 벡터(vector) 수학을 활용하여 글꼴과 도형을 해상도와 무관하게 정밀하게 표현할 수 있게 해 주었고, 레이저 프린터[(특히 1985년 애플의 레이저라이터(LaserWriter)]에 탑재하면서 데스크톱 출판 혁명의 기반이 되었다. 즉, 전문 인쇄소의 조판 시스템이 아니라 개인용 컴퓨터와 레이저 프린터만으로도 잡지나 책자 수준의 문서를 제작할 수 있는 시대를 열었다.

1987년 어도비는 벡터 그래픽 편집기인 일러스트레이터(Illustrator)를 출시했다. 일러스트레이터는 프랑스 자동차 엔지니어 피에르 베지에(Pierre Bézier)의 이름을 딴 베지어 곡선(Bézier curves)을 도입해 몇 개의 기준점만으로 매끄럽고 확장 가능한 곡선을 만들 수 있었다. 픽셀로 이루어진 일반 사진은 확대하면 흐려지지만, 수학 공식으로 그려지는 베지어 곡선의 그림은 아무리 확대해도 항상 선명하게 보인다. 그리고 베지어 곡선을 복잡한 모양을 훨씬 쉽게 만들 수 있어 디자인 업계의 판도를 바꾸는 역할을 했다.

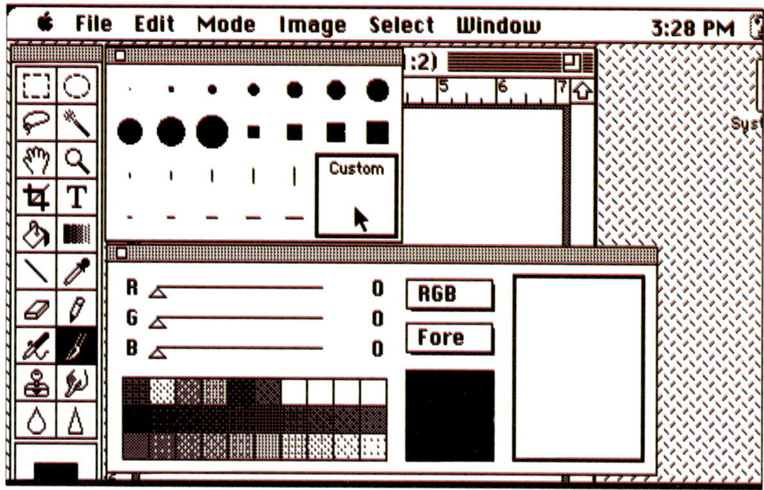

[그림 6-1] 포토샵 1.0

출처: Creative Bits(https://creativebits.org/the_first_version_of_photoshop/).

1987년 미시건대학교에서 박사학위를 받은 토마스 놀(Thomas Knoll)은 애플 II 플러스 컴퓨터의 흑백 모니터에서 그레이스케일 이미지를 만들어 다양한 효과를 적용하는 원시적인 프로그램을 만들었다. 조지 루카스의 ILM(Industrial Light and Magic)에서 특수효과 작업을 하던 형제 존 놀(John Knoll)이 이 프로그램의 잠재력을 보고 이를 본격적인 이미지 편집기로 개발하기로 제안했다. 이들은 1988년 '포토샵(Photoshop)'이란 이름으로 소프트웨어를 개발했고, 같은 해 어도비에게 배포권을 팔았다. 1990년 어도비는 래스터 그래픽 편집기인 포토샵을 애플 전용으로 출시했다. 당시 포토샵은 킬러 앱 중 하나가 되어 더 많은 메모리를 갖춘 새 컴퓨터 판매를 촉진시켰다(The Editor of Encyclopaedia Britannica, 2025).

매킨토시 주변기기 생산 기업이었던 슈퍼맥(SuperMac)의 프로그래머 랜디 유빌로스(Randy Ubillos)는 1991년 애플이 매킨토시의 동영상을 지원하기 위해 개발한 퀵타임(QuickTime)을 기반으로 비디오 캡처카드를 위한 편집 소프트웨어인 릴타임(ReelTime)을 설계했다. 1991년에 어도비는 슈퍼맥이 개발했던 릴타임을 매수하여 1991년 맥용 프리미어(Premiere)를 출시했다(Rubin, 2009). 프리미어 1.0(Premiere 1.0)은 1989년에 출시된 아비드 컴포저(Avid Composer) 같은 프로용 소프트웨어에 비해 성능이 좋지 않았지만, 가격이 저렴하고 맥에 설치하여 사용할 수 있는 아마추어용이었다. 그러나 2003년 어도비는 프리미어 프로(Premiere Pro)를 출시하면서 성능을 프로급으로 끌어올렸고, 이후 프리미어 프로는 지속적으로 업그레이드를 하여 업계 표준의 영상 편집기가 되었다.

1993년 CoSA(Company of Science and Art)는 맥용으로 애프터 이펙트(After Effects)를 출시했고 같은 해 7월 앨더스(Aldus)에 매각했다. 1994년 어도비가 다시 앨더스를 인수하여 1995년 애프터 이펙트 3.0을 출시했다. 1997년에는 애프터 이펙트의 윈도우 버전을 출시했다. 애프터 이펙트는 개인용 컴퓨터에서 애니메이션, 합성, 특수효과 작업을 할 수 있는 최초의 앱으로, 이 제품의 출시로 모션 그래픽은 비약적으로 발전했다. 미디어 학자 레브 마노비치(Lev Manovich)는 애프터 이펙트가 출시된 1993년을 현대 시각 예술을 지배하는 혼종적 시각 언어가 시작되는 시점으로 보고 있다(Manovich, 2014).

워드프로세서와 스프레드시트의 등장은 종이와 펜, 타자기를 밀어내고 사무실을 컴퓨터화했으며, MS 워드와 MS 엑셀의 진화는 전 세계 비즈니스 현장의 생산성을 비약적으로 높였다. 한편, 어도비의 포토샵과 프리미어 프로, 애프터 이펙트 같은 도구들은 캔버스와 필름을 화면과 파일로 대체하며 예술과 디자인, 영상 제작의 패러다임을 재편했다. 글쓰기와 그림 그리기의 디지털 도구는 더욱 지능화되고 통합될 것으로 예상된다. 아이디어를 말이나 글로 설명하면 AI가 문서, 이미지, 영상 초안을 모두 만들어 주고, 인간은 그중 가장 마음에 드는 결과를 선택하여 다듬는 식의 작업 흐름이 머지않아 현실화될 것이다. 그러나 AI는 협력자일 뿐 직접 최종 작품을 완성하는 것은 인간의 몫이다. 왜냐하면 아직 AI는 인간처럼 삶의 경험, 감정, 욕구가 없어 진실되고 독창적인 결과물을 내기가 어려우며, 인간의 의도를 100%로 이해해서 수행하기도 힘들기 때문이다.

2. 생산성 앱

고령자가 디지털 기기로 지식과 생활 정보를 찾고 신문을 읽고 방송을 시청하며 쇼핑을 하고 은행 업무를 볼 수 있는 능력을 갖춘다면 디지털 리터러시를 거의 다 갖추었다고 볼 수 있다. 그러나 평균 연령이 대폭 늘어나면서 노년기에도 문서 작업이나 창작 작업을 통해 지식, 정보, 예술을 생산할 수 있게 되었다. 그러기 위해서는 스마트폰 사용을 넘어 개인 컴퓨터로 작업을 할 수 있는 능력을 갖춰야 한다. 이것이 생산 활동을 위한 디지털 리터러시다.

우선, 키보드로 타이핑(typing)을 할 수 있어야 한다. 이는 하루 이틀 정도 연습을 하면 쉽게 타이핑을 할 수 있고 숙달되면 키보드를 보지 않고도 문자를 입력할 수 있게 된다. 이런 기초가 갖추어졌다면 생산성 앱을 사용해 보자. 일정관리, 노트, 협업, 문서, 계산, 프레젠테이션을 위한 많은 앱이 있다.

1) 일정관리 앱

기성 세대는 다이어리 수첩을 쓰는 경우가 많다. 그러나 다이어리는 항상 들고 디녀야 하며 분실할 수도 있다. 그러므로 일정관리 앱을 쓰게 되면 일상이 훨씬 편하게 된다. 항상 들고 다니는 스마트폰에서 관리하면 컴퓨터나 태블릿PC에서도 쉽게 확인하고 수정할 수 있다. 또한 인터넷이 연결된 모든 컴퓨터에서 로그인해서 일성을 확인할 수 있다. 그리고 스마트폰의 음성 인식 기능과 AI 비서를 활용하면 음성으로 일정을 기록하고 내용을 찾는 등 AI 비서와 대화하면서 일정을 관리할 수 있다. 또한 종이 다이어리는 1년 단위로 되어 있지만 일정관리 앱은 기한에 제한이 없으므로 오래된 일정도 쉽게 검색해서 찾을 수 있다.

〈표 6-1〉 종이 다이어리와 일정관리 앱의 차이점

비교 항목	종이 다이어리	일정관리 앱
사용 편의성	직접 손으로 작성해야 하므로 시간이 걸림	입력이 빠르고 수정이 간편
접근성	배터리, 인터넷 없이 언제든 사용 가능	스마트폰, 태블릿PC, PC에서 동기화 가능
기록 유지	물리적 보관이 필요하며 분실 가능성 있음	클라우드 저장으로 안전하게 보관
알림 기능	스스로 확인해야 함	알람, 푸시 알림 제공
창의성 및 감성적 만족감	손글씨로 꾸미고 창의적으로 활용 가능	템플릿, 색상 지정 기능 제공
검색 및 정리	과거 기록을 찾기 어려움	키워드 검색으로 빠르게 찾기 가능
공유 및 협업	개인용으로 적합, 공유가 어려움	팀원과 일정 공유 및 협업 가능
멀티미디어 활용	사진, 링크 삽입 불가	이미지, 링크, 음성 메모 추가 가능
맞춤 설정	다이어리 디자인과 필기구 선택 가능	다양한 테마, 위젯, AI 추천 기능 제공
배터리 의존성	배터리 불필요	배터리가 필요하며 방전 시 사용 불가

2) 노트 앱

언제든지 빠르게 노트하고 그것을 관리하기 위해서 노트 앱을 쓸 수 있다. 메모장, 에버노트(Evernote), 노션(Notion), 구글 킵(Google Keep), 원노트(One Note) 등이 대표적인 노트 앱이다. 노트 앱은 노트를 주제별로 분류하여 쉽게 찾을 수 있으며, 노트가 아주 많을 경우 검색을 통해서도 빠르게 노트를 찾을 수 있다. 그리고 단순히 노트뿐만 아니라 이미지를 삽입하고 표를 만드는 등 일반적인 문서 앱의 기능을 가지고 있다. 또한 웹클리퍼(Web Clipper)를 활용하면 광고 없이 신문 기사나 웹페이지 내용만을 가져올 수 있어 정보를 수집하여 정리하기도 좋다.

특히 노트 앱을 컴퓨터, 스마트폰, 태블릿PC 등의 다양한 기기에 설치하면 모든 내용이 서로 연동되므로 언제 어디서든지 동일한 노트를 확인하고 작성할 수 있는 장점이 있다. 또 노트를 PDF로 저장해 이메일이나 SNS로 쉽게 공유할 수 있다. 만약 노트 앱을 수년간 써 노트의 양이 많이 늘면 노트 앱은 일종의 자신만의 아카이브가 되어 언제든지 자신의 지식을 쉽게 찾아 쓸 수 있게 된다. 즉, 노트 앱은 정보가 넘쳐 나는 시대, 자신의 두뇌와 연결된 저장장치라 할 수 있다. 또 노트 앱의 AI는 음성 녹음을 실시간으로 텍스트로 변환하고 긴 텍스트를 요약하고 오타를 수정하며 추가 정보도 찾아 준다.

〈표 6-2〉 종이 노트와 노트 앱 간의 차이점

비교 항목	종이 노트	노트 앱
휴대성	노트 자체를 휴대해야 하며 여러 권이면 무거울 수 있음	스마트폰, 태블릿PC, PC 등 여러 기기에서 동기화 가능
기록 속도	손으로 직접 필기해야 하므로 속도가 느릴 수 있음	키보드 입력, 음성 입력, 필기 입력(스타일러스) 가능
정리 및 검색	수동으로 페이지를 찾아야 하므로 검색이 어려움	키워드 검색으로 원하는 내용 즉시 찾기 가능
보관 및 보안	분실 시 복구 불가능, 보관 시 공간 차지	클라우드에 자동 저장되어 분실 위험 적음
알림 및 일정 관리	알림 기능 없음	리마인더, 알람 설정 가능
멀티미디어 활용	텍스트 및 간단한 그림만 가능	이미지, 링크, 음성 녹음, 동영상 삽입 가능
공유 및 협업	공유하려면 직접 복사하거나 사진을 찍어야 함	이메일, 링크, 클라우드 공유 가능
배터리 의존성	언제 어디서나 사용 가능	전자 기기가 필요하며 배터리가 없으면 사용 불가
필기 경험	실제 종이에 필기하는 감각을 느낄 수 있음	디지털 필기 지원(스타일러스 가능)
창의성 및 감성적 만족감	직접 손으로 쓰면서 창의적인 표현 가능	다양한 폰트, 색상, 스타일 적용 가능
환경적 영향	종이 낭비 가능성 있음	전자 기록으로 종이 절약 가능

3) 협업 앱

협업 앱에는 줌(Zoom), 팀즈(Teams), 웹엑스(Webex), 구글 미트(Google Meet), 슬랙(Slack) 등이 있다. 협업 앱을 쓸 수 있으면 많은 사람과 온라인에서 쉽게 만날 수 있고 온라인 강연에 참여할 수 있다. 웨비나(Webinar)란 말은 web과 seminar의 합성어로 온라인 세미나를 의미한다. 오프라인에서 개최하는 세미나

〈표 6-3〉 오프라인 회의와 협업 앱의 차이점

비교 항목	오프라인 회의(대면 회의)	협업 앱(온라인 회의)
장소 제한	특정 장소에서만 가능, 출장 필요	장소에 구애받지 않고 어디서든 참여 가능
비용 절감	회의 공간 예약, 출장비 등 추가 비용 발생	출장비, 교통비 절감(인터넷 비용만 필요)
기록 및 저장	수동 기록 필요(녹화 시 별도 장비 필요)	회의 녹화, AI 자동 메모, 캡션 기능 지원
의사소통 방식	표정, 몸짓, 분위기 등을 직관적으로 전달 가능	비언어적 의사소통이 어려움(표정, 몸짓 전달 한계)
참여도	현장 분위기로 인해 몰입도가 높을 가능성 큼	멀티태스킹 가능하지만 집중력 저하 가능
기술적 문제	기술적 문제 없음	인터넷 연결 문제, 소프트웨어 오류 가능
네트워킹 및 팀워크	즉각적인 피드백과 대면 네트워킹 가능	자연스러운 대화, 즉흥적인 토론이 어려움
회의 일정 조율	모든 참석자의 일정을 맞추기 어려울 수 있음	일정 조율이 쉽고 즉시 회의 가능
대규모 회의 가능 여부	물리적 공간과 인원 제한 존재	최대 수천 명까지 웨비나 형태로 가능
환경적 영향	이동으로 인해 탄소 배출 증가 가능	이동이 필요 없어 탄소 배출 감소(친환경적)
장시간 회의 피로감	대면 회의는 피로감이 상대적으로 적을 가능성	줌 피로(Zoom Fatigue) 현상 발생 가능

역시 웨비나를 제공하는 경우가 많으므로 협업 앱을 사용할 수 있는 능력을 키우는 것 역시 사회 활동에 중요하다고 할 수 있다. 또 이 협업 앱의 화면 녹화 기능을 활용해 자신의 발표나 강의를 녹화해 콘텐츠로 만들 수 있다. 협업 앱의 AI 기능은 음성을 텍스트로 변환해 회의록을 작성해 주고 회의 내용을 요약하여 핵심 내용만 정리해 신속히 공유할 수 있도록 해 준다. 또 협업 앱은 실시간으로 음성을 자동번역해서 자막을 생성해 주는 캡션 기능을 지원하므로 사용자는 외국인과의 회의에서 언어 문제를 해결할 수 있다.

4) 클라우드 드라이브

컴퓨터로 작업을 많이 하게 되면 파일 관리가 중요하다. 파일을 컴퓨터에만 저장하게 되면 그 컴퓨터가 없는 곳에서 작업하기가 힘들고 컴퓨터 저장장치가 고장 날 경우 파일을 모두 잃게 될 위험성도 있다. 특히 USB드라이브는 분실하기 쉽고 외부 컴퓨터에서 사용하다 보면 바이러스에도 취약하다. 그러므로 드롭박스(Dropbox), 네이버 마이박스(Mybox), 구글 드라이브(Google Drive), 원드라이브(OneDrive), 아이클라우드(iCloud) 같은 클라우드 드라이브를 쓰는 것이 좋나. 클라우드 드라이브를 쓸 경우 컴퓨터에 저장한 파일이 동시에 클라우드에도 저장되므로 인터넷을 통해 다양한 기기로 어디서든지 쉽게 읽고 작성할 수 있고, 컴퓨터 드라이브가 손상되더라도 파일은 항상 클라우드 드라이브에 백업되어 있게 된다. 대부분의 클라우드 드라이브가 5기가바이트 정도는 무료로 제공하므로 문서 작업을 주로 한다면 무료 서비스로도 충분하다. 또한 동영상 콘텐츠를 많이 만드는 경우 유튜브 계정을 만들면 자동으로 생기는 유튜브 채널을 비디오 아카이브로 활용할 수 있다. 동영상은 유튜브에 올리고 그 동영상의 링크들을 노트 앱에 정리해 놓으면 언제 어디서든지 자신의 비디오 아카이브에 저장된 동영상을 보여 주거나 전달할 수 있다.

〈표 6-4〉 컴퓨터 드라이브와 클라우드 드라이브의 차이점

비교 항목	컴퓨터 드라이브	클라우드 드라이브
저장 위치	내 컴퓨터, USB, 외장하드	인터넷 서버
접근 가능 장소	특정 컴퓨터에서만 사용 가능	인터넷이 있으면 어디서나 사용 가능
저장 공간	기본 저장 용량 제한 있음	필요하면 추가 구독 가능
데이터 보안	하드디스크 고장 시 데이터 유실 가능	클라우드 서버에 백업되어 안전함
공유 및 협업	다른 사람과 공유하려면 USB나 이메일 전송 필요	링크 공유 가능, 여러 사람이 동시에 편집 가능
인터넷 필요 여부	인터넷 없이도 사용 가능	인터넷 연결 필수(일부 오프라인 저장 가능)
파일 복구	삭제하면 복구가 어려움	클라우드에 자동 백업(삭제 후 복구 가능)

3. 오피스 앱

사무실에서 주로 많이 쓰는 오피스 앱 중 한컴오피스로는 한글, 한셀, 한쇼가 있고, MS 오피스로는 워드, 파워포인트, 엑셀이 있으며, 구글 오피스로는 독스, 시트, 슬라이드가 있다.

한글, 워드, 독스는 문서 작성 앱으로, 문자 입력, 편집, 서식 지정, 이미지 삽입, 표 생성, 맞춤법 등을 제공한다. 한쇼, 파워포인트, 구글 슬라이드는 프레젠테이션 작성 앱으로, 텍스트, 이미지, 도형, 차트, 비디오를 포함한 슬라이드를 만들고 정보를 시각화할 수 있다. 한셀, 엑셀, 시트는 전자 스프레드시트로, 데이터를 행과 열로 구성된 표로 정리하고 데이터를 분석하고 계산하는 데 사용된다. 클라우드 기반의 구글 오피스나 MS 오피스는 파일을 클라우드에 저장해서 여러 사람과 협업을 할 수도 있다.

구글 오피스는 다른 문서 소프트웨어와 달리 유료로 구독하거나 프로그램을 설치할 필요 없이 인터넷만 있으면 무료로 사용할 수 있다. 구글 홈페이지의 상단 메뉴에서 구글 오피스를 선택해서 웹상에서 독스로 문서 작업을 하고, 슬라

이드로 프레젠테이션 작업을 할 수 있으며, 시트로 계산과 표 작업을 하며 데이터를 관리하고 분석할 수 있다. 메뉴와 툴바는 다른 소프트웨어와 동일한 구조를 가지고 있으나 좀 더 단순한 인터페이스를 보여 준다. 반면 오른쪽 상단에 공유 버튼을 통해 쉽게 문서의 링크를 만들어 다른 사람에게 전달해 협업을 할 수 있다. 공유한 문서의 권한을 보기, 댓글 쓰기, 쓰기로 선택할 수 있다.

관공서나 학교에서는 대부분 한글 파일을 표준으로 사용하고 있고 기업에서는 워드를 많이 사용하고 있다. 또한 대부분의 회사나 학교는 발표 자료로 PPT 파일을 요구하는 경우가 많다. 그러므로 대체로 사무직 일을 하기 위해서는 오피스 앱을 쓸 수 있는 능력을 갖춰야 한다. 이러한 문서 작성 앱은 서로 다른 기능을 하지만, 공통된 메뉴와 도구를 가지고 있다. 그러므로 하나의 앱을 많이 사용할 경우 다른 앱을 처음 사용할 때 빠르게 적응할 수 있다.

1) 오피스 앱의 기본 메뉴와 도구

오피스 앱에는 보통 메뉴바 밑에 툴바(도구 막대)가 있고, 거기에 많이 쓰는 메뉴를 도구로 사용할 수 있도록 아이콘으로 표시한다. 문서 앱의 공통 메뉴는 파일, 편집(구글 문서에서는 수정), 홈, 삽입, 보기, 창, 서식, 도구(검토), 도움말, 효과 등이다. 문서를 시작하려면 제일 먼저 파일에 가서 새 문서를 눌러 빈 문서를 만들 수 있다.

(1) 파일 메뉴

파일(File) 메뉴에는 새 문서, 저장, 다른 이름으로 저장, 열기, 닫기, 가져오기, 내보내기, 인쇄, 편집 용지, 프로젝트 설정 등의 메뉴가 있다. 파일의 메뉴들은 새 문서를 시작하고 페이지를 설정하고 저장하고 내보내기(출력)를 하는 데 필요한 명령어들이다. 내보내기는 다양한 포맷을 지원하므로 다른 앱과 서로 파일을 자유롭게 교환할 수 있는 호환성을 갖는다. 예를 들어, PDF로 변환하여 다른 사람에게 보내면 그 사람이 한글이나 워드 같은 앱이 없더라도 컴퓨터든 모바일

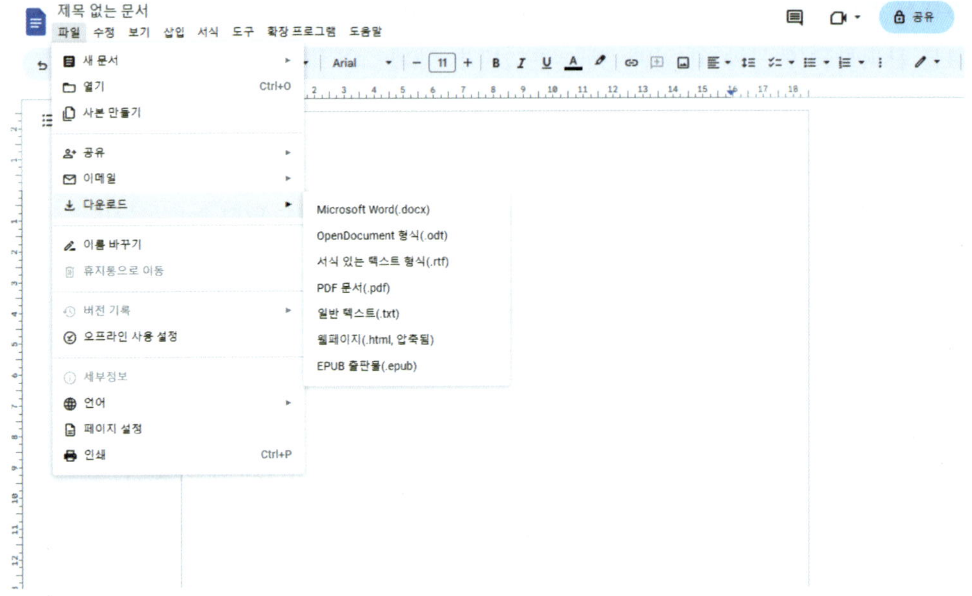

[그림 6-2] 구글 오피스의 독스

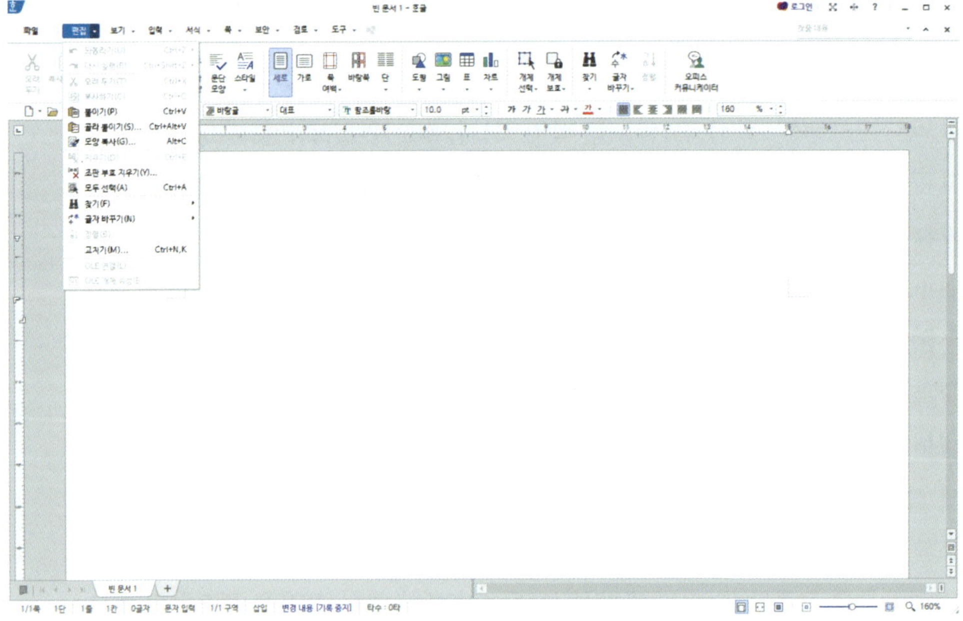

[그림 6-3] 한컴오피스의 한글

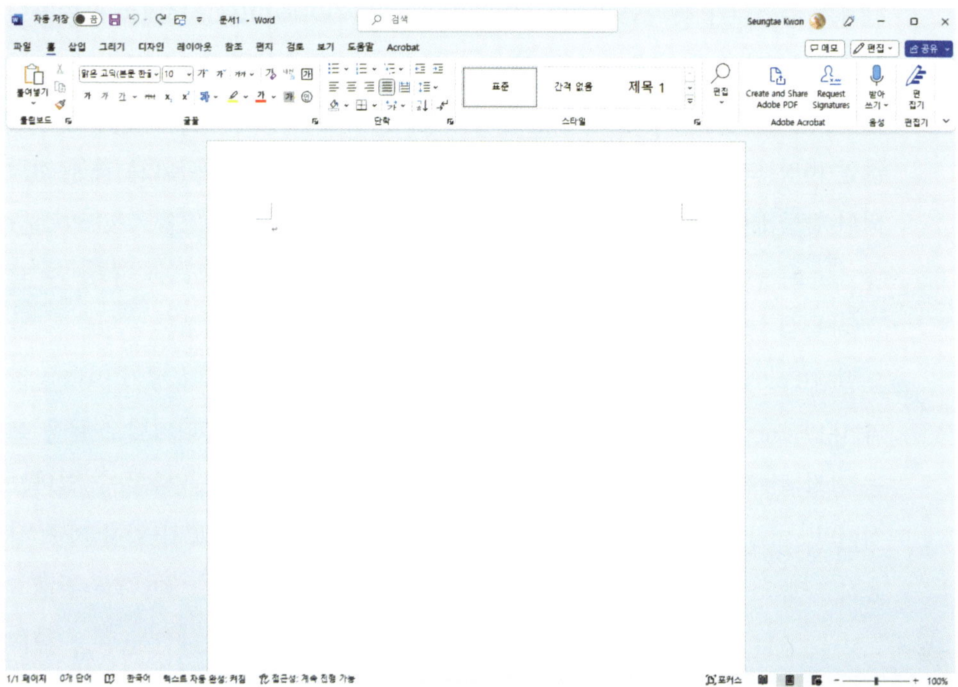

[그림 6-4] MS 오피스의 워드

이든 쉽게 읽어 볼 수 있다. 특히 hwp 확장자를 가진 한글 파일은 외국에서 열 수 없으므로 PDF로 변환하여 공유할 필요가 있다.

글은 키보드로 쳐야 하지만 만약 타이핑이 어렵다면 스마트폰의 노트 앱에서 음성 인식 마이크 아이콘을 눌러 말을 하면 텍스트가 생성된다. 그 텍스트를 AI를 활용해 오탈자를 수정한 후 복사해서 문서에 붙여 넣기를 하면 된다. 워드의 경우 프롬프트창에 원하는 주제의 글을 써 달라고 요구하면 코파일럿(Copilot) AI가 대신 글을 써 주는데, 마음에 들면 그대로 쓰면 되고 마음에 안 들면 수정 사항을 프롬프트창에 넣으면 된다. 그러나 좋은 글을 쓰기 위해서는 AI가 쓴 글은 자료 정도로 활용하고 최종 글은 본인이 직접 쓰는 것이 좋다.

한컴오피스 한글은 글을 쓰면서 중간중간 '저장'을 눌러 주어야 한다. 저장하기의 단축키인 Ctrl+S를 외워 작업 중간에 눌러 주는 것이 안전하다. 왜냐하면

갑자기 컴퓨터가 꺼지면 작업한 것을 잃을 수 있기 때문이다. 물론 복구 기능이 있어 어느 정도 쓴 내용을 살릴 수도 있겠지만 그렇지 못할 수도 있다. 반면 구글 오피스의 독스나 MS 워드의 웹 버전, 자동 저장 기능을 활성화한 워드 오프라인 버전, 그리고 대부분의 노트 앱은 글자를 입력하면 실시간으로 자동 저장되어 힘들게 쓴 글을 날릴 일이 없다.

(2) 편집

편집(Edit)은 취소(Undo), 다시 실행(Redo), 복사(Copy), 붙여 넣기(Paste), 잘라 내기(Cut), 찾기(Find), 바꾸기(Replace) 등의 메뉴가 있다. 디지털로 글을 쓰는 가장 큰 장점은 쉽게 수정하고 다 쓴 후에도 쉽게 그 구성을 바꿀 수 있다는 점이다. 이를 위해 복사(Ctrl+C), 잘라 내기(Ctrl+X), 붙여 넣기(Ctrl+V)를 자주 사용하는데, 단축키를 외워 놓으면 작업이 빨라진다.

(3) 홈

MS 오피스는 툴바를 리본 메뉴라고 부르는데, 홈(Home)의 리본 메뉴에는 글자 크기, 색상, 굵기(Bold), 기울이기(Italic), 정렬(왼쪽, 가운데, 오른쪽) 등 글꼴과 단락에서 자주 사용하는 도구를 모아 놓았다. 글을 다 썼으면 글꼴을 바꾸거나 자간이나 들여쓰기, 정렬 방식 등을 설정해 읽기 좋게 정리할 수 있다. 또한 글 내용을 시각화하기 위해 표나 이미지를 넣을 수 있다. 이때는 삽입 메뉴로 가면 된다.

(4) 삽입

삽입(Insert) 또는 한컴의 입력에는 그림, 도형, 차트, 표, 머리글 및 바닥글, 페이지 번호, 하이퍼링크, 기호, 비디오, 오디오, 특수문자, 등식, 각주, 미주, 3D, 아이콘, 메모, 문자표, 한자 등의 메뉴가 있다. 삽입한 표는 속성창에서 선의 모양, 두께, 색상 등의 속성을 조정할 수 있다. 문서가 여러 장일 경우 페이지 번호를 삽입할 수 있다.

(5) 보기

문서 작업할 때 글자가 작아서 보기 어렵다면 확대 기능을 사용하면 된다. 보기(View)에는 확대, 축소, 다양한 보기, 눈금자, 눈금선, 안내선, 해상도, 격자, 탐색창, 개요창, 미리 보기, 상세보기 등의 세부 메뉴가 있다. 다양한 보기로서 페이지를 한 장씩 볼 수도 있고 여러 장을 동시에 볼 수도 있다. 또 인쇄하기 전에 미리 보기로 실제 출력될 모습을 확인할 수 있다.

(6) 창

창(Window)은 사용자가 선택할 수 있는 다양한 패널을 제공하면서 작업 공간(workspace)을 조정할 수 있다. 예를 들어, 왼쪽에 문서를 띄우고 오른쪽에는 참고자료를 놓고 작업할 수 있다. 창의 크기를 조절하면서 한 화면에 여러 문서를 볼 수 있다.

(7) 서식

서식(Design)에는 글자와 단락(문단)의 모양, 스타일, 글머리표, 번호 매기기, 페이지 번호 등 메뉴가 있다. 서식은 문서의 내용을 시각적으로 보기 좋게 꾸미고 체계적으로 구성하는 기능이다. 글자의 크기, 글꼴, 굵기, 색상, 밑줄 등 글자 모양과 문단 정렬(왼쪽, 오른쪽, 가운데, 양쪽 맞춤), 줄 간격, 들여쓰기, 내어쓰기 등 단락 모양을 설정할 수 있다. 또한 미리 설정된 스타일(제목, 본문, 인용 등)을 적용하면 문서 전체의 일관성을 유지할 수 있고, 글머리표와 번호 매기기 기능을 사용하면 목록이나 순서를 명확하게 표현할 수 있다. 페이지 번호, 머리글, 바닥글, 테두리 및 음영 등 다양한 서식 옵션을 통해 문서를 보다 전문적이고 깔끔하게 구성할 수 있으며, 이를 통해 독자가 내용을 쉽게 이해하고 빠르게 파악할 수 있도록 돕는다.

(8) 도구

도구(Tools) 또는 MS 오피스의 검토(Review)에는 맞춤법, 사전, 메모 추가, 변경 내용 추적, 문서비교 등의 메뉴가 있는데 이는 모두 텍스트 작성에 필요한 메뉴들로 AI의 특징을 갖는다. 예를 들어, 문서를 작성하다가 맞춤법이 틀렸다면 자동으로 수정해 준다. MS 오피스의 코파일럿 AI는 문서를 요약해 주거나 회의 내용을 자동으로 정리해 줄 수도 있고 파워포인트 자료도 자동으로 만들어 줄 수 있다.

(9) 도움말

도움말(Help)에서 특정 기능의 사용법이나 설정 방법을 직접 검색하여 필요한 정보를 빠르게 얻을 수 있고, 자주 묻는 질문(FAQ), 튜토리얼, 문제 해결 방법, 단축키 안내 등을 확인할 수도 있다. 또한 도움말에서는 앱의 최신 버전으로 업데이트하거나 새로운 기능과 개선된 사항을 확인할 수 있다.

2) 오피스 앱의 공통 메뉴와 고유한 메뉴

오피스 앱의 메뉴는 공통적인 것과 각 프로그램에만 있는 특화된 메뉴로 나눌 수 있다. 한글, 워드, 파워포인트, 엑셀, 독스, 시트, 슬라이드 모두 파일(File), 편집(Edit), 보기(View), 입력(Insert), 서식(Format), 검토(Review), 도구(Tools)와 같은 공통된 메뉴를 가지고 있다. 그래서 한 가지 프로그램에 익숙해지면 다른 프로그램도 쉽게 배울 수 있다. 그러나 각각의 프로그램은 고유한 기능에 맞춰 특별한 메뉴를 별도로 제공한다. 예를 들어, 한글이나 워드는 문서 작업에 특화된 페이지 쪽(Layout), 그리기(Draw), 디자인(Design), 참조(Reference) 같은 메뉴가 있다. 워드의 그리기 메뉴를 사용하면 마우스를 이용해 직접 그림을 그려 문서에 넣을 수 있다. 파워포인트에는 발표 슬라이드를 만드는 데 적합한 슬라이드 쇼(Slide Show), 기록(Record), 전환(Transition), 애니메이션(Animations) 같은 메뉴가 있다. 엑셀은 표와 계산을 위한 데이터(Data), 수식(Formulas) 등의 메뉴를 제공한다.

이러한 특화된 메뉴들은 처음 접할 때는 조금 어렵게 느껴질 수 있는데, 이럴

〈표 6-5〉 오피스 앱의 공통 메뉴와 특화된 메뉴

	한글	워드	파워포인트	엑셀	독스	시트	슬라이드
공통 메뉴	• 파일 • 편집 • 입력 • 보기 • 서식 • 검토 • 도움말	• File • Home • Insert • View • Design • Review • Help	• File • Home • Insert • View • Design • Review • Help	• File • Edit • Insert • Layout • Formulas • Review • Help	• File • Edit • Insert • View • Format • Tools • Help	• File • Edit • Insert • View • Format • Tools • Help	• File • Edit • Insert • View • Format • Tools • Help
특화된 메뉴	• 쪽 • 보안 • 도구	• Layout • Draw • Reference • Mailing	• Draw • Slide show • Record • Transitions • Animations	• Data		• Data	• Slide

때는 유튜브에서 메뉴 이름을 검색하면 쉽게 관련된 학습 영상을 찾을 수 있다. 또한 챗GPT나 제미나이 같은 AI를 통해서도 간편히 사용법을 안내받을 수 있으므로, 고령자들도 학원이나 유료 강의를 듣지 않고도 전문가의 도움을 받을 수 있다.

4. 미디어 앱

영상 시대에 글만으로 소통하기보다 직접 이미지로 보여 주는 것이 효율적이다. 그러므로 글을 쓰는 능력뿐만 아니라 이미지를 가공하고 생산할 수 있는 능력이 필요하다. 물론 요즘 생성형 AI가 그림, 비디오, 음악, 음성 등을 생성한다. 그러나 글과 마찬가지로, AI가 생성한 것을 그대로 쓰기는 힘들다. 왜냐하면 AI

는 아직 인간만큼 섬세하고 개성을 갖고 있지 못하기 때문이다. AI가 만든 것 역시 인간이 자신의 취향과 감각에 맞게 수정해야 한다. 그러므로 직접 그리거나 디자인할 수 있도록 아니면 최소한 AI와 협업을 할 수 있도록 미디어 앱을 활용할 수 있으면 좋다.

미디어 앱으로 가장 많이 쓰는 제품은 어도비에서 제공하는 포토샵, 일러스트레이터, 프리미어 프로, 애프터 이펙트가 있다. 이 제품은 전 세계 디자인 저작 도구의 표준이 되고 있다. 마노비치는 어도비 제품이 전 세계 디자인 계급을 정의하고 전 세계 청년 계급은 전 세계 어도비 계급과 겹친다고 말한다(Manovich, 2017). 과거 극소수 귀족이나 예술가만이 예술 활동을 했다면 현재 어도비가 시각 예술 플랫폼이 되면서 대중이 본격적으로 예술 활동을 하고 있다. 어도비 제품은 오피스 앱보다 더 복잡하고 어렵지만 그 인터페이스는 메뉴바와 툴바로 구성되어 있으므로 오피스 앱에 익숙하다면 좀 더 쉽게 적응할 수 있다. 또한 최근 어도비 제품에 AI 기능이 많이 탑재되어 많은 기능을 자동화하고 있다. 어도비 제품은 서로 메뉴와 툴바의 많은 기능을 공유하고 있으므로 한 제품에 익숙하면 다른 제품도 쉽게 배울 수 있다. 그래도 다른 앱에 비해 다소 복잡하고 어려우므로 유튜브의 튜토리얼이나 온라인 클래스에서 강좌를 들으면서 배워도 되고, 체계적으로 학습하지 않더라도 우선 쓰기 시작해 모르는 것을 AI에게 질문하면서 배울 수 있다.

1) 일러스트레이터

어도비 일러스트레이터(Adobe Illustrator)는 로고, 아이콘, 타이포그래피(typography), 캐릭터 일러스트와 같은 다양한 그래픽 작업에 특화된 전문 벡터 그래픽(vector graphic) 소프트웨어다. 사용자는 마치 종이나 캔버스 위에 그림을 그리듯이 마우스 또는 디지털 펜을 사용해 자유롭게 선을 그리고 색상을 채워 자신만의 디자인을 구현할 수 있다. 화면 상단에 메뉴가 있지만 실제 작업은 주로 화면 왼쪽의 툴바(도구 막대)에 두 줄로 정리된 도구를 이용해 화면 중앙에 있는 아트보드(Artboard) 위에서 진행한다. 각각의 도구에 대한 세부적인 조정과 설정은 화면 오른쪽의 패널(Panel)에서 이루어진다. 툴바에 있는 도구를 살펴보면 선택(Selection), 직접 선택(Direct Selection), 자동 선택(Magic Wand), 올가미(Lasso)는 모두 개체를 선택하고 조정하는 데 사용하는 선택 도구다. 또한 직선(Line Segment), 곡률(Curvature), 호(Arc), 분할(Slice), 모양(Shaper), 펜(Pen), 페인트 브러시(Paintbrush), 지우개(Eraser), 그라디언트(Gradient), 손(Hand), 확대/축소(Zoom), 회전(Rotate), 크기(Scale), 자유 변형(Free Transform), 쪽(Width)은 그래픽의 형태를 만들고 수정하거나 이동시키는 데 쓰이는 도구다. 일러스트레이터는 이런 다양한 도구를 통해 사용자가 정교하고 세밀하게 그래픽을 제작할 수 있도록 지원한다.

일러스트레이터의 아트보드는 실제 그림을 그리는 캔버스와 같은 역할을 하는 작업 공간으로, 한 문서 안에 여러 개의 아트보드를 만들어 여러 디자인을 동시에 진행하거나 서로 비교해 가며 작업할 수 있다. 아트보드 도구를 사용하면 크기나 위치를 자유롭게 조정할 수 있고, 웹이나 인쇄용 등 다양한 출력 환경에

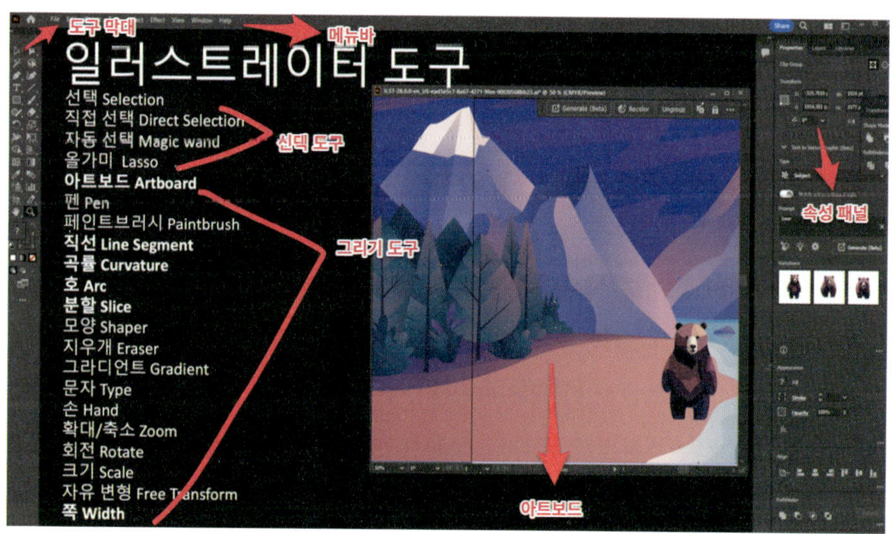

[그림 6-5] 일러스트레이터의 도구

* 주: 볼드체로 표시된 도구는 일러스트레이터만의 특화된 도구임.

맞춰 사이즈를 설정하고 관리할 수 있어 작업 효율성을 크게 높여 준다. 이처럼 일러스트레이터는 사용자가 쉽고 빠르게 멋진 벡터 그래픽을 완성하도록 돕는 최적의 디자인 프로그램이다.

2) 포토샵

어도비 포토샵(Adobe Photoshop)은 사진 보정, 이미지 편집과 합성, 그래픽 디자인 및 디지털 아트를 제작할 수 있는 강력한 소프트웨어로, 사진작가, 그래픽 디자이너, 디지털 아티스트 등 다양한 창작자가 널리 사용한다. 포토샵의 인터페이스는 일러스트레이터와 유사하게 화면 왼쪽에 다양한 도구가 배치된 툴바 막대가 있고, 가운데는 실제 이미지 작업을 하는 캔버스(Canvas), 오른쪽에는 작업의 세부 속성을 조정하는 패널이 위치한다.

툴바의 도구를 살펴보면, 이동(Move), 자동 선택(Quick Selection), 직사각형 마키(Rectangular Marquee), 오브젝트 선택(Object Selection), 직접 선택(Direct

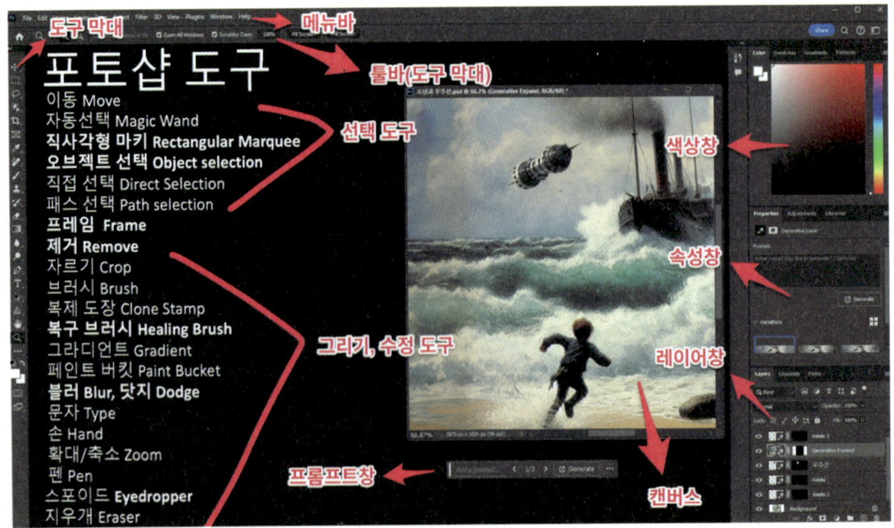

[그림 6-6] 포토샵의 도구

* 주: 볼드체로 표시된 도구는 포토샵만의 특화된 도구임.

Selection), 패스 선택(Path Selection)은 모두 이미지 속 개체를 선택하거나 이동할 때 사용하는 도구다. 펜(Pen), 스포이드(Eyedropper), 지우개(Eraser), 브러시(Brush), 자르기(Crop), 제거(Remove), 복제 도장(Clone Stamp), 복구 브러시(Healing Brush), 그라디언트(Gradient), 페인트 버킷(Paint Bucket), 블러(Blur), 닷지(Dodge), 손(Hand), 확대/축소(Zoom)는 이미지 위에 직접 그림을 그리거나 세부적인 부분을 수정할 때 쓰는 도구다. 포토샵은 이러한 다양한 도구를 통해 사용자가 이미지를 매우 세밀하고 창의적으로 조정할 수 있도록 지원한다.

포토샵의 화면 우측에 있는 레이어(Layers) 창은 이미지의 여러 요소를 겹겹이 쌓아 독립적으로 관리하는 공간으로, 각 레이어를 개별적으로 편집하고 조합해 정교한 합성이나 수정 작업을 쉽게 만들 수 있다. 속성(Properties) 창은 선택한 레이어나 개체의 세부적인 특성을 조절하고 세밀한 옵션을 설정할 수 있게 도와준다. 중앙의 캔버스는 사용자가 직접 이미지를 만들거나 수정하는 작업 공간으로 실제 완성될 작품의 모습을 보여 준다. 최근 포토샵에 추가된 프롬프트(Prompt) 창은 사용자가 AI를 활용해 텍스트 명령을 입력하면 자동으로 이미지 일부를 생성하거나 수정하는 기능을 제공해 작업의 효율성을 높이고 보다 창의적인 결과물을 빠르게 얻을 수 있도록 돕는다.

3) 프리미어 프로

어도비 프리미어 프로(Adobe Premiere Pro)는 영화, TV, 웹 비디오 제작을 위한 전문적인 영상 편집 소프트웨어로서, 전문가부터 일반 사용자까지 폭넓게 사용되는 강력한 편집 도구다. 프리미어 프로는 영상의 흐름을 시간 순으로 편집하는 타임라인(Timeline) 창을 중심으로 구성되며, 타임라인 창 위쪽에는 원본 영상을 미리 확인하는 소스(Source) 창과 편집된 결과물을 실시간으로 확인할 수 있는 프로그램(Program) 창이 위치한다. 또한 영상, 이미지, 오디오 등 다양한 편집 소스를 보관하고 관리할 수 있는 프로젝트(Project) 창이 타임라인 창 옆에 배치되어 있다.

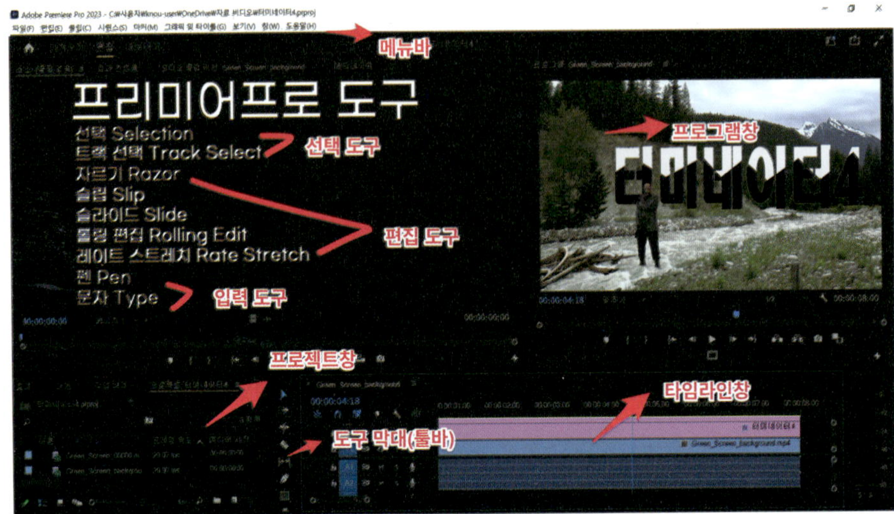

[그림 6-7] 프리미어 프로의 도구

* 주: 편집 도구는 프리미어 프로만의 특화된 도구임.

프리미어 프로는 포토샵이나 일러스트레이터와 달리, 툴바의 도구보다는 주로 키보드 단축키를 이용한 빠른 편집 방식을 많이 사용한다. 따라서 툴바에는 영상 클립을 선택하는 선택(Selection) 도구와 한 트랙 전체를 선택하는 트랙 선택(Track Select) 도구가 있고 슬립(Slip), 슬라이드(Slide), 롤링 편집(Rolling Edit), 레이트 스트레치(Rate Stretch) 도구는 영상 클립의 길이와 재생 속도를 정밀하게 조정하여 편집의 유연성을 높여 주는 편집 도구들이다.

프리미어 프로에는 입력 도구로서 펜(Pen) 도구와 문자(Type) 도구도 제공된다. 펜 도구는 비디오나 오디오 클립 위에 위치한 키프레임을 추가하거나 편집할 때 사용하여 불투명도, 음량과 같은 효과를 세부적으로 조정하는 데 효과적이다. 문자 도구는 영상을 편집할 때 자막이나 타이틀, 설명 문구를 영상 위에 직접 입력할 수 있게 해 주며, 사용자가 원하는 위치와 시간에 맞추어 글자를 쉽게 추가하고 편집할 수 있도록 지원한다.

4) 애프터 이펙트

어도비 애프터 이펙트(Adobe After Effects)는 복잡하고 정교한 모션 그래픽(motion graphics), 시각 효과(visual effects), 애니메이션(animation)을 제작할 수 있는 전문적인 영상 편집 도구다. 애프터 이펙트도 프리미어 프로처럼 기본적으로 프로젝트(Project) 창에서 영상, 이미지 등의 소스를 가져와 정리한 뒤, 이를 하단에 위치한 타임라인(Timeline) 창으로 옮겨서 작업한다. 하지만 프리미어 프로와 달리, 애프터 이펙트의 타임라인은 트랙이 아니라 레이어(Layer)로 구성된다. 레이어는 셀 애니메이션의 투명한 필름지처럼 쌓을 수 있는 층이다. 그러므로 레이어 방식은 사용자가 영상 요소 하나하나를 독립적으로 관리하고, 섬세하게 애니메이션을 제어할 수 있게 해 주는 핵심 기능이다.

애프터 이펙트의 도구는 주로 화면 상단의 툴바에 위치한다. 선택(Selection), 손(Hand), 확대/축소(Zoom), 펜(Pen), 문자(Text), 모양(Shape), 브러시(Brush), 복제 도장(Clone Stamp) 등의 도구는 포토샵의 도구와 사용법이 매우 비슷하다.

[그림 6-8] 애프터 이펙트의 도구

* 주: 애니메이션 도구는 애프터 이펙트만의 특화된 도구임.

이 때문에 애프터 이펙트는 '타임라인이 있는 포토샵'이라고도 불린다. 반면 로토브러시(Roto Brush), 팬 비하인드(Pan Behind), 퍼펫 핀(Puppet Pin)과 같은 도구들은 애니메이션과 모션 그래픽에 특화된 도구다. 특히 로토브러시는 영상에서 특정 인물이나 물체를 간편하게 분리해 내는 기능을 제공하며, 팬 비하인드는 레이어의 중심축(anchor point)을 자유롭게 이동시켜 자연스러운 회전을 가능하게 한다. 퍼펫 핀은 이미지의 특정 부분에 핀을 꽂아 원하는 형태로 구부리고 움직이는 애니메이션을 쉽게 구현할 수 있게 한다.

오른쪽의 여러 패널 중 이펙트 앤 프리셋(Effects & Presets) 패널은 다양한 효과를 모아 놓은 곳으로, 사용자가 원하는 효과를 검색하거나 적용할 수 있게 해준다. 이 패널에서 자주 사용하는 대표적인 비주얼 이펙트 도구로는 색상 보정 및 컬러 그레이딩을 위한 색보정(Color Correction), 영상의 흔들림을 안정화하는 워프 스태빌라이저(Warp Stabilizer), 광선 효과를 추가하는 옵티컬 플레어(Optical Flares), 배경을 제거하거나 투명하게 만드는 키잉(Keying), 흐림과 선명의 효과를 주는 블러와 샤픈(Blur & Sharpen), 현실적인 입자 효과를 추가하는 파티클(Particle) 등이 있다. 이러한 다양한 효과 도구를 활용하면 보다 완성도 높고 전문적인 비주얼 이펙트 작업이 가능하다.

5) 어도비 앱의 작업방식

어도비 앱은 그림을 그리고, 사진을 편집하고, 영상을 만드는 데 사용하는 도구다. 이 프로그램들은 미디어 콘텐츠를 원하는 대로 자유롭게 만들고 수정할 수 있도록 돕는다. 아날로그 방식, 즉 종이에 손으로 그리거나 필름으로 영상을 찍는 것과 달리, 어도비 앱은 디지털 방식으로 작업하기 때문에 편집이 쉽고 언제든지 변경할 수 있다. 다음은 어도비 앱의 특징이다.

(1) 자유로운 설정

어도비 프로그램을 사용하면 언제 어디서나 작업할 수 있다. 클라우드를 이용할 경우 인터넷이 연결된 곳이라면 어떤 기기에서도 작업을 이어 갈 수 있다. 작업을 시작할 때는 새 프로젝트나 문서를 만들고, 필요한 설정을 정한다. 프로그램마다 부르는 이름이 다르지만, 일러스트레이터에서는 아트보드, 포토샵에서는 캔버스, 프리미어 프로에서는 시퀀스, 애프터 이펙트에서는 컴포지션이라고 한다. 여기에 사진, 영상, 글씨 등을 가져와 원하는 대로 배치할 수 있다.

(2) 자유로운 편집

어도비 프로그램에서는 한 번 넣은 이미지나 영상을 언제든지 자르고, 늘리고, 색을 바꾸고, 효과를 줄 수 있다. 잘못하면 되돌릴 수도 있고, 원본을 손상시키지 않으면서 편집할 수도 있다. 예를 들어, 여러 개의 이미지를 겹쳐서 편집할 때 레이어라는 기능을 사용하면 각각 따로 조정할 수 있어 작업이 더 편리해진다. 영상 편집에서도 원본을 그대로 두고, 연결된 파일을 수정하는 방식이라 언제든지 변경이 가능하다.

(3) 자유로운 변형

사진이나 영상 속 개체(사람, 사물 등)의 크기를 키우거나 줄이고, 회전시키거나 흐리게 만들 수도 있다. 프로그램에 따라 자유 변형 도구를 사용하면 원하는 모양으로 바꿀 수 있다. 영상에서는 화면에 있는 개체의 위치를 바꾸거나 투명도를 조절하는 등의 효과를 줄 수 있다.

(4) 자유로운 움직임

포토샵, 프리미어 프로, 애프터 이펙트에서는 타임라인을 이용해 애니메이션을 만들 수 있다. 사진을 움직이게 하거나, 글씨가 서서히 나타나게 하는 효과도 쉽게 만들 수 있다. 애니메이션은 하나하나 손으로 조작할 수도 있고, 자동으로 부드럽게 이어지도록 설정할 수도 있다.

(5) 자유로운 합성

여러 개의 이미지나 영상을 하나로 합치는 것도 가능하다. 포토샵에서는 레이어, 프리미어 프로에서는 트랙, 애프터 이펙트에서는 마스킹, 키잉, 블렌딩 같은 기능을 이용하면 특정한 부분만 남기거나 자연스럽게 겹쳐 보이게 할 수도 있다.

(6) 다양한 방식으로 보기 가능

작업할 때는 전체 화면을 보기도 하고, 특정 부분을 확대해서 보기도 한다. 어도비 프로그램에서는 다양한 보기 방식을 제공해, 필요에 따라 정보를 더 자세히 보거나 전체적인 구도를 확인할 수 있다. 포토샵에서는 색상 정보를 확인할 수 있는 히스토그램(Histogram), 영상 편집에서는 소리의 강약을 볼 수 있는 오디오 미터(Audio meter) 같은 기능이 있어 보다 정확한 편집이 가능하다.

(7) 원하는 것을 쉽게 찾기

필요한 이미지나 영상을 빠르게 찾을 수도 있다. 프로그램 내에서 검색하면 원하는 파일을 즉시 찾을 수 있고, 자주 쓰는 파일은 즐겨찾기로 저장해 놓을 수도 있다. 또 히스토리(History) 기능을 이용하면 과거에 했던 작업을 쉽게 되돌릴 수 있다.

이처럼 어도비 앱은 자유롭게 설정하고, 편집하고, 변형하고, 움직이게 하고, 합성하고, 보는 다양한 기능을 제공한다. 그리고 이런 작업방식 덕분에 어도비 앱은 누구나 쉽게 창작할 수 있는 도구가 된다.

6) 어도비 앱의 공통 메뉴, 도구, 패널

어도비 앱은 메뉴, 도구, 패널을 사용해 작업을 한다. 메뉴는 다양한 기능을 찾는 곳이고, 도구는 그림을 그리거나 개체를 편집할 때 사용하며, 패널(창 또는

〈표 6-6〉 어도비 앱의 공통 메뉴와 특화된 메뉴

	일러스트레이터	포토샵	프리미어 프로	애프터 이펙트
공통 메뉴	파일(File) 편집(Edit) 선택(Select) 효과(Effect) 문자(Type) 보기(View) 윈도우(Window) 도움말(Help) 3D효과	파일(File) 편집(Edit) 선택(Select) 필터(Filter) 문자(Type) 보기(View) 윈도우(Window) 도움말(Help) 3D 레이어(Layer)	파일(File) 편집(Edit) 선택도구(Select tool) 효과패널(Effect panel) 그래픽 및 타이틀 (Graphics & Title) 보기(View) 윈도우(Window) 도움말(Help) 3D효과	파일(File) 편집(Edit) 선택도구(Select tool) 효과(Effect) 문자도구(Type tool) 보기(View) 윈도우(Window) 도움말(Help) 3D 도구 레이어(Layer)
특화된 메뉴	오브젝트(Object)	이미지(Image) 플러그인(Plugins)	시퀀스(Sequence) 클립(Clip) 마커(Marker)	컴포지션(Composition) 애니메이션(Animation)

팔레트라고도 부름)은 도구나 개체의 크기, 색상, 모양 등을 조정하는 곳이다. 예를 들어, 브러시 도구를 선택하면 패널에서 브러시의 크기와 모양을 바꿀 수 있다. 즉, 먼저 도구를 선택해 작업을 하고, 패널에서 설정을 조정하며, 도구와 관련되지 않은 기능은 메뉴에서 찾으면 된다.

포토샵, 일러스트레이터, 프리미어 프로, 애프터 이펙트가 공통으로 사용하는 메뉴에는 파일(File), 편집(Edit), 타입(Type), 레이어(Layer), 선택(Selection), 효과(Effects), 뷰(View), 윈도우(Window), 도움말(Help)이 있다. 반면, 다음 표의 오브젝트(Object), 이미지(Image), 시퀀스(Sequence), 클립(Clip), 마커(Marker), 컴포지션(Compostion), 애니메이션(Animation) 같은 메뉴는 각 앱에서만 사용하는 특화된 메뉴로서 각 미디어의 정체성을 드러내는 기술에 해당한다. 일러스트레이터는 오브젝트를 만들고, 포토샵은 이미지(Image)를 그리거나 사진을 수정하고, 프리미어 프로는 시퀀스(Seqeunce)를 편집하며, 애프터 이펙트는 컴포지션(Compostion)을 하거나 애니메이션(Animation)을 만드는 프로그램이다.

이러한 4개의 어도비 앱은 자주 쓰는 도구와 패널을 공유한다. 공통적으로 활용되는 도구로는 확내/축소(Zoom), 선택(Selection), 펜(Pen), 문자(Type), 모양(Shape), 회전(Rotate), 지우개(Eraser), 스포이드(Eyedropper), 손(Hand), 카메라(Camera), 자유 변형(Free Transform), 그라디언트(Gradient), 페인트 브러시(Paintbrush), 크기(Scale) 등이 있다.

〈표 6-7〉 어도비 앱의 공통 도구와 기능

도구	기능
줌(Zoom)	화면을 확대 또는 축소
선택(Selection)	오브젝트 또는 영역을 선택
펜(Pen)	벡터 선을 그리기
브러시(Brush)	브러시를 사용하여 자유롭게 그리기
모양(Shape)	사각형, 원 등 도형을 생성
문자(Type)	문자를 입력하고 편집
지우개(Eraser)	그림 또는 오브젝트 일부를 지우기
스포이드(Eyedropper)	화면의 색상을 샘플링하여 선택
손(Hand)	캔버스를 이동하여 보기 편하게 조정
카메라(Camera)	이미지 또는 캔버스를 캡처
회전(Rotate)	오브젝트 또는 캔버스를 회전

4개의 어도비 앱에서 공통적으로 자주 사용되는 패널로는 프로젝트(Project), 도구(Tools), 속성(Properties), 레이어(Layers), 타임라인(Timeline)이 있으며, 상대적으로 사용 빈도가 적지만 작업에 따라 유용한 내비게이터(Navigator), 히스토리(History), 정렬(Align), 정보(Info), 문자(Character), 단락(Paragraph), 라이브러리(Libraries) 등의 패널도 있다. 어도비 앱들은 이처럼 메뉴, 도구, 패널의 사용 방식과 구성을 공유하기 때문에, 하나의 프로그램에 익숙해지면 다른 프로그램도 보다 빠르고 쉽게 배울 수 있는 장점이 있다(권승태, 2023).

〈표 6-8〉 어도비 앱의 공통 패널과 기능

패널		기능
사용빈도가 높음	프로젝트(Project)	미디어 파일 및 에셋을 관리하는 패널
	속성(Properties)	선택한 개체 또는 도구의 속성을 조정
	레이어(Layer)	여러 개의 개체를 계층적으로 관리
	타임라인(Timeline)	애니메이션 및 영상 편집 시 시간 축을 관리
사용빈도가 낮음	네비게이터(Navigator)	문서 또는 캔버스의 전체 보기 및 이동 조정
	히스토리(History)	작업 내역을 기록하고 이전 단계로 되돌리기
	정렬(Align)	개체의 위치를 정렬 및 배치 조정
	정보(Info)	마우스 위치, 색상 값 등 문서 정보 표시
	문자(Character)	글꼴, 크기, 스타일 등 텍스트 속성 편집
	단락(Paragraph)	단락 정렬, 들여쓰기 등 문단 속성 조정
	라이브러리(Libraries)	자주 사용하는 에셋, 색상, 스타일 저장 및 공유

7) 어도비 앱의 작업과정

어도비 프로그램에서 작업을 할 때는 먼저 새로운 작업 공간(아트보드, 캔버스, 시퀀스, 컴포지션)을 만든다. 작업공간은 마치 빈 도화지처럼 작업의 기본이 되는 공간으로 크기나 형식을 정할 수 있다. 그다음에 이 작업 공간 안에서 그림을 그리거나 글씨를 쓰고, 외부에서 사진이나 영상을 가져와 배치한다. 이렇게 여러 개체를 조합하거나 합성하여 원하는 구성을 만든다.

구성이 끝나면 수정을 할 수 있다. 색을 바꾸거나 크기를 조절하고 정렬을 맞추는 등 개체의 속성을 변형하여 더욱 완성도를 높인다. 마지막으로 완성된 작품을 적절한 포맷으로 설정하고 내보낸다. 사진 파일로 만들 수도 있고, 동영상으로 변환할 수도 있다. 이렇게 단계를 따라가면 누구나 쉽게 어도비 프로그램을 활용할 수 있다.

〈표 6-9〉 어도비 앱의 작업 과정

	작업 과정	작업 기술	메뉴, 도구, 패널
1	작업 공간 설정: 포맷 선택, 입력	열기 또는 새 다큐/프로젝트 만들기	파일, 삽입, 설정, 레이아웃, 서식 등
2	구성: 창작, 조합, 합성	가져오기, 쓰기, 그리기, 조합, 합성, 동작, 보기	편집, 도구, 선택, 브러시, 펜, 문자, 모양, 지우개, 레이어, 타임라인, 줌, 카메라, 스포이드 등
3	수정: 속성 변경	색, 변형, 정렬, 효과	속성, 정렬, 효과 등
4	작품 설정: 포맷과 코덱 선택, 렌더링	내보내기	파일, 내보내기 등

이 작업 과정은 작업 공간 설정(포맷), 구성(입력, 조합, 합성), 수정(속성 변경), 작품 설정(코덱)의 네 단계로서 단순화할 수 있다.

- 첫 번째 설정은 시작으로 새로운 포맷의 작업 공간을 만드는 것이다.
- 두 번째 구성은 초안이나 가편집으로 직접 쓰거나 그려 개체를 입력하거나 외부에서 개체 가져오기(Import)를 한 후 그렇게 프레임 속으로 선택된 개체들을 원하는 순서로 조합하거나 합성한다.
- 세 번째 수정은 수정고나 종합편집으로 색, 변형, 정렬, 효과 등 개체의 속성을 변경하는 것이다.
- 네 번째 작품 설정은 완성으로 코덱(Codec, 파일을 압축하고 복원하는 기술)을 선택하여 프레임을 배포할 수 있는 형식이며 렌더링(Rendering) 또는 내보내기(Export)를 하는 것이다. 두 용어 모두 사용자의 최종 결과물을 사용자가 원하는 파일 포맷이나 해상도, 품질 등 세부 옵션을 설정하여 앱 밖에서 사용할 수 있도록 파일로 변환한다는 공통점이 있다. 그러나 두 용어를 엄밀히 구분한다면 렌더링은 복잡한 영상 효과를 최종적으로 만드는 과정이고, 내보내기는 작업물을 실제 파일로 저장하는 과정이다.

미디어 앱은 공통의 메뉴와 도구를 가지고 있고 작업 과정도 유사하지만 시니어가 각각의 앱을 배우기는 쉽지 않다. 최근 AI가 발전하면서 쓰기와 그리기의 작업이 자동화되고 있다. 예를 들어, 파워포인트를 배워 슬라이드를 만들 필요 없이 감마(Gamma) 같은 AI 사이트에서 자동으로 슬라이드를 만들 수 있다. 또한 사진도 포토샵에서 편집할 필요 없이 제미나이에서 프롬프트만 넣어서 사진을 원하는 대로 편집할 수 있다. 물론 글도 AI가 대신 써 주기도 하지만 AI가 써 준 글이 마음에 들지 않을 때는 수정할 수 있어야 하므로 한글이나 워드 같은 도구를 사용할 수 있어야 한다. 마찬가지로 사진 수정, 영상 편집, 그림 그리기 역시 자신이 원하는 대로 또는 클라이언트가 원하는 대로 결과물을 만들기 위해서는 결국 어도비 앱 같은 미디어 도구를 활용할 수 있어야 한다. AI가 아무리 발전한다고 하더라도 AI에게 모든 것을 맡길 수 없다. 결국 AI와 협업으로 일의 능률과 결과물의 질을 향상시키기 위해서 AI가 작업한 것을 인간이 받아 최종 작업을 해야 하는데, 그때 필요한 것이 바로 미디어 앱이다. 시니어 역시 단순히 취미 삼아 하는 작업이 아니라 비즈니스를 위한 작업이라면 어렵더라도 미디어 앱을 배울 필요가 있다. 각 미디어 앱에 대한 유튜브 강좌 영상이 많으므로 원한다면 언제든지 배울 수 있고 배우다가 모르는 것은 챗GPT 같은 AI에게 물어보면 자세하게 가르쳐 준다.

참고문헌

권승태(2023). 시각 예술의 디지털 도구로서 어도비 애플리케이션의 시각 정체성. **동서미술문화학회 미술문화연구**, 26(26), 85-110.

Manovich, L. (2014). **소프트웨어가 명령한다** (*Software takes command*). (이재현 역). 커뮤니케이션북스. (원저는 2013년에 출간).

Manovich, L. (2017). Instagram and contemporary image [PDF]. manovich.net. https://manovich.net

Rubin, M. (2009). 논리니어, 비선형 디지털 영상 편집 (*Nonlinear*). (하상목 역). 커뮤니케이션북스. (원저는 2008년에 출간).

The Editor of Encyclopaedia Britannica. (2025. 04. 29.). Adobe Photoshop software. In Encyclopaedia Britannica (2025 ed.). Britannica.

Creative Bits. https://creativebits.org/the_first_version_of_photoshop/

7장

디지털 만들기

현재 시니어 크리에이터들은 삶의 경험과 노하우를 바탕으로 유튜브와 같은 플랫폼에서 다양한 콘텐츠를 제작하고 있다. 콘텐츠 제작은 사전 제작, 제작, 후반 작업의 세 단계로 구성된다. 특히 스토리 구성은 흥미를 유발하는 3막 구조(기승전결)를 따른다. 구성안은 촬영 전 영상의 흐름을 시각적으로 계획한 설계도로, 비디오와 오디오 요소를 미리 정리한 것이다. 콘텐츠는 진정성과 독창성이 중요하며, 지속적이고 꾸준한 업로드가 필수적이다. AI 편집도구 등을 활용하면 기술적 어려움을 쉽게 극복할 수 있다.

1. 디지털 만들기의 역사

1895년 영화의 탄생으로 시작된 영상제작은 필름 자체의 고비용과 오랜 현상 시간으로 대중화의 어려움을 갖고 있었다. 1948년 미국에서 최초의 TV 생방송이 시작되고 1956년 엠펙스(Ampex)에서 최초의 비디오테이프 레코더(Video Tape Recorder: VTR)인 VRX-1000을 개발했다. 비디오는 필름과 달리 실시간으로 촬영한 영상을 확인하고 재생할 수 있고 비디오와 오디오를 동시에 녹화하며 생방송을 녹화해 중계할 수 있었다. 또 비디오테이프는 지우고 재사용할 수 있어서 필름보다 경제적이었다. 초기 VTR은 가격이 수천만 원대로 비쌌지만 방송 제작은 비디오가 필름을 대체하고 결국 비디오 시대를 열었다. 1970년대 중반부터 TV 뉴스 분야에서는 소니에서 나온 휴대용 비디오카메라인 ENG(Electronic News Gathering) 카메라가 필름 카메라를 대체하여 뉴스 제작 속도를 비약적으로 높였다(Osborne, 2015).

그런데 초창기 비디오테이프는 필름과 달리 프레임을 눈으로 볼 수 없었기에 필름처럼 물리적으로 잘라서 편집하기가 어려웠다. 이 문제를 해결하기 위해 타임코드를 테이프에 삽입해서 전자적으로 복사하는 방식으로 편집했다. 이러한 아날로그 선형편집은 한번 편집하면 자유롭게 수정하기가 어려웠고 여러 번 복사하면서 화질이 나빠지는 문제가 있었다.

1986년 소니(Sony)가 최초의 방송용 디지털 VTR인 D-1을 개발했다. 디지털 비디오는 여러 번 복사해도 원본과 동일한 화질을 유지할 수 있었다. 1989년 출시된 아비드 미디어 컴포저(Avid Media Composer)는 디지털 비선형 편집 시대를 열었다. 그러나 당시 아비드의 가격은 1억 원이 넘어 일반인이 사용하기는 불가능했다.

1990년대 중반에 미니 DV 포맷의 6mm 디지털 비디오테이프가 등장하면서 테이프와 캠코더 가격이 대폭 낮춰져 합리적인 가격에 고품질의 영상 제작이 가능해졌다. 이러한 6mm DV 포맷의 보급은 곧 2000년대 초반부터 일어난 사용자 제작 콘텐츠(UGC) 및 유튜브 등의 영상 플랫폼 활성화와 연결된다. 당시 DV 포맷을 활용해 만든 아마추어 영상들이 인터넷을 통해 빠르게 확산되었고 이는 영상 제작이 소수 전문가의 전유물이 아니라 일반인의 손에도 충분히 가능한 활동으로 자리 잡는 계기가 되었다.

1999년은 〈스타워즈 에피소드1: 보이지 않는 위험〉이 디지털 방식으로 최초로 상영하면서 디지털 시네마 원년이 됐다(Rubin, 2009). 2000년대에 들어서면서 디지털 혁신이 영상 제작의 패러다임을 바꾸었다. 일반 컴퓨터 기능이 향상되면서 매킨토시에는 아이무비(iMovie)가, 윈도우에는 윈도우무비메이커(Window Movie Maker) 같은 무료 편집 소프트웨어가 제공되어 일반인들도 홈비디오를 편집할 수 있었다. 그러나 그때까지 일반인은 영상을 제작해도 방영할 채널이 없었다.

2005년 유튜브의 등장은 개인이 자신이 만든 영상을 전 세계에 공개하고 공유하는 것을 손쉽게 해 주었고, 이는 영상 제작의 대중화를 촉발한 결정적인 계기가 되었다. 유튜브 초창기의 슬로건은 'Broadcast Yourself(너 자신을 방송하라)'였다. 말 그대로 누구나 채널을 개설하고 동영상을 업로드할 수 있는 오픈 플랫폼으로서, 유튜브는 콘텐츠 생산과 유통의 주체를 개인으로까지 확장시켰다.

최근 생성형 AI 기술의 등장으로 이제는 사람이 일일이 촬영하지 않아도 AI가 영상을 생성하는 시대가 열리고 있다. AI 영상 생성 기술의 발전은 영상 제작의 자동화에 새로운 지평을 열고 있다. 소규모 팀이나 개인도 AI 도구를 활용하면 복잡한 VFX나 3D 애니메이션을 손쉽게 만들어 낼 수 있게 되고, 나아가 시나리오만 입력하면 AI가 영화 한 편을 완성하는 수준까지 궁극적으로 가능해질 수도 있다.

그러나 오늘날 AI는 대체로 과대평가되고 있으며, 이로 인해 사회적 불안감이 불필요하게 확산되는 경향이 있다. 실제로 AI는 인간의 주된 업무를 완전히 대체하기보다는, 기술적으로 단순하고 반복적인 과업을 수행하는 데 주로 활용될 가능성이 크다. AI는 아직 인간의 복잡한 사고 능력과 상황 판단력을 따라가기에는 역부족이다. 우리가 말하는 '누구나 할 수 있는 일'이란 일반적인 상황에서 표준화된 절차에 따라 수행되는 작업을 의미하며, 이러한 업무는 AI가 비교적 잘 수행할 수 있다. 반면, '특별한 능력'이란 복잡한 맥락을 이해하고, 그에 맞춰 창의적으로 계획하고 문제를 해결하는 인간 고유의 역량을 말한다. 예를 들어, 영상 편집 과정에서 촬영된 영상을 분류하고 시퀀스에 따라 정렬하는 기편집 작업은 누구나 할 수 있는 일로, AI가 충분히 대체할 수 있다. 그러나 서사의 흐름, 감정의 리듬, 시청자의 반응을 고려한 창의적 편집은 여전히 인간의 판단과 감각에 의존한다.

AI가 대체하기 힘든 핵심 능력은 진실성, 현실성, 실제성, 진정성, 감성, 이해와 소통 능력, 공감 능력, 비판적 능력, 창조적 능력, 통찰 능력, 성찰 능력, 개척 능력, 도전 능력 등이다. 사실상 초급자는 전문 영역에의 입문자로서 아직 그 전문성을 현실에 적용하여 보편성으로 확장하지 못한다. AI로 대체 가능한 전문성에 대체 불가능한 핵심 능력이 가미될 때 영상 제작 역시 고급상품화될 수 있다. 그러므로 AI 시대에도 기존 고급 전문가의 능력은 여전히 유효하다. 즉, AI가 대체할 수 없도록 각 분야의 전문가는 고급 기술을 갖추어야 하는데, 이는 인간만의 보편적인 능력이다.

2. 시니어 크리에이터

크리에이터(creator)는 디지털 세계에서 콘텐츠를 만드는 사람을 일컫는다. 대표적인 유튜브 크리에이터가 있고 틱톡, 릴스, 인스타그램, 페이스북 등 다양한 SNS 플랫폼에서 자신만의 콘텐츠를 만들어 업로드하는 제작자도 있다. 넓게 보면 기존의 영화감독이나 방송국 프로듀서도 크리에이터라 할 수 있지만 일반적으로 크리에이터는 사용자 제작 콘텐츠(User Generated Contents: UGC)를 만드는 사람을 말한다. 과거 크리에이터가 소수 예술가나 전문가에 한정되었다면 현재는 누구나 자신의 생각과 감정을 미디어 도구를 활용해 콘텐츠로 제작할 수 있는 크리에이터 사회다. 일반적으로 크리에이터는 젊은 세대가 대부분이지만 최

[그림 7-1] 대표적 시니어 크리에이터

근 시니어 크리에이터가 많이 등장하여 인기를 끌고 있다.

크리에이터에게 가장 중요한 것은 디지털 도구를 활용하여 제작하는 능력이 아니라 제작할 콘텐츠 자체다. 시니어는 오랜 경력에 바탕을 둔 지식과 노하우를 갖추고 있다. 그것은 콘텐츠를 위한 자산이다. 그러므로 제작할 수 있는 능력을 갖췄지만 제작할 콘텐츠가 없는 젊은이와 제작 능력은 없지만 콘텐츠가 많은 시니어가 협력을 하면 좋은 콘텐츠를 만들 수 있을 것이다.

76세의 박막례 씨는 손녀와 함께 유튜브 콘텐츠를 제작하고 있는 구독자 115만 명의 인기 유튜버다. 그는 ASMR 먹방, 여행 브이로그, 메이크업 등 젊은 세대에게 익숙한 콘텐츠를 자신만의 색으로 해석하여 틈새 시장을 만들었다. 또한 그는 특유의 솔직한 입담과 유머 감각으로 세대를 뛰어넘는 사랑을 받고 있다.

은퇴 전후의 풍부한 경험을 살려 콘텐츠를 만드는 대표적인 사례로는 패션 유튜브 채널 밀라논나가 있다. 70대인 장명숙 씨는 이탈리아 밀라노에서 40여 년간 명품 바이어로 활약한 경력을 살려 은퇴 후 패션 유튜버로 변신했다. 멋쟁이 할머니라는 닉네임으로 활동한 그녀는 세련된 패션 조언과 우아한 브이로그로 100만 명의 구독자라는 큰 인기를 끌고 있다. 또 차산선생법률상식 채널에서는 퇴직한 법률 전문가인 박일환 씨가 법 상식을 쉽게 풀어 준다. 이 밖에도 정년퇴식 후 귀농/텃밭 가꾸기, 전통 공예, DIY, 손뜨개 등 다양한 취미를 가르치는 콘텐츠나, 시니어 대상 IT 기기 사용법을 알려 주는 생활 정보 채널도 충분히 도전할 만한 분야다. 삶의 경험 자체가 콘텐츠가 된다는 말처럼 60년 넘게 쌓은 지식과 솜씨를 나누는 콘텐츠는 동년배는 물론 젊은 층에도 유익하게 다가갈 수 있다.

해외에서는 시니어에게 어울리지 않는다고 생각되는 분야에까지 고령자가 도전하고 있다. 셜리 커리(Shirley Curry)는 1936년생으로 게임 방송 분야의 전설적인 시니어 유튜버다. 80세에 처음 유튜브에 게임 영상을 올리기 시작해 현재 구독자 수는 130만 명을 돌파했다. 게이머들 사이에서는 엄청난 존경과 사랑을 받고 있는데, 그 성공 비결은 진정한 열정과 커뮤니티 교감이라 할 수 있다. 젊은 시절부터 게임을 즐겨 온 그는 노년에도 새로운 게임에 대한 열정을 잃지 않고

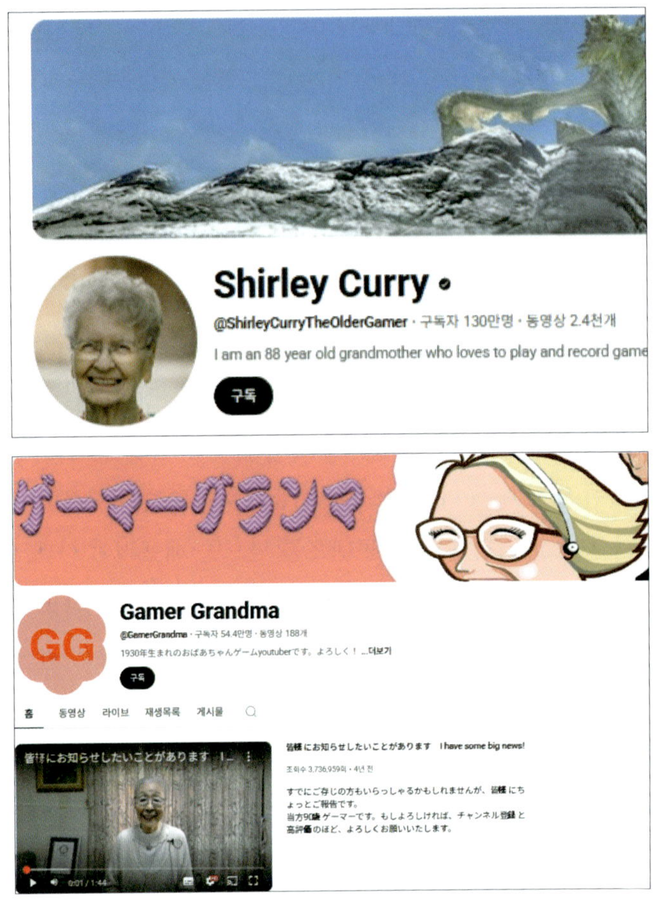

[그림 7-2] 해외 유명 시니어 유튜버, 셜리 커리(상)와 하마코 모리(하)

매일같이 플레이하여 콘텐츠를 올렸고, 손주뻘 시청자들과 댓글로 소통하며 친근한 할머니 캐릭터로 자리매김했다. 셜리 커리의 영상은 화려한 편집이나 실력과는 무관하게 편안하고 따뜻한 할머니의 목소리로 진행되는 것이 특징인데, 시청자들은 마치 할머니가 들려주는 이야기를 듣는 듯한 친근함을 느낀다고 한다.

한편, 일본의 하마코 모리는 1930년생으로, '게이머 그랜마'라는 닉네임으로 활동한 비디오게임 유튜버다. 51세에 처음 게임을 시작해 84세에 유튜브 채널을 개설한 후 90세에 이르러 기네스 세계기록이 인정한 세계 최고령 게임 유튜버 타이틀을 얻었다.

이처럼 시니어 역시 제작 능력을 갖추면 독립적인 활동을 할 수 있다. 특히 요즘처럼 AI가 발달한 시대에 AI 아바타나 성우를 활용하면 시니어가 직접 출연하지 않고도 좋은 콘텐츠를 제작할 수 있다. 또한 촬영이나 녹음처럼 어려운 과정을 거치지 않고 이미지, 비디오, 음악, 음성 등을 AI로 생성해서 콘텐츠를 만들 수도 있다. 그러나 결국 좋은 콘텐츠를 만들기 위해서는 최종 결과물이 인간의 손을 거쳐 독창적인 특성을 갖출 필요가 있다. 따라서 AI를 활용하더라도 직접 수정하고 완성하는 능력이 필수다. 결론적으로 시니어가 크리에이터가 되기 위해 갖추어야 할 제작 능력은 크게 대본(스토리) 작성 능력, 촬영 능력, 편집 능력이며, 이를 합쳐 영상 제작 능력이라고 한다.

3. 영상 제작

영상 제작 과정은 크게 사전 제작(pre-production), 제작(production), 후반 작업(post-production)으로 나뉜다. 숏폼 영상으로부터 장편영화까지 모두 이러한 세 가지 과정을 가진다.

- 사전 제작은 작품을 기획하고, 그 스토리를 구성하며, 스토리를 시각화하여 콘티나 스토리보드로 만들고, 그 설계도를 촬영할 제작진, 출연진을 구성하고, 촬영 장소를 섭외해 촬영 일정을 수립하는 모든 과정을 말한다.
- 제작은 촬영 일정에 따라 촬영하는 과정으로 촬영과 녹음으로 나뉜다.
- 후반 작업은 촬영한 영상을 편집하고 보기 좋게 만들기 위해 트랜지션(transition)이나 비디오 효과를 넣고, 자막이나 내레이션을 넣어 전달력을 높이며, 사운드 디자인 및 색보정을 하여 최종 작품으로 완성하는 과정을 말한다.

시니어는 할 이야기가 많다. 그러나 강의하듯이 길게 이야기하면 보기가 쉽지 않다. 그러므로 할 이야기를 쉽고 흥미롭게 구성해야 한다. 이것이 대본 작업이다. 대본을 쓴다는 것은 스토리를 구성한다는 의미다. 실제 이야기이건 허구의 이야기이건 흥미로운 스토리가 필수다. 좋은 대본을 작성하기 위해서 사람들이 익숙해서 좋아하는 스토리 구조를 알고 이를 활용할 필요가 있다.

1) 3막 구조

디지털 기술이 아무리 발전하더라도 바뀌지 않은 것이 바로 스토리 구조다. 고대 사람이건 현대 디지털 휴먼이건 모두 동일한 스토리 구조를 즐긴다. 그것은 아리스토텔레스가 시학에서 정리한 처음, 중간, 끝이라는 3막(three act) 구조다. 동양에서는 이를 기승전결이라고 한다. 1막이 기(起)이고 2막이 승(承)이면 3막이 전(轉)과 결(結)이다. 여기서 전은 반전이 있는 절정이고 결은 결말이다. 일반적으로 1막은 설정(setup) 단계로, 배경, 인물, 목표를 설정한다. 2막은 목표를 성취하기 위해 필요한 역량을 기르고 목표를 향한 행동이 고조되면서 적대자와 대립하는 전개(development) 국면이다. 일반적으로 위기 상황에서 결정적인 행동을 남겨 두고 2막이 끝난다. 3막은 해결(resolution) 국면으로 최후의 행동으로서 절정을 보여 주고 그것에 대한 결과로서 결말을 보여 준다(권승태, 2012).

숏폼 콘텐츠 역시 이런 3막으로 구성될 수 있는데, 이때 특별히 주인공이나 적대자가 없더라도 처음, 중간, 끝의 극적인 흐름을 만들 수 있다. 이는 1막에서 궁금증을 유발하고 2막에서 긴장 또는 흥미를 상승시키고 3막에서 그 긴장이나 흥미가 최고치가 되면서 하강하는 흐름을 만든다. 3막 구조는 그러므로 긴장이나 흥미, 감정, 행동이 점차 상승하다가 마지막 절정에서 다시 하강하는 선형의 스토리를 갖는다. 장편영화이든 30초 광고이든 이러한 상승과 하강 구조 또는 문제와 해결 구조 또는 결핍과 해소의 구조가 극적인 구조를 만들게 된다. 그리고 극영화 같은 드라마이든 다큐멘터리나 리얼리티 프로그램 같은 비드라마이든 또 장르와 상관없이 3막은 모든 스토리의 기본 구조라고 할 수 있다.

3막은 꼭 스토리 작법이라 생각할 필요가 없이 인간에게 가장 자연스런 시간 구성이라고 생각하면 좋다. 예를 들어, 수업도 처음부터 진도를 나가면 학생들이 힘들어할 것이다. 처음에는 일상적인 이야기로 부드럽게 시작하고 그날의 수업 내용과 목표를 알려 준다. 이것이 1막이고, 본격적으로 수업을 하면서 특정 지식을 점차적으로 깊이 있게 다루는 것이 2막이며, 3막은 지금까지 한 내용을 정리하면서 핵심적인 사항을 강조하는 것이다. 글을 쓸 때도 마찬가지다. 서론, 본론, 결론이라는 3단 구성 역시 3막 구성과 크게 다르지 않다. 서론은 특정 주제를 소개하면서 그 배경과 목적을 알려 주고 본론에서 논지를 점차 깊이 있게 전개하고 결론에서 정리하고 핵심적인 내용을 강조한다.

유튜브 영상은 일반적으로 처음에 흥미로운 하이라이트 영상을 짧게 보여줌으로써 사용자의 관심을 사로잡으면서 그날의 미션을 소개하고, 본격적으로 미션을 수행하는 과정에서 점차 재미의 강도를 높이거나 궁금증을 유발한다. 그리고 마지막 절정의 순간을 만들어 최고의 재미를 주거나 궁금증을 해결한다. 예를 들어, 그림을 그리는 주제로 유튜브 콘텐츠를 제작할 경우 완성된 그림을 짧게 보여 주면서 그날의 미션을 그런 멋진 그림을 그리는 것으로 설정하고, 그림 그리는 과정을 보여 준 후 마지막에 절정으로서 완성된 그림을 보여 준다. 단순히 제품을 소개하는 영상이라도 이런 식으로 시청자에게 익숙한 자연스런 시간 구성인 3막을 활용할 수 있다.

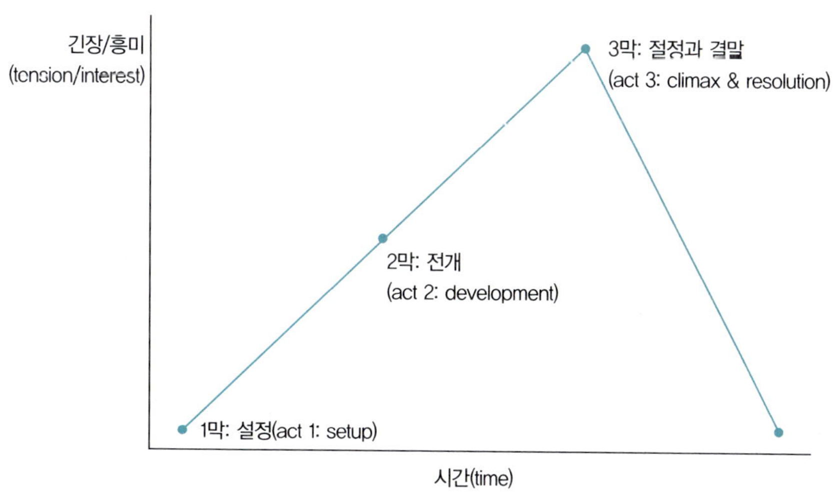

[그림 7-3] 3막 구도

2) 시퀀스 구조

영화는 일반적으로 여러 덩어리의 작은 이야기로 구성된다. 장편영화의 경우 15분 분량의 작은 스토리인 시퀀스(sequence)가 모여 하나의 스토리로 완성된다. 10분 분량의 유튜브 영상도 3분 내외의 작은 스토리로 구성할 수 있다. 시퀀스로 영상을 구성하는 이유는 극적 전개를 빠르게 하기 위해서다. 하나의 스토리가 느슨하고 길게 이어지는 것보다 짧은 스토리가 빠르게 전개되어 끝나고 새로운 스토리가 시작되는 시퀀스 전략이 관객의 집중을 끄는 데 효과적이다. 방송 프로그램에서는 시퀀스를 코너라고 부르기도 한다.

3) 시나리오

3막 구조로 스토리를 계획했다면 이를 실제 시나리오로 작성한다. 시나리오는 촬영의 계획표로서 영화라는 집을 짓는 데 설계도의 역할을 한다. 시나리오는 신(scene) 단위로 작성하기 때문에 '2층집 정원' '낮' 같이 장소와 시간을 나타내는 신 제목(scene headline)이 먼저 나오고, 그다음에 장소와 인물의 행동에 대한 설명인 지문(action)이 있고 그다음 인물의 이름(character name)과 대사(dialogue)가 나오게 된다.

4) 구성안

보통 허구의 스토리는 시나리오로 작성하지만 실제의 사건을 다룰 때는 구성안을 작성한다. 그러므로 영화나 드라마 이외의 비드라마 장르인 다큐멘터리, 정보성 프로그램, 예능 프로그램 등의 TV 프로그램이나 유튜브 콘텐츠를 제작하기 위해 설계도인 구성안을 작성한다. 〈표 7-1〉의 구성안은 〈굿바이 플라스틱〉이라는 1시간이 넘는 KBS 다큐멘터리의 첫 시퀀스에 대한 구성안이다. 이 구성안은 10분 분량으로 이 다큐멘터리는 이러한 분량의 시퀀스를 7~8개 정도

[그림 7-4] KBS스페셜 〈굿바이 플라스틱〉의 한 장면

출처: KBS 공식 홈페이지(https://mylovekbs.kbs.co.kr/index.html?source=mylovekbs&sname=mylovekbs&stype=magazine&contents_id=70000000298583).

〈표 7-1〉 〈굿바이 플라스틱〉의 구성안

	소주제	비디오	오디오	시간
1	플라스틱의 재앙	플라스틱 공해 자료 화면	N: 플라스틱은 보는 생명에 재앙으로 돌아왔다......	1′
2	라이언 소개	#오렌지 카운티 해변 SK #라이언이 쓰레기를 수거한다. #라이언 INT	N: 미국 서부 캘리포니아에 위치한 오렌지카운티는 캘리포니아 최고 해변을 자랑한다...... 라이언 Q: 왜 플라스틱을 줍나요?	3′/4′
3	라이언의 회사 소개	#라이언의 집-리사이클링, 라이언 아버지 INT #재활용센터-직원 INT	N: 해변가 주택가에 위치한 라이언의 집...... 라이언 아버지 Q: 라이언이 회사를 어떻게 만들었나요?	2′/6′30″
4	라이언의 유명세	#라이언 집-CNN상, CBS 엘렌쇼, 오렌지카운티상 자료 화면 #라이언의 방-라이언 INT 빨대 꽂힌 거북이 자료 화면	N: 여덟 살 꼬마의 신념은 미국 사회에 파장을 주고 있다......	3′/9′30″
5	라이언의 수상	#라이언의 방-라이언 INT	라이언-여덟 살도 하니까 아무나 할 수 있다......	30″/10′

연결시킨 구성안을 갖는다고 볼 수 있다. 그리고 첫 시퀀스인 이 구성안 역시 다시 5개의 소주제를 가진 시퀀스로 구분된다. 각 시퀀스를 어떻게 시각적이자 청각적으로 구성할지 계획하는 것이 바로 구성안이다. 즉, 구성안은 전체 스토리를 잘게 작은 이야기(소주제)로 구성하고 그것을 시간 순서대로 배열하고 각각의 비디오와 오디오를 계획하는 설계도를 말한다.

〈굿바이 플라스틱〉은 라이언이라는 여덟 살 소년을 주인공으로 하는 스토리다. 이 스토리는 처음에 플라스틱의 재앙이라는 소주제로 세계가 플라스틱으로 오염되어 있다는 사실을 경고하면서 시작한다. 그리고 그러한 배경 속에서 주인공인 라이언을 소개한다. 그는 여덟 살인데도 불구하고 회사 사장이라고 자신을 소개한다. 그에 대한 궁금증이 유발된다. 여기까지가 첫 시퀀스의 1막이다. 그리고 2막에서 라이언의 회사를 소개하고 그가 미국 내에서 얼마나 유명한지 알려 준다. 그리고 3막에서 라이언의 메시지를 들려주면서 끝난다. 그는 여덟 살인 자신도 할 수 있으니 누구나 플라스틱을 재활용해 환경을 보호하자고 말한다. 예를 들어, 라이언 소개의 소주제를 가진 시퀀스의 비디오는 오렌지카운티 해변을 스케치(Sketch: SK)하듯이 촬영하여 보여 주고, 라이언이 쓰레기를 수거하는 행동을 보여 준다. 그리고 라이언과의 인터뷰(Interview: INT)를 보여 준다. 오디오는 그 비디오를 설명하거나 눈으로 볼 수 없는 맥락을 알려 준다. 그리고 라이언의 인터뷰 목소리를 들려준다. 이런 식으로 각 시퀀스를 비디오와 오디오로 어떻게 촬영하고 녹음할지 계획하는 것이 구성안이다. 〈표 7-1〉 구성안의 다섯 번째 시간 항목에서 30″/10′이란 숫자는 라이언의 주장이라는 소주제의 시퀀스 분량이 30초이고 누적시간이 10분이란 의미다.

5) 콘티와 스토리보드

시나리오나 구성안을 작성하면 그 후 콘티를 작성한다. 콘티(conti)는 연속성(continuity)의 약자로 숏들(shots)이 서로 연속적으로 연결될 수 있도록 구성하는 것을 말한다. 여기서 숏은 카메라를 촬영하기 시작해 끝낼 때까지의 영상을 말

[그림 7-5] 크기에 따른 숏의 종류

[그림 7-6] 각도니 시점에 따른 숏의 종류

[그림 7-7] 스토리보드

한다. 숏은 크기에 따라 익스트림롱숏(Extreme Long Shot: ELS), 롱숏(Long Shot: LS), 풀숏(Full Shot: FS), 니숏(Knee Shot: KS), 바스트숏(Bust Shot: BS), 클로즈업숏(Close-Up Shot: CU), 익스트림클로즈업숏(Extreme Close-Up Shot: ECU)으로 구분한다.

또한 숏은 각도과 관점에 따라 평각숏(eye level shot), 앙각숏(low angle shot), 부감숏(high angle shot), 조안각숏(bird eye view shot), 사각숏(dutch angle shot), 시점숏(point of view shot), OS숏(over the shoulder shot)으로 구분한다. 이러한 용어를 구성안의 비디오란에 있는 장소나 인물의 행동을 어떻게 촬영할지 계획하기 위해 이러한 숏의 용어를 적는 것을 콘티 작업이라고 한다.

스토리보드는 시나리오의 각 신을 구성하는 숏들을 그림으로 그려 만화처럼 극의 흐름을 볼 수 있는 형식을 말한다. 콘티와 스토리보드는 숏을 어떻게 촬영할지 제작진에게 시각적으로 알려 주는 제작서류다.

6) 촬영

제작서류가 완성되고 이를 촬영할 제작진과 출연진이 모두 결정되고 촬영지 섭외가 끝나고 구체적인 계획이 나오면 이제 촬영만 남게 된다. 유튜브 영상 같은 간단한 촬영이라면 굳이 비싼 카메라를 구입할 필요 없이 스마트폰으로도 충분히 좋은 영상을 만들 수 있다. 카메라가 자동으로 노출, 화이트밸런스, 초점을 맞춰 주므로 카메라를 수평으로 잡는 것만 신경을 쓰면 된다. 이를 위해서 삼각대가 꼭 필요하다. 인간이 바라보는 세상은 언제든지 수평이 맞기 때문에 카메라 역시 인간의 눈과 비슷하게 수평을 맞추어야 한다. 카메라가 자동으로 잘 찍어주지만 가끔 카메라가 실수하는 기술이 바로 초점이다. 원치 않는 곳에 초점이 맞고 초점이 맞아야 할 얼굴에 초점이 나가 있는 경우가 가끔 생긴다. 이런 실수를 막기 위해서는 초점을 수동으로 놓고 촬영하기 전에 항상 초점을 맞추어 주는 습관을 들이는 것이 좋다. 물론, 이는 수동 초점 기능이 있는 카메라를 쓸 경우를 말한다. 요즘 프로급 스마트폰도 초점을 조절하는 기능이 있으므로 이를

틸트숏

크레인숏

팬숏

짐벌숏

달리숏

드론숏

트러킹숏

핸드헬드숏

[그림 7-8] 카메라 움직임의 종류

적절히 사용할 필요가 있다.

다음으로 카메라 움직임에는 삼각대 위에 있는 카메라의 고개를 상하로 움직이는 틸트(tilt)와 고개를 좌우로 움직이는 팬(pan)이 있다. 그리고 카메라를 이동차 위에 올려놓고 앞뒤로 움직이는 달리(dolly)와 좌우로 움직이는 트러킹(trucking)이 있다. 또한 카메라를 크레인이라는 기계 위에 올려놓고 자유롭게 움직이는 크레인(crane), 카메라를 들고 찍기(handheld, 핸드헬드)도 가능하다. 그리고 카메라의 흔들림을 방지해 촬영 영상을 부드럽고 안정적으로 유지해 주는 장치인 짐벌(gimbal)에 카메라를 장착하고 촬영하는 짐벌숏이 있고, 드론(drone)에 장착해 항공촬영하는 드론숏이 있을 수 있다.

녹음 역시 마이크가 자동으로 레벨을 조정해서 해 주지만 카메라 자체 마이크로만 녹음하는 것뿐만 아니라 외부 마이크로 더 좋은 소리를 녹음할 필요가 있다. 왜냐하면 카메라 자체 마이크는 사방에서 들어오는 소리를 녹음하기 때문에 잡음이 많이 들어간다. 그러므로 지향성 마이크를 외부 마이크로 활용해 목소리 위주로 녹음할 필요가 있다. 마이크가 보여도 되는 콘텐츠를 촬영할 경우 핀마이크(pin mic)가 적당하고 마이크가 보여서는 안 되는 영화 촬영에는 붐마이크(boom mic)를 써야 한다. 마이크마다 수음(受音) 범위가 다르므로 각 마이크의 특성을 사전에 테스트할 필요가 있다. 그리고 근접 마이킹을 해야 하는데, 이는 마이크가 할 수 있는 범위에서 가장 가깝게 입 근처로 접근하는 것을 말한다.

7) 편집

촬영이 끝나면 편집을 할 차례다. 편집의 순서는 크게 작업 설정, 구성, 수정, 작품 설정으로 구분된다.

- 작업 설정으로 편집 소프트웨어에서 프로젝트를 만들고 편집할 비디오 포맷을 설정한다. 그리고 촬영한 영상을 가져온 다음으로 본격적으로 구성 작업을 한다.

- 구성은 촬영한 숏들을 계획대로 빠르게 붙이는 가편집(rough cutting)이 있고 그다음 그 배열순서와 컷의 길이를 조절하는 재편집이 있다.

[그림 7-9] 간난한 비디오 편집 애플리케이션, 클립챔프(상)와 캡컷(하)

- 수정은 스토리 구성이 끝나고 비디오의 길이와 컷의 순서가 결정되면 하는 작업으로 스토리가 결정된 비디오를 보기 좋게 포장하는 단계다. 트랜지션으로 숏 간의 연결에 멋을 주고, 비디오 효과나 자막을 추가할 수 있다. 그리고 사운드 디자인 및 색보정을 하여 작품을 완성한다.
- 작품 설정은 작품을 하나의 동영상 파일로 만들어 주는 작업이다. 이를 엑스포팅(exporting) 또는 렌더링(rendering)이라고 한다.

유튜브 영상처럼 간단한 콘텐츠일 경우 프리미어 프로나 파이널컷 프로, 다빈치리졸브 같은 프로들이 많이 쓰는 소프트웨어를 고집할 필요 없이 캡컷(Capcut), 브루(Vrew), 필모라(Filmora), 아이무비(iMovie), 클립챔프(Clipchamp) 같은 간단한 애플리케이션을 사용해도 된다.

이 중 클립챔프는 마이크로소프트가 윈도우에 기본적으로 제공하는 영상편집기로 무료로 사용할 수 있다. 또한 AI 기능이 있어 소스를 삽입하면 AI가 알아서 편집해 완성 작품을 동영상 파일로 만들어 주고, 그 파일의 링크까지 만들어 준다. 네이버나 구글에서 클립챔프를 검색해 마이크로소프트 클립챔프 홈페이지에서 회원가입하고 로그인하면 웹상에서 곧바로 편집할 수도 있고 프로그램을 컴퓨터에 설치해 사용할 수도 있다.

4. 시니어 유튜브 크리에이터 도전 가이드

1) 내 콘텐츠 콘셉트 만들기

유튜브를 시작하기 전에 자신이 가장 열정적으로 잘할 수 있는 주제를 선택한다. 평생 해 온 일이든, 남들에게 해 주고 싶은 이야기든 좋아하는 주제를 선택한다. 좋아하지 않으면 지속적으로 콘텐츠를 올리기 힘들다. 사소해 보여도 내가 좋아하고 잘 아는 것이라면 차별화된 콘텐츠가 될 수 있다. 주제를 선정할 때

AI의 도움을 받을 수도 있다. 챗GPT 같은 AI에게 자신의 경력과 좋아하는 내용을 알려 주고 그것을 토대로 할 수 있는 모든 유튜브 주제를 조사해 달라고 요청하면 된다. AI는 아주 많은 선택지를 제공할 것이다. 그중에서 마음에 드는 주제를 골라 세부 아이템을 AI에게 찾아 달라고 요청할 수 있다. AI와 일을 하면 이렇게 여러 사람과 브레인스토밍을 하는 효과를 얻을 수 있다.

2) 기본 장비와 채널 개설

콘텐츠 방향이 정해지면 촬영 장비를 준비하고 유튜브 채널을 개설한다. 유튜브 채널의 개설은 간단하다. 유튜브의 계정만 만들면 자동으로 채널이 만들어진다. 카메라는 스마트폰으로도 충분하지만 좋은 사운드 녹음을 위해 마이크를 구입할 필요가 있다. 다행히 마이크는 가격이 저렴하므로 쉽게 구입할 수 있다. 즉, 영상은 카메라가 알아서 만들어 주지만 소리는 특별히 신경을 써서 녹음해야 한다.

3) 콘텐츠 계획 및 시험 촬영

첫 영상을 만들기 전에 계획을 세워야 한다. 어떤 내용을 어떻게 말할지 대본을 작성하여 먼저 짧은 분량으로 테스트 촬영을 한다. 그리고 촬영한 영상을 보면서 카메라 위치, 각도, 말하기 속도, 제스처 등을 살펴보고 개선할 점을 정리하여 다시 연습한 후 전체 대본 분량을 촬영한다. 유튜브 콘텐츠의 차별성은 진정성과 자연스러움이다. 그러므로 방송국 아나운서처럼 완벽하게 할 필요가 없다. 자신의 있는 그대로의 모습을 진솔하게 보여 준다는 마음으로 편하게 촬영을 하면 된다. 실수도 유튜브에서는 매력이 될 수 있기 때문이다.

4) 편집

편집은 대본을 토대로 불필요한 영상을 잘라 내는 것으로 시작한다. 이렇게 대충 빠르게 편집하는 것을 가편집이라고 한다. 가편집한 영상을 본 후 수정할 내용을 찾아내 재편집한다. 말한 내용을 모두 자막으로 처리하는 데 많은 시간이 걸리지만 브루 같은 AI 편집도구를 활용하면 AI가 자동으로 음성을 인식해 자막을 만들어 준다.

5) 영상 업로드

이제 완성된 영상을 유튜브 채널에 올릴 시간이다. 유튜브 스튜디오에 접속해 영상 파일을 업로드하고 제목, 설명, 해시태그를 입력한다.

- 제목에는 사람들이 내 영상을 쉽게 검색하고 찾을 수 있도록 핵심 키워드를 포함하는 것이 중요하다(예: 된장찌개 레시피 영상이라면 '70대 할머니의 된장찌개 황금레시피 공개' 등).
- 설명란에는 영상의 내용을 간략히 요약하거나 시청자에게 전달하고 싶은 메시지와 인사말을 작성한다.
- 해시태그(#요리, #시니어_크리에이터 등)를 추가하면 더 많은 사람에게 노출될 수 있다.

섬네일 이미지(thumnail image)는 유튜브 영상의 일부를 대표해서 보여 주는 미리 보기 그림이다. 섬네일 이미지는 유튜브가 자동 생성한 것을 사용해도 되지만 가능하면 눈에 잘 띄는 사진과 큰 글씨 제목이 포함된 이미지를 직접 제작하여 올리는 것이 효과적이다. 이때 캔바(Canva) 같은 AI 기반의 디자인 도구를 활용하면 전문 디자이너가 아니더라도 누구나 쉽고 빠르게 섬네일 이미지를 만들 수 있다. 캔바는 다양한 무료 템플릿과 이미지, 글꼴 등을 제공하고, 드래그

앤 드롭(끌어서 놓기) 방식으로 간편하게 멋진 그래픽 콘텐츠를 제작할 수 있도록 도와주는 대표적인 온라인 디자인 도구로서, 미리 제공된 템플릿에 사진과 텍스트를 넣기만 하면 전문가처럼 쉽게 디자인할 수 있다.

공개 시점은 너무 이른 새벽이나 늦은 밤보다는 사람들이 많이 보는 시간대로 설정하는 것이 유리하다. 처음엔 구독자가 없으니 언제 올려도 큰 상관은 없지만 습관을 들이는 차원에서 통상 평일 저녁이나 주말 오전 등이 무난하다.

6) 지속적인 업로드

가능하면 정기적인 업로드 주기를 만들어 꾸준히 콘텐츠를 추가한다. 예를 들어, 일주일에 한 번, 또는 격주로 한 번 등 본인이 감당할 수 있는 페이스를 정한다. 규칙적으로 영상이 올라오면 기존 구독자들도 다음 영상을 기다리게 되고 채널 성장에 도움이 된다. 콘텐츠 아이디어가 고갈되지 않도록 평소 메모하고 초반에는 다양한 시도를 해 보며 어떤 방향에 반응이 좋은지 시험해 볼 필요도 있다. 유튜브의 분석 기능을 보면 시청자 연령대, 인기 영상 등이 나오니 참고하여 콘텐츠를 발전시킨다. 예컨대, 요리도 전통음식, 간단 혼밥요리 등 여러 주제를 올려 보다가 반응이 가장 좋은 쪽에 집중하는 식이다. 또한 어느 정도 구독자가 늘면 이들의 요청을 콘텐츠로 만들 경우 참여도가 올라간다.

유튜브를 하다 보면 예상보다 더딘 성장에 실망할 수도 있고 몸이 피곤할 때는 열의가 식기도 한다. 숫자에 일희일비하기보다 영상을 만드는 과정 자체를 재미로 삼고 꾸준히 하다 보면 부수적으로 성과가 따라올 것이다. 또한 다른 성공한 시니어 유튜버들의 사례를 보며 동기를 얻는 것도 좋다.

참고문헌

권승태(2012). 3막의 비밀. 커뮤니케이션북스.

KBS(2018. 07. 04.). KBS스페셜 (1TV, 7월 5일, 6일) 플라스틱 지구 2부작 [Program description]. KBS. https://mylovekbs.kbs.co.kr/index.html?source=mylovekbs&sname=mylovekbs&stype=magazine&contents_id=70000000298583

Osborne, A. (2015. 03. 12.). *Goodbye Film. Hello ENG*. ABC Capitol Broadcasting Company. https://capitolbroadcasting.com/2015/03/12/goodbye-film-hello-eng

Rubin, M. (2009). 논리니어, 비선형 디지털 영상 편집 (*Nonlinear*). (하상목 역). 커뮤니케이션북스. (원저는 2008년에 출간).

3부

교육의 방법

INSTRUCTION FOR TEACHING
DIGITAL LITERACY TO OLDER ADULTS

8장

시니어 디지털 리터러시 교육 프로그램 개발

이 장에서는 고령자 맞춤형 교육 프로그램 개발을 성인교육 프로그램 개발 모형에 따라 살펴본다. 교수자는 학습자의 현재 디지털 역량과 구체적인 교육요구를 면밀히 분석하여 효과적인 교육 프로그램을 설계해야 하며, 이를 위해 각 단계별로 질문 기반 접근을 활용할 수 있다. 교육목표 설정, 수업계획 마련, 운영 및 평가 계획까지 체계적으로 구성한다면 고령층 학습자들이 디지털 환경에 더욱 자신감을 가지고 적응하도록 지원할 수 있다.

1. 시니어 디지털 리터러시 교육 프로그램

시니어 디지털 리터러시 교육 프로그램 개발은 넓게 보면 성인교육 프로그램 개발(adult education program planning) 영역에 속한다. 이 분야는 성인교육학의 핵심으로서 시니어 디지털 리터러시 교육 프로그램 개발 또한 이러한 이론적 기반 위에서 개발될 수 있다.

많은 학자가 성인 대상 교육 프로그램 개발에 필요한 이론과 모형을 제시해 왔다. 프로그램 개발에 앞서 성인 학습자의 특성을 설명한 말콤 노울즈(Malcolm Knowles)의 안드라고지(andragogy) 이론은 가장 널리 알려진 성인학습이론이다. 시니어 디지털 리터러시 교육 프로그램의 개발 역시 고령 학습자의 특성을 고려한 성인교육 프로그램 개발의 과정으로서 성인 학습자의 특성을 반영해야 한다. 노울즈가 제시한 성인 학습자의 특성은 다음과 같다(Knowles et al., 2005).

- **자기주도적 학습**(self-directed learning): 성인 학습자는 자기주도적 학습을 선호한다.
- **경험 활용**(experience-based learning): 성인 학습자의 다양한 경험은 학습의 바탕이 된다.
- **학습 준비성**(readiness to learn): 성인 학습자의 학습 준비성은 그가 수행하는 사회적 역할과 연결된다.
- **실생활 적용 중심**(problem-centered learning): 성인 학습자는 실생활에 적용이 가능한 학습을 선호한다.

이러한 성인 학습자의 특성은 오랜 기간 다양한 성인교육 현장에서 확인되었고 시니어 디지털 리터러시 교육 프로그램 개발에 적절히 반영할 수 있다. 노인 역시 성인 학습자이므로 성인 학습자의 보편적 특성이 노인에게도 적용된다. 다만 성인 학습자로서의 노인은 자기주도적 학습 능력을 가지고 있을 수 있지만, '디지털'이라는 새로운 분야에서의 학습에 두려움을 느낄 수 있으며, 그로 인해 소극적인 태도를 보일 수도 있다. 고령자가 디지털 리터러시 교육에 대해 느낄 수 있는 이러한 두려움을 최소화하고 교육 전반에서 자기주도적 학습 태도를 갖도록 하기 위해 이들의 디지털에 대한 취약성을 강조하기보다는 디지털 리터러시를 갖춤으로써 얻게 되는 긍정적인 결과, 즉 '더 편리하다' '더 행복하다' '더 소통할 수 있다'는 점을 강조하는 것이 좋다.

또한 성인 학습자로서의 노인은 디지털 리터러시 교육에서도 문제 해결 지향적인 모습을 보일 수 있다. 배울 시간은 충분하지만, 개념에 대해 천천히 학습하기 보다는 실생활에 즉각적으로 필요한 기술 습득에 더 큰 관심이 있는 경우가 많다. 예를 들어, 동영상 편집 소프트웨어 사용법을 배운다면 고령자는 손자녀의 사진이나 동영상을 영상물로 만드는 내용의 교육에 더 흥미를 느낄 수 있다. 이러한 성인 학습자의 특징은 앞으로 제시할 다양한 성인교육 프로그램 개발 모형에도 직간접적으로 연결된다.

2. 대표적 교육 프로그램 개발 모형

여기에서는 널리 알려진 타일러, 카파렐라, 그리고 서베로와 윌슨의 성인교육 프로그램 개발 모형을 소개하고, 시니어 디지털 리터러시 프로그램의 개발에 적용할 수 있는 기본적인 개념과 원리에 대해 살펴본다.

1) 타일러의 합리적 목표 모형

교육 프로그램 개발이 교육목표 성취를 위한 '시스템' 설계로 보는 관점을 가진 대표적인 학자가 랄프 W. 타일러(Ralph W. Tyler)다. 그는 지금까지도 교육과정(curriculum)과 교육 프로그램(educational program) 개발의 선구자로 여겨지고 있다. '교육과정'이라는 용어는 많은 경우 '교육 프로그램'과 혼용되는데, 일반적으로 성인교육 분야에서 '교육 프로그램'이라는 용어를 더 자주 사용한다.

타일러는 1949년 그의 저서 『교육과정과 수업의 기본원리(Basic Principles of Curriculum and Instruction)』에서 일반적인 교육 프로그램의 개발을 교수목표 선정(defining objectives), 학습경험 선정(selecting learning experience), 학습경험 조직(organizing learning experience), 성과의 평가(evaluating outcomes) 등 네 가지로 설명했다. 마치 요리책(cookbook)의 레시피처럼 순서대로 따라가다 보면 초보자도 그럴듯한 요리를 해낼 수 있다는 그의 설명은 큰 호응을 얻었다. 이 모형을 그림으로 나타내면 [그림 8-1]과 같다.

타일러 모형에서는 교수목표 선정이 첫 번째 단계이며 가장 중요하다. 이러한 이유로 타일러 모형은 '합리적 목표 모형(rational objective model)'이라고도 부른

[그림 8-1] 타일러의 합리적 목표 모형

출처: 이승은 외(2020).

다. 따라서 교수자는 명확한 목표를 설정하고, 목표가 실제로 달성되었는지 여부를 판단하는 것이 핵심이다. 이러한 타일러식 목표를 '명세적(specific) 목표'라고도 한다. 그 특징은 다음과 같다.

- 학습자의 능력과 비교해 볼 때 지나치게 쉽거나 어려운 목표보다는 현재 능력보다 약간 어려운 목표
- 시간적으로 너무 동떨어진 목표보다는 단기적으로 성취 가능한 목표
- 학습자가 주어로 진술된 목표
- 학습이 끝났을 때의 결과로 진술된 목표
- 행동을 중심으로 진술된 목표
- 목표에 도달했는지를 학습자의 행동을 보아 판단할 수 있는 목표

타일러식(式) 교수목표의 예를 들면, '학습자는 화학원소 기호를 100여 개 중 최소 30개를 말할 수 있다'와 같이 표현될 수 있다. 학습자를 주어로 하고 성과는 학습자의 행동으로 진술하므로, 학습자나 교수자 모두의 성과를 평가하는 데 유용하다. 특히 교수자가 학생의 성과를 평가하거나 피드백을 주기 쉽다. 목표가 구체적이므로 학습자에게 제시하는 평가나 피드백도 구체적이다. 또한 학습자도 수업을 듣고 난 후 무엇을 할 수 있게 되어야 성과로 인정받는지 쉽게 알 수 있다. 따라서 수업을 들으면서 학습자는 해당 목표를 향해 자신의 노력을 집중할 수 있다.

2) 카파렐라의 상호작용 모형

타일러의 모형이 학령기 학생을 대상으로 하는 교육과정에 초점을 두고, 성인교육 프로그램 개발에까지 적용 가능한 모형을 제공했다면 상호작용 모형(interactive model)은 성인교육 프로그램 개발 모형에 해당한다. 미국의 성인교육학자 로즈마리 카파렐라(Rosemary Caffarella)는 성인교육 프로그램 개발에서

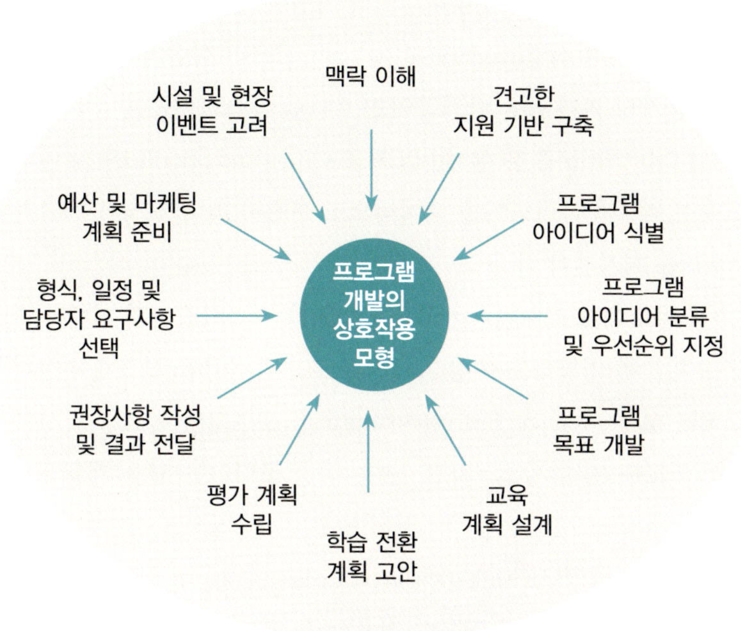

[그림 8-2] 카파렐라의 상호작용 모형

출처: Caffarella (2002), p. 21.

프로그램의 기획자와 학습자 집단 간의 상호작용을 가장 중요한 것으로 다룬다 (Caffarella, 2002). 따라서 성인교육 프로그램 개발은 정해진 순서에 얽매이지 않고 환경과 학습자의 요구에 따라 유동적으로 변화한다는 점을 강조한다. 그는 [그림 8-2]에서 보이는 12개의 주요 요소, 즉 학습자 요구 분석, 목표 설정, 교육 내용 결정, 학습 환경 구성 간의 상호작용을 고려하여 프로그램을 개발해야 한다고 했다.

- **맥락 이해**(discerning the context): 프로그램을 만드는 맥락을 잘 이해해야 한다. 이를 통해 학습자의 요구, 조직의 목적, 사회적 · 문화적 환경 등을 고려한 프로그램을 설계할 수 있다.
- **견고한 지원 기반 구축**(building a solid base of support): 프로그램이 성공적으로

운영될 수 있도록 이해관계자의 지지와 자원을 확보해야 한다.

- **프로그램 아이디어 식별**(identifying program ideas): 학습자의 요구, 사회적 트렌드, 전문가의 의견 등을 반영하여 프로그램 아이디어를 발굴해야 한다.
- **프로그램 아이디어 분류 및 우선순위 지정**(sorting and prioritizing program ideas): 수집된 프로그램 아이디어를 체계적으로 분류하고, 필요성과 시급성에 따라 우선순위를 지정해야 한다.
- **프로그램 목표 개발**(developing program objectives): 학습자의 기대와 요구를 충족할 수 있도록 명확하고 측정 가능한 프로그램 목표를 설정해야 한다.
- **교육 계획 설계**(designing instructional plans): 프로그램 목표를 달성하기 위해 효과적인 교수-학습 방법 · 자료 · 활동 등을 포함하는 교육 계획을 설계해야 한다.
- **학습 전환 계획 고안**(devising transfer-of-learning plans): 학습자가 프로그램에서 배운 내용을 실제 삶과 직무에 적용할 수 있도록 지원하는 전환 계획을 수립해야 한다.
- **평가 계획 수립**(formulating evaluation plans): 프로그램의 효과성을 검토하고 개선점을 도출하기 위해 체계적인 평가 계획을 마련해야 한다.
- **권장사항 작성 및 결과 전달**(making recommendations and communicating results): 프로그램 평가 결과를 토대로 개선 사항을 제안하고, 주요 이해관계자에게 그 결과를 명확히 전달해야 한다.
- **형식, 일정 및 담당자 요구사항 선택**(selecting formats, schedules and staff needs): 프로그램의 목적과 대상자 특성을 고려하여 적절한 교육 형식, 일정, 강사 및 운영 인력을 선정해야 한다.
- **예산 및 마케팅 계획 준비**(preparing budgets and marketing plans): 프로그램 운영에 필요한 예산을 수립하고, 효과적인 홍보 전략을 계획해야 한다.
- **시설 및 현장 이벤트 고려**(coordinating facilities and on-site events): 프로그램이 원활히 진행될 수 있도록 교육 시설 및 현장 이벤트를 효과적으로 조정 · 관리해야 한다.

3) 서베로와 윌슨의 협상 모형

미국의 성인교육학자 로널드 서베로(Ronald Cervero)와 아서 윌슨(Arthur Wilson)의 협상 모형(negotiation model)은 성인 대상 교육 프로그램 개발을 단순한 기술적 · 절차적 과정이 아닌 하나의 사회적 활동으로 바라본다. 사회적 활동은 대개 다양한 이해관계자의 권력과 이익이 얽힌 정치적 · 윤리적 측면이 존재하기 마련이다. 따라서 이 모형에서의 교육 프로그램 기획자는 중립적 설계자가 아니라 다양한 이해관계자의 요구와 기대를 조율하고 협상하는 역할을 한다고 본다. 교육 프로그램을 기획하는 과정에서 누가 의사결정에 참여하는지, 어떤 가치와 이익이 반영되는지가 중요하며, 이 과정에서 기획자는 권력관계를 인식하고 균형을 맞추는 노력이 필요하다(Cervero & Wilson, 1994).

3. 시니어 디지털 리터러시 교육 프로그램 개발 모형: 질문 기반 접근

캐나다의 성인교육학자 도마스 소크(Thomas Sork, 2000)는 성인교육 프로그램을 개발하는 하나의 유효한 모형으로 질문 기반 접근을 제시했다. 질문 기반 접근(question-based approach)은 간단하다. 하나의 교육 프로그램 개발은 여러 단계를 거치며, 각 단계와 단계별로 필요한 질문을 기획자 스스로 던지고 그 질문에 대답하는 방법으로 교육 프로그램이 완성된다는 접근이다. 그는 교육 프로그램 개발의 각 단계에서 질문을 가져야 하는 이유에 대해 다음과 같이 밝힌다.

"성인 교수자들은 지난 50년 동안 기술-합리적 전통에서 계획에 대한 더욱 정교한 접근 방식을 개발하려고 노력해 왔다. 우리는 복잡한 사회 과정을 문제가 없는 것으로 간주하는 선형적이고 깔끔하며 친숙한 모델에 대한 집착으로 인해 어려움을 겪었다. 이제는 완벽한 계획 모델을 찾는 것에서 올바른 질문을 하는 것으로

초점을 전환해야 할 때다."(Sork, 2000)

이 질문 기반 접근의 가장 큰 장점은 모든 프로그램의 개발과 실행에서 다양하게 나타나는 '맥락'을 중요하게 다룬다는 점이다. 교육 프로그램을 만들어야 하는 특수한 맥락을 잘 인지하고 개발의 각 단계마다 적절하고 전문적인 판단이 필요하다는 점을 강조한다. 이러한 모형은 [그림 8-3]과 같이 나타낼 수 있다.

원형으로 구성된 질문 기반 접근 모형은 시작 단계가 특별히 정해져 있지 않다. 즉, 단선적인 접근 또는 선형적인 접근을 지양한다. 따라서 교육 프로그램 개발은 어느 단계에서도 시작할 수 있지만 편의상 '맥락과 학습자 파악' 단계를 시작으로 하나씩 논의하고자 한다.

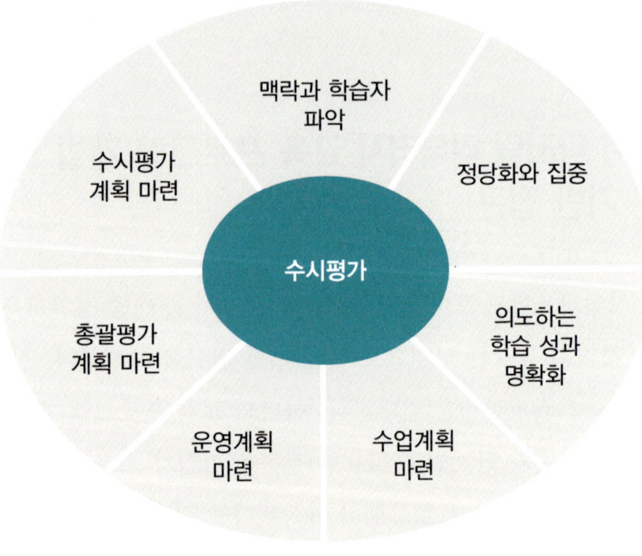

[그림 8-3] 소크의 질문 기반 접근

출처: Sork (2000).

1) 맥락과 학습자 파악

교육 프로그램을 개발하기 위해서는 '어떤 사람에게 왜 필요한 학습인가?'를 물어야 한다. 시니어 디지털 리터러시의 경우 세대 간 그리고 세대 내 디지털 격차가 중요하다. 세대 간 격차뿐만 아니라 다수의 연구를 통해 '노인' 집단 내 격차도 심각한 상황으로 보고되고 있다(황현정, 황용석, 2017). 따라서 수준별 교육이 이루어지지 않으면 의미 있는 학습이 이루어질 수 없을 뿐 아니라, 해당 교육에 대한 반감마저 발생할 수 있으므로 노인 집단 내 역량 격차를 신중하고 면밀하게 고려해야 한다.

한 예를 들면, 여성노인, 특히 농촌 거주 여성노인 가운데 한글을 배우지 못한 고령자가 다수 있다. 과거 우리나라는 성별과 계층에 따라 배움의 기회에 뚜렷한 차별이 있었고, 이로 인해 비문해 노인 중 여성의 비율이 압도적으로 높다. 이것은 학습자가 가진 사회적 조건의 중첩, 즉 '교차성'의 반영이 교육에 필요하다는 주장과 같은 맥락이다. 이런 이유에서 고령자 개인 또는 집단이 필요로 하는 디지털 리터러시 교육에 대한 요구 분석(needs assessment)이 중요하다.

2) 정당화와 집중

'이 교육 프로그램을 왜 만들어야 하며 어디에 초점을 두어야 할까?' '이 교육 프로그램은 어떤 목적이 있고 무엇을 성과로 볼 것인가?' 등의 질문이 필요한 단계다. 예를 들어, 노인을 위한 스마트폰 교육과정을 설계하는 상황을 가정해 보자. 살고 있는 있는 지역을 중심으로 본다면 농촌 노인과 도시 노인을 위한 프로그램은 거주지 지역사회의 차이를 반영해야 할 것이다.

3) 의도하는 학습 성과 명확화

의도하는 학습 성과를 명확하게 기술하기 위한 방법으로 앞서 제시한 타일러의 합리적 목표 모형의 제안에 따라 '학습자에게서 관찰 가능한 행동의 변화'로 진술할 수 있다. 따라서 학습을 마친 뒤 학습자에게 기대되는 바람직한 행동을 생각해 보고 이 행동이 적용되면 좋아질 삶의 영역을 명확히 하는 것이 필요하다.

4) 수업계획 마련

다음 단계에서는 '수업(instruction)에서 어떤 순서로 무슨 일들을 해야 하는가?'라는 질문이 대표적이다. 우리가 흔히 교안(instructional plan)을 준비한다는 말을 하는데, 이에 해당되는 매 회기 또는 차시의 수업을 짜야 하는 단계다. 여기서는 미국의 교육학자인 로버트 가네(Robert Gagne)의 '아홉 가지 수업사건(9 instructional events)'를 참고하여 수업 시간에 일어나야 할 일들을 순서대로 제시하는 것도 좋다.

노인 대상 디지털 리터러시 교육의 수업계획은 이 아홉 단계가 어떤 식으로 일어나야 하며, 이 중 어떤 것이 더 중요하게 강조되어야 할까? 이 아홉 단계가 다 중요하지만 하나의 수업에 다 담기 힘들 수도 있다. 그러나 대략 몇 가지를 염두에 둘 수 있다.

순서	수업사건
1	주의집중
2	학습목표 제시
3	선수학습의 회상
4	내용 제시
5	학습 조력 제공
6	학습자 연습
7	피드백 제공
8	수행평가
9	파지와 전이 증진

[그림 8-4] 가네의 아홉 가지 수업사건

출처: 김주연(2020).

- 선수학습의 경우, 출발점 기준을 정해서 모집 단계에서부터 분명하게 알려 주어 학습자 역량을 조금이나마 동질화하는 노력이 필요하다. 예를 들면, 구글

문서를 배운다면 구글 계정을 가지고 있는 사람들로 학습자를 모집하여 '계정 개설'이라는 부분을 선수학습으로 처리한다면 거기에 대해 수업 시간을 할애하지 않아도 된다.

- 내용을 제시할 때는 단계별로 뚜렷하고 분명하게 천천히 제시하며, 연습과 피드백의 과정에서는 학습자 역량 차이를 고려하여 다양한 방법을 활용할 수 있다.
- 일정 정도의 라포(rapport)가 형성되어 있는 상황이라면 바로 현장에서 수행을 확인하는 것도 좋다.
- 가능하면 수업 시간 중 파지(retention), 즉 숙련을 유도하며 일상생활 속 활용이 가능하도록 각자에게 맞는 전이(transfer) 과제를 숙제로 제공하는 것도 좋다.

5) 운영계획 마련

이 단계의 질문은 '이 교육 프로그램은 누가, 언제, 얼마의 예산을 가지고 진행해야 할까?' 등의 수업 외의 중요하고 다양한 질문을 담는다. 교수자의 고령학습자에 대한 이해도가 계획을 짜는 데 중요하다. 수업 중 일어날 수 있는 돌발 상황을 대비하여 두세 가지의 대안(back-up plans)을 준비하는 것도 좋다.

6) 총괄평가 계획 마련

'시니어 학습자의 디지털 역량이 증가한 것을 알기 위해 무엇을 어떻게 평가할까?' 하는 질문이 대표적인 총괄평가 관련 질문이다. 대개의 성인교육 프로그램에서는 교육 프로그램 또는 강사에 대한 학습자 만족도를 평가하는 것으로 이 단계를 진행한다. 그러나 고령자 특성상 평가가 자연스러우면서도 학습자에게 도움이 되는 방향으로 진행되어야 한다고 생각한다면 여기에서 좀 더 나아가야 할 필요가 있다.

평가의 기준으로 삼을 수 있는 세 가지로 비교, 판단, 그리고 증거를 들 수 있다. 이 중 개발하려고 하는 시니어 디지털 리터러시 교육 프로그램은 누구의 판단으로, 그리고 어떤 기준으로 평가하는 것이 가장 적합할지에 대해서 생각해 볼 필요가 있다. 노인들의 디지털 교육 환경을 잘 갖추어 놓은 기관들에서는 시뮬레이션(simulation), 즉 해당 환경을 설정해 놓고 직접 해 보는 교육경험 제공이 많이 정착되고 있는데, 이것을 평가에도 적용해 보되 노인들이 평가 때문에 위축되지 않도록 하는 부분도 중요하게 고려되어야 할 것이다. 여기서는 교육평가 영역의 대표적인 학자인 도널드 커크패트릭(Donald Kirkpatrick)의 평가 모형을 참고하여 고령 학습자에게 적합한 평가를 위한 적용방법을 모색해 보는 방안을 제안한다.

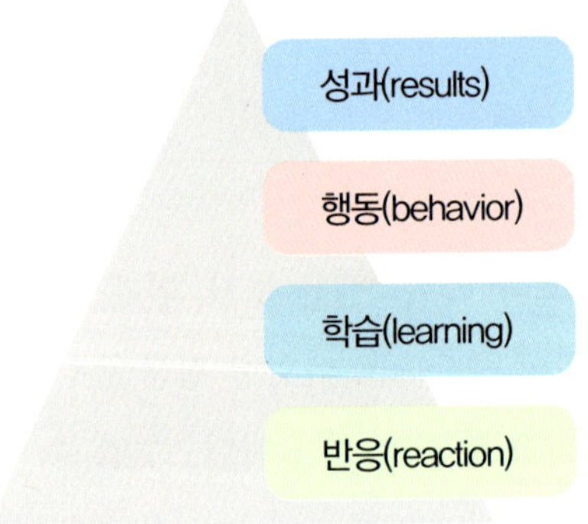

[그림 8-5] 커크패트릭의 평가 모형

출처: 전주성, 김소영(2011).

- **반응**
  - 가장 단순하고도 쉬운 평가로서 학습자들이 어떤 반응을 보였는지를 알기 위해 학습자 만족도 조사 등을 활용한다.
- **학습**
  - 학습자들이 배운 것이 무엇인지 확인한다.
- **행동**
  - 학습자들의 어떤 행동이 이 수업을 듣고 달라졌는지를 파악한다.

• **성과**

- 이 수업을 듣고 학습자가 성과로 생각하는 것들의 증거를 모아 판단한다.

이 중 '반응'은 대략 수업이 끝난 뒤 바로 조사를 통해 알 수 있겠지만 학습, 행동 그리고 성과는 수업이 끝난 후 학습자들에게 묻거나 그들의 삶을 조금 지켜본 후 판단할 수 있을 것이다. 따라서 평가 시기는 수업 직후만이 아닌 교육의 전, 중, 후에 걸쳐 있어야 제대로 된 평가가 될 것이다.

7) 수시평가 계획 마련

수시평가는 마지막 단계가 아니라 앞서 설명한 모든 단계에 적용되는 단계다. '이 (세부) 단계에서 무엇을 어떻게 수정 또는 조정해야 할까?'라는 질문이 핵심이다. 실천하면서 바로바로 개선을 유도하는 효과가 있다. 예를 들어, 준비한 교육 내용이 노인 학습자에게 너무 어렵다고 판단된다면 끝까지 그냥 밀고 나갈 게 아니라 바로 유연성을 발휘하여 내용을 바꾸거나 조정해야 한다. 이때 수시평가는 이런 '그때그때'의 판단에 의한 '바로바로'의 개선을 유도한다.

질문 기반 접근 적용 시 핵심 질문

소크의 질문 기반 접근은 교육 프로그램을 효과적으로 개발하기 위해 중요한 질문들을 체계적으로 다루는 모형이다. 이에 각 구성 요소별로 예상 질문을 제시하면 다음과 같다.

1. 학습자 요구 분석

- 학습자는 어떤 특성을 지닌 고령자인가?

- 이들의 디지털 리터러시 수준과 요구는 무엇인가?
- 이들이 디지털 도구를 접근하고 사용하는 데 어떤 장애물이 있는가?

2. 프로그램 목표와 목적 설정

- 프로그램이 끝날 때 학습자는 무엇을 할 수 있어야 하는가?
- 이 프로그램이 학습자의 독립성과 디지털 사회 참여에 어떻게 기여할 수 있는가?

3. 내용과 교수법

- 어떤 주제와 디지털 기술을 다루어야 하는가?
- 이들을 위해 가장 효과적인 교수법은 무엇인가? (예: 실습, 동료 학습, 단계별 안내)
- 학습이 접근 가능하고 쉽게 이루어지도록 하려면 어떻게 해야 하는가?

4. 자원과 제약

- 프로그램에 필요한 시설, 장비, 교육 자료는 무엇인가?
- 재정, 시간, 인력 등의 제약은 무엇인가?

5. 프로그램 전달 방식

- 프로그램은 대면, 온라인, 하이브리드 방식 중 어떤 것이 적합한가?
- 수업은 얼마나 자주, 얼마나 길게 진행해야 하는가?
- 노년기의 신체적 · 인지적 특성(또는 제약)을 고려할 때 어떤 맞춤 방식을 적용할 수 있는가?

6. 평가와 피드백

- 학습 진행 상황은 어떻게 평가할 것인가? (예: 실습 시연, 설문 조사)
- 학습자 피드백을 어떻게 수집하고 프로그램을 개선할 것인가?

참고문헌

김주연(2020). 가네(Robert Mills Gagné)의 9가지 교수사태를 기반으로 한 청음 교육 지도방안연구. 제주대학교 교육대학원 박사학위논문.

이승은, 박양주, 이동주(2020). **교육과정 및 평가**. 한국방송통신대학교 출판부.

전주성, 김소영(2011). 대학부설 평생교육원 프로그램의 효과성 측정을 위한 평가모델의 타당성 검증: Kirkpatrick의 교육훈련 프로그램 평가모델의 응용. **교육과학연구**, 42(1), 125-150.

황현정, 황용석(2017). 노인집단내 정보격차와 그에 따른 삶의 만족도 연구: 가구구성형태 효과를 중심으로. **사회과학연구**, 24(3), 359-386.

Caffarella, R. S. (2002). *Planning programs for adult learners: A practical guide for educators, trainers, and staff developers* (2nd ed.). Jossey-Bass.

Cervero, R. M., & Wilson, A. L. (1994). *Planning responsibly for adult education: A guide to negotiating power and interests*. Jossey-Bass.

Knowles, M. S., Holton, E., & Swanson, R. (2005). *The adult learner: The definitive classic in adult education and human resource development* (6th ed.). Elsevier.

Sork, T. J. (2000). Planning educational Programs. In A. L. Wilson & E. R. Hayes (eds), *Handbook of adult and continuing education*. Jossey-Bass.

Tyler, R. W. (1949). *Basic Principles of Curriculum and Instruction*. University of Chicago Press.

9장

시니어 디지털 리터러시 요구 조사와 환경 조성

시니어 디지털 리터러시 교육의 첫 단계는 교육에 대한 학습자의 요구를 정확히 파악하는 것이다. 이를 위해 자기 역량평가 설문지, 실습 기반 역량평가, 1 : 1 및 포커스 그룹 인터뷰, 디지털 기술 활용 기록 분석 등의 다양한 방법을 활용할 수 있다. 특히 노인 학습자의 유형을 구분하고 각 유형에 맞는 교육 전략을 마련해야 보다 효과적인 교육이 가능하므로 이들의 교육 참여 동기와 의지를 분석하고, 심리적 · 기술적 · 경제적 장벽을 고려하여 학습 환경을 조성해야 한다.

1. 시니어 학습자의 교육요구 조사

시니어 디지털 리터러시 교육의 첫 단계는 학습자의 기대나 요구를 정확하게 분석하는 것이다. 일반적으로 교육요구란 '학습자가 도달해야 할 일정 수준과 현재 역량 수준 사이의 차이'를 말한다. 그러나 대개의 시니어 디지털 리터러시 교육 상황에서는 학습자의 디지털 역량이 다 다르고 교육에 대한 기대도 다양하다. 따라서 보다 유연한 요구 조사 전략을 고려할 수 있다. 학습자가 긴장하지 않도록 다양하고 자연스러운 역량평가 방법을 활용하고 역량평가 대신 새로운 기술의 습득에 관련된 심리적 압력을 낮추는 방법으로 사용 경험을 물을 수도 있다. 이렇게 고령자가 디지털 리터러시에 대해 가진 기술적 · 심리적 장벽을 분석하고 이를 해결하기 위한 요구 조사 전략을 마련하는 것이 중요하다. 여기에서는 고령자 대상으로 요구 조사를 효과적으로 수행할 수 있는 방법들을 알아본다.

1) 기존 지식과 경험 파악

간단한 설문 조사나 인터뷰를 통해 고령자가 이미 알고 있는 디지털 기술이나 장치 사용 경험을 묻는 질문을 통해 그들의 현재 기존 지식과 경험을 알 수 있다. 이는 또한 실연(實演)을 통해 확인할 수도 있다. 소수의 예비 학습자를 대상으로 스마트폰 등을 직접 조작해 보도록 하여 학습자가 어떤 디지털 기술에 익숙한지 또는 낯선지 확인할 수 있고, 그들이 필요로 하는 기술 영역도 비교적 구체적으로 알 수 있다.

2) 교육 참여 이유와 의지 및 장애물

예비 학습자들을 대상으로 디지털 교육에 참여하려는 이유와 의지, 필요로 하는 역량 및 장애물을 파악한다. 특히 디지털 리터러시를 배우는 데 주저하게 만드는 장애물의 파악이 중요하다. 예를 들면, 신기술에 대한 막연한 두려움이나 과거의 부정적 경험으로 인해 디지털 학습을 꺼릴 수 있고, 신체적 장애(시력 저하, 손 떨림 등)나 경제적 부담(디지털 기기 비용, 인터넷 요금 등)도 주요 장벽이 될 수 있다. 다음과 같은 항목을 중심으로 사전 설문지나 인터뷰를 구성하여 답변을 받을 수 있다.

- 디지털 기기 사용 경험(사용 빈도, 사용 목적)
- 교육에의 기대 수준(어떤 기술을 배우고 싶은지, 목표 설정)
- 학습 방식 선호도(집합 교육 대 개별 학습, 실습 중심 대 이론 중심)
- 주요 장애 요인(기술적 · 심리적 · 경제적 장애 요인 등)

우선, 교육에 참여할 학습자 집단을 사전에 파악하고 이들을 대상으로 설문지를 배부하는 것을 고려할 수 있다. 다음은 설문지에 포함될 문항의 예시다.

교육 참여 관련 설문 문항의 예

• **예시: 교육 참여 이유 문항**

이번 교육에 참여하려는 가장 큰 이유는 무엇인가요?

□ 디지털 시대에 필요한 새로운 지식과 기술을 배우고 싶어서

□ 생활에 필요한 스마트폰 활용을 더 잘하고 싶어서

□ SNS를 활용하여 친구나 가족과 더 잘 소통하고 싶어서

□ 사회 활동(취업, 자원봉사 등)에 활용하고 싶어서

□ 기타 (적어 주세요) ______________________

• **예시: 교육 참여 의지 확인 문항 ①**

학습목표를 달성하기 위해 어느 정도 노력할 의향이 있으신가요?

□ 아주 적극적으로 참여할 계획이다

□ 적당히 참여하며 배우고 싶다

□ 배우다가 흥미가 생기면 더 적극적으로 할 생각이다

□ 주변에서 권해서 오긴 했지만 관심이 적다

□ 기타 (적어 주세요) ______________________

• **예시: 교육 참여 의지 확인 문항 ②**

이번 교육 이후에도 디지털 리터러시를 지속적으로 활용할 의지가 있으신가요?

□ 예 (어떤 방식으로 활용하실 것인지 적어 주세요) ______________________

□ 아니요 (이유를 적어 주세요) ______________________

이와 같은 내용을 간단한 인터뷰 형식의 대화를 통해 파악할 수도 있다. 학습자를 사전에 접촉하여 1:1의 인터뷰를 실시하거나 여러 명의 고령자를 초대하여 함께 이야기를 나누는 포커스 그룹 인터뷰(Focus Group Interview: FGI)를 진행한

다. 이를 통해 그들이 교육에 참여하고자 하는 이유, 의지 및 장애물을 파악할 수 있는 방식이다. 특히 FGI는 노인들이 자신들이 필요로 하는 기술에 대해 보다 구체적이고 현실적인 의견을 함께 나눌 때 생기는 시너지로 인해 개별 인터뷰보다 용이하고 효율적일 수 있다. 다음은 1:1 인터뷰 및 FGI 질문 문항의 예시다.

교육 참여 관련 인터뷰 질문의 예

- 이번 교육을 통해 꼭 배우고 싶으신 것은 무엇인가요?
- 배운 내용을 실생활에서 어떻게 활용하고 싶으신가요?
- 수업이 어려워도 끝까지 참여하실 의향이 있으신가요?
- 현재 수업을 완주하는 데 가장 큰 어려움은 무엇인가요?
- 수업방식 중 어떤 것이 가장 좋으신가요? (예: 직접 실습하기, 동영상 강의 보기, 교재 읽기 등)
- 학습을 지속할 수 있도록 어떤 지원이 있으면 좋을까요?

다음은 이상의 내용을 종합한 설문지의 예시다. 적절히 항목과 질문을 변형하여 학습자에게 맞춤형 설문을 제작할 수 있다.

교육 참여 관련 설문지 예

1. 기본 정보

- 연령대

☐ 50대 ☐ 60대 ☐ 70대 이상

- 스마트폰 사용 기간

  ☐ 1년 미만　☐ 1~3년　☐ 3~5년　☐ 5년 이상

- 주로 사용하는 디지털 기기(복수응답 가능)

  ☐ 스마트폰　☐ 태블릿PC　☐ 노트북　☐ 데스크톱　☐ 스마트워치

2. 현재 디지털 기술 활용 수준

- 스마트폰에서 앱(예: 카카오톡, 유튜브)을 찾아 설치할 수 있다.

  ☐ 예　☐ 아니요

- 공인인증서(또는 금융 앱)를 활용한 온라인 뱅킹을 사용할 수 있다.

  ☐ 예　☐ 아니요

- QR 코드를 스캔하여 정보를 검색할 수 있다.

  ☐ 예　☐ 아니요

- 본인이 필요로 하는 정보를 인터넷에서 검색할 수 있다.

  ☐ 예　☐ 아니요

3. 학습동기 및 기대 수준

- 디지털 리터러시 교육을 수강하고 싶은 이유는? (복수응답 가능)

  ☐ 일상생활에 활용하고 싶어서

  ☐ 자녀나 손자녀와의 원활한 소통을 위해

  ☐ 금융거래나 정부 서비스 이용을 위해

  ☐ 새로운 기술을 배우는 것이 재미있어서

  ☐ 기타 (적어 주세요) ____________________

- 가장 배우고 싶은 내용은? (순위 선택)

  ☐ 스마트폰 기본 사용법

  ☐ 카카오톡이나 유튜브 활용

  ☐ 온라인 금융 서비스 이용

  ☐ 사진 및 영상 촬영과 편집

  ☐ 인터넷에서 정보 검색 및 활용

  ☐ 기타 (적어 주세요) ____________________

- 본인이 생각하는 가장 큰 학습 장애 요인은? (복수응답 가능)

☐ 어려운 용어와 개념

☐ 기술적인 문제(기기의 조작이 어려움)

☐ 배워도 기억이 잘 나지 않음

☐ 디지털 기술에 대한 두려움(개인정보 유출이나 사기 등)

☐ 기타 (적어 주세요) ______________________________

4. 기타 의견

추가로 하고 싶은 말씀이 있으신가요? (적어 주세요)

____

____

3) 역량 수준 진단 방법

디지털 교육은 노인 학습자의 요구뿐만 아니라 사회적 요구의 반영도 중요하다. 사회적 변화에 따라 시니어들도 디지털 기술을 배울 필요성이 증가하고 있다. 따라서 학습자의 개별 요구뿐만 아니라 사회적 변화와 요구를 반영하여 교육 프로그램을 기획해야 한다.

시니어 디지털 리터러시 교육을 효과적으로 진행하기 위해서는 학습자의 현재 역량 수준을 정확히 파악하는 것이 가장 좋다. 자신의 역량을 스스로 파악하는 단계는 학습자 본인에게 요구되는 역량 수준을 일깨워 주는 효과가 있기도 하다. 이를 위해 다음과 같은 진단 방법을 활용할 수 있다.

(1) 자기 역량평가 설문지

자기 역량평가 설문지(self-assessment questionnaire)는 학습자가 자신의 디지털 기술 수준을 직접 평가하도록 하는 방법이다. 기초적인 디지털 기기 사용 능

자기 역량평가 설문 문항의 예

1. 기본 정보

- 성명: ____________

- 연령대

☐ 50대 ☐ 60대 ☐ 70대 이상

- 디지털 기기 사용 빈도

☐ 매일 ☐ 일주일에 여러 번 ☐ 가끔 ☐ 거의 사용하지 않음

2. 기능적 역량평가

다음 항목에 대해 본인의 수준을 평가해 주세요.

질문	매우 어렵다	어렵다	중간이다	쉽다	매우 쉽다
스마트폰을 켜고 끌 수 있다.	1	2	3	4	5
스마트폰의 음량을 조절할 수 있다.	1	2	3	4	5
카카오톡이나 문자 메시지를 보내고 받을 수 있다.	1	2	3	4	5
인터넷 검색을 할 수 있다.	1	2	3	4	5
온라인으로 공공서비스(예: 주민센터, 은행) 이용이 가능하다.	1	2	3	4	5
온라인 쇼핑을 할 수 있다.	1	2	3	4	5
온라인으로 예약(예: 병원, 기차표)을 할 수 있다.	1	2	3	4	5

3. 비판적 역량평가

다음 항목에 대해 본인의 수준을 평가해 주세요.

질문	전혀 그렇지 않다	그렇지 않다	모르겠다	그렇다	매우 그렇다
온라인 정보의 신뢰도를 평가할 수 있다.	1	2	3	4	5

(계속)

질문	전혀 그렇지 않다	그렇지 않다	모르겠다	그렇다	매우 그렇다
유튜브에는 알고리즘의 추천으로 뜨는 것을 알고 있다.	1	2	3	4	5
개인정보 보호의 중요성을 알고 있다.	1	2	3	4	5
피싱 메시지나 스팸을 식별할 수 있다.	1	2	3	4	5
안전한 비밀번호를 설정할 수 있다.	1	2	3	4	5

4. 감성적 역량평가

다음 항목에 대해 본인의 수준을 평가해 주세요.

질문	전혀 사용하지 않는다	가끔 사용한다	보통이다	자주 사용한다	항상 사용한다
유튜브나 동영상 콘텐츠를 시청할 수 있다.	1	2	3	4	5
스마트폰이나 컴퓨터로 음악을 듣거나 팟캐스트를 이용할 수 있다.	1	2	3	4	5
소셜 미디어(예: 페이스북, 인스타그램)를 사용하고 있다.	1	2	3	4	5
참여하는 온라인 커뮤니티가 1개 또는 그 이상 있다.	1	2	3	4	5
모바일 게임을 즐긴다.	1	2	3	4	5

5. 생산적 역량평가

다음 항목에 대해 본인의 수준을 평가해 주세요.

질문	전혀 할 수 없다	조금 할 수 없다	보통이다	할 수 있다	매우 잘할 수 있다
문서 작성 프로그램(예: 한글, 워드)을 사용할 수 있다.	1	2	3	4	5
이메일을 작성하고 보낼 수 있다.	1	2	3	4	5
블로그나 브이로그를 쓰고 있다.	1	2	3	4	5

(계속)

질문	전혀 할 수 없다	조금 할 수 없다	보통이다	할 수 있다	매우 잘할 수 있다
사진이나 동영상 편집을 할 수 있다.	1	2	3	4	5
구글 등 클라우드를 사용하여 일할 수 있다.	1	2	3	4	5

6. 추가 의견

본인의 디지털 기기 사용에서 어려운 점이나 배우고 싶은 내용을 자유롭게 적어 주세요.

____

____

력(예: 스마트폰 기본 조작, 인터넷 검색)부터 복잡한 기능(예: 온라인 뱅킹, SNS 활용)에 대한 인식을 평가할 수 있다.

여기서는 앞선 장에서 시도한 구분인 기능적 · 비판적 · 감성적 · 생산적 역량을 반영하여 구성해 보았다. 익명이 필요할 경우 기본 정보의 성명 등 개인정보를 삭제하면 된다.

(2) 실습 기반 역량평가

실습 기반 역량평가(performance-based assessment)는 학습자에게 특정한 디지털 작업을 수행하도록 하여 실제 능력을 평가하는 방법이다. 다소 학습자에게 부담이 되는 방법이지만 필요할 경우 적절하게 활용할 수도 있다.

- **기능적 역량평가**: 과제 예시로는 '스마트폰에서 특정 앱 설치 및 로그인 하기'를 들 수 있다. 이 항목으로는 '학습자가 앱스토어에서 앱을 찾아 다운로드 할 수 있는가?' '계정을 생성하거나 기존 계정으로 로그인할 수 있는가?'를 제시해 보고 수행의 결과를 파악한다.

- **비판적 역량평가**: 과제 예시로는 '피싱 문자 또는 가짜 뉴스 식별하기'를 들 수 있다. 학습자에게 보이스 피싱 또는 스미싱 문자를 보여 주거나 들려주고 위험 여부를 판단하게 하거나 가짜 뉴스와 진짜 뉴스 샘플을 각각 제공하고 구분하도록 하여 정보의 신뢰성을 평가하는 역량에 대해 상중하 등 다양한 척도로 진단할 수 있다.
- **감성적 역량평가**: 과제 예시로는 '스마트폰에서 좋아하는 노래 또는 영상을 찾아 공유하기'를 들 수 있다. '유튜브에서 스스로 특정 영상을 검색해서 찾아 재생할 수 있는가?' '자신이 관심있는 콘텐츠를 찾아 구독할 수 있는가?' 등으로 진단할 수 있다.
- **생산적 역량평가**: 과제 예시로는 '간단한 문서 작성 및 저장하기'가 있다. '스마트폰 메모장 또는 워드 앱을 사용하여 짧은 글을 작성할 수 있는가?' '파일을 특정 폴더 또는 클라우드에 업로드할 수 있는가?' '일정관리 앱을 사용하여 일정을 등록할 수 있는가?' 등을 제시하고 진단한다.

(3) 디지털 기술 활용 기록 분석

디지털 기술 활용 기록 분석(usage data analysis)은 1:1 상황에서 가능하다. 스마트폰, 태블릿PC, 컴퓨터 등의 활용 기록을 분석하여 학습자가 어떤 기능을 얼마나 자주 활용하는지를 파악할 수 있다. 이를 통해 학습자의 디지털 활용 습관과 학습 필요성을 보다 잘 이해할 수 있다.

4) 시니어 디지털 리터러시 학습자 유형

우선, 성인 학습자의 유형을 이들의 학습 동기와 목표에 따라 세 가지 유형으로 나눈 미국의 성인교육학자 시릴 훌(Cyril Houle)의 제안에 따라 시니어 디지털 리터러시 교육 대상자도 분류하여 이를 교육 프로그램을 설계하는 데 기초로 삼을 수 있다. 그가 분류한 성인 학습자의 세 가지 유형 및 고령 학습자 적용 관련 고려사항은 다음과 같다.

첫째, 목표 지향형(goal-oriented) 성인 학습자다. 이들은 취업, 승진, 자격증 취득, 기술 습득 등 구체적인 성과나 결과를 달성하기 위해 학습에 참여한다. 고령자 중에서도 명확한 학습목표와 실질적인 성과를 중요시하는 사람들이 있으므로 이들을 위해서는 교육 프로그램 설계 시 단기성과, 학습진도 관리, 결과평가가 강조되어야 한다.

둘째, 활동 지향형(activity-oriented) 성인 학습자다. 이들은 학습 자체보다는 학습과정을 통한 사회적 상호작용이나 공동 활동의 경험을 중시한다. 고령자의 경우에도 팀 프로젝트, 토론, 네트워크 구축, 경험 기반 활동 등 상호작용이 풍부한 학습 환경을 원하는 사람들이 존재하므로 이를 고려해야 한다.

셋째, 학습 지향형(learning-oriented) 성인 학습자다. 이들은 지적 호기심과 자기계발을 위해 학습한다. 이러한 유형의 고령자들에게는 탐구 중심의 심화학습, 폭넓은 지식 탐색, 자율성과 유연성을 강조한 프로그램 설계가 적합하며, 자기주도적 학습을 지원하는 다양한 자료와 기회가 필요하다.

고령자를 대상으로 한 디지털 리터러시 교육에서의 교육대상자 유형분류도 있어 소개한다. 최홍식(2011)은 노인 대상 정보화 교육 대상에 대해 의지와 능력의 보유를 기준으로 네 가지 유형으로 나누었으며, 각각에 맞는 교육이 이루어져야 한다고 했다.

- **학습자 집단 1**: 디지털 교육에의 의지와 능력을 모두 보유한 고령 학습자
- **학습자 집단 2**: 의지는 부족하나 디지털 능력을 일정 정도 갖춘 고령 학습자
- **학습자 집단 3**: 의지는 있지만 디지털 역량이 부족한 고령 학습자
- **학습자 집단 4**: 디지털 교육에의 의지와 역량이 모두 부족한 고령 학습자

이러한 분류에 따라 최홍식(2011)이 제안하는 교육 방안과 교육 내용을 표로 정리하면 다음의 〈표 9-1〉와 같다.

〈표 9-1〉 학습자 집단의 특성에 대응하는 교육 방안 및 내용

집단별 분류	디지털 리터러시 습득에의 의지와 능력	제시할 수 있는 교육 방안과 교육 내용
학습자 집단 1	의지 O, 능력 O	• 정보화 교육의 심화과정 제공 • 건전한 정보 활용 및 활동 환경 조성 • 사회 참여 기회 확대 • 정보화가 늦은 노인의 역할 모델 • 정보화 상담 및 교육활동 전개
학습자 집단 2	의지 X, 능력 O	• 교육 참여의 유익성 인지 • 정보화 교육 참여 동기 유발 • 교육 이후 진전된 사례 홍보 • 정보 활용의 실효성 인식 • 다양한 교육과정 개설
학습자 집단 3	의지 O, 능력 X	• 정보화 교육의 장 마련 • 노인만의 온라인 · 오프라인 커뮤니티 공간 조성 • 문해 능력 향상 교육 프로그램 제공 • 컴퓨터 및 인터넷 기초교육 실시 • 지속적인 정보생활화 독려 및 활용
학습자 집단 4	의지 X, 능력 X	• 정보화 교육의 필요성 인지 • 교육 참여의 동기 유발 • 교육 필요성 적극 홍보 • 다양한 참여 기회 증진

출처: 최홍식(2011).

2. 효과적인 교육 환경 조성

고령자의 신체적 · 인지적 · 정서적 특성을 반영하는 교육 환경은 지속 가능한 교육을 만드는 데 일조한다. 여기에서는 물리적 환경, 도구 및 자료 준비를 다룬다.

1) 물리적 환경 조성

시니어 디지털 리터러시 교육이 성공적으로 이루어지기 위해서는 먼저 학습

자들이 편안하게 학습할 수 있는 물리적 환경을 조성해야 한다.

- 교육 장소는 가능한 한 넓고 밝은 강의실로 준비한다.
- 편안한 좌석과 적절한 조명, 온도 조절이 필수적이다. 시니어들은 장시간 앉아 있어야 하기 때문에 의자의 편안함과 공간의 쾌적함이 중요하다. 예를 들어, 의자에 등받이와 팔걸이를 추가하여 장시간 앉아 있어도 피로감을 덜 느낄 수 있도록 한다.
- 또한 이동이 불편한 시니어를 위해 접근성이 좋은 장소를 선택하거나, 휠체어 접근이 가능한 시설을 준비한다.
- 외부 소음 등 방해요소를 최소화하고 편안한 분위기를 제공해야 한다.

2) 필요한 도구 및 자료 준비

교육에 필요한 장비인 인터넷, 컴퓨터, 태블릿PC, 스마트폰 등은 물론, 보조적인 학습자료도 고령자에 맞게 큰 글씨 등을 고려한다.

(1) 교육 도구 준비

시니어 디지털 리터러시 교육을 효과적으로 진행하기 위해서는 최적의 인터넷 환경은 물론, 적절한 교육 도구를 준비해야 한다. 컴퓨터, 태블릿PC, 스마트폰 등 교육에 필요한 디지털 기기와 배치를 충분히 준비한다.

- 안정적인 인터넷 연결을 확인하고 교육 중 와이파이 사용을 원활하게 하여 학습자가 개인 데이터를 사용할 필요가 없도록 한다.
- 교육 중 발생할 수 있는 기술적 문제를 해결하기 위해 기술 지원 체계를 구축한다.
- 시니어들이 쉽게 사용할 수 있는 사용자 친화적인 기기를 선택한다.
- 큰 화면과 확대 기능을 제공하는 디스플레이를 사용하여 시력이 약한 시니어

들이 내용을 쉽게 볼 수 있도록 한다.

- 교육 장소 내에 충분한 충전 콘센트를 제공한다.
- 교육에 필요한 소프트웨어와 앱을 미리 설치하도록 안내하고, 사용법을 간단히 설명해서 사전 도움을 제공한다.

(2) 교육 자료 준비

교육 자료의 형식 측면에서 시니어들이 읽고 볼 수 있는 크기의 글씨와 그림을 담는다. 시니어들이 교육 후에도 스스로 학습할 수 있도록 간단한 매뉴얼을 제공한다. 매뉴얼은 큰 글씨와 명확한 그림으로 구성하여 시니어들이 쉽게 이해할 수 있도록 하고 시각적 · 청각적 자료를 활용하여 학습 효과를 높인다.

- 동영상, 이미지, 음성 설명 등을 적절히 조합하여 교육 자료를 구성한다.
- 글자 크기는 최소 14~16pt 이상으로 설정한다.
- 배경과 글자의 색상을 명확히 구분하며 고대비 색상(예: 검은색 글씨에 흰색 배경, 파란색 글씨에 노란색 배경 등)을 사용하여 시력이 약한 고령자도 쉽게 읽을 수 있도록 한다.
- 아이콘과 그림 활용을 삽입하여 직관적으로 이해할 수 있도록 한다. 예를 들어, '홈버튼'을 설명할 때 실제 버튼 이미지를 옆에 그려 넣는 식이다.
- 배우는 단계별 스크린샷 제공도 중요하다. 예를 들어, 스마트폰 사용법을 설명할 때, 한 단계씩 따라 할 수 있도록 실제 화면을 캡처한 이미지를 제공하는 식이다.
- 예시를 제공한다.
  - 설명 예시: 중요한 개념이나 용어는 반복하여 설명한다. "인터넷 브라우저는 인터넷 사이트들을 보기 위해 사용하는 프로그램입니다. 브라우저를 열면 다양한 인터넷 콘텐츠를 볼 수 있습니다."
  - 비유 예시: 시니어들이 친숙한 개념과 연관 지어 설명하면 이해도가 높아진다. "스마트폰의 '앱'은 마치 집안의 여러 가전제품과 같습니다. TV를 켜

려면 리모컨이 필요하듯이, 스마트폰에서 영상을 보려면 유튜브 앱을 실행해야 합니다."

- 청각 자료를 활용한다. 음성 설명이 포함된 동영상을 제공하여 시각 자료를 보는 동시에 들으면서 학습할 수 있는 자료를 준비한다.
- 교육 자료는 간단하고 명확한 언어로 작성하며, 시니어들이 이해하기 쉬운 예시와 비유를 사용한다. 복잡한 용어나 기술적 전문 용어는 최대한 피하고, 쉽게 설명한다.

참고문헌

최홍식(2011). 고령화 사회의 노인정보화 증진방안에 관한 연구. 사회과학논총, 27(1), 53-85.

10장

시니어 디지털 리터러시 교육방법론

이 장에서는 시니어 디지털 리터러시 교육방법론을 교수자, 교육기관, 교육방법 세 가지 측면에서 다룬다. 교수자는 디지털 리터러시 교육의 핵심 역할을 수행한다. 고령자는 인지적 어려움, 심리적 저항, 신체적 제약 등의 이유로 디지털 교육이 어려운 경우가 많아 교수자는 단순한 기술 전달자가 아니라 노인의 사회 참여와 권한 강화를 돕는 역할까지 담당해야 할 필요도 있다. 한편, 교육기관은 디지털 및 교육 전문성 정도에 따라 구분되며, 각 기관의 특성에 따라 교육 방식이 달라진다. 효과적인 교육방법으로는 맞춤형, 수준별, 찾아가는, 세대 간 교육방법이 강조된다.

디지털 교육이 노인에게 도움이 되는 학습경험이 되기 위해서는 보다 종합적인 교육기획적 고려가 필요하다. 시니어 디지털 리터러시 교육방법론은 학습자와 대면으로 교육을 제공하는 '교수자'와 교육 제공의 주체가 되는 '교육기관', 그리고 현장에서 활용할 수 있는 시니어 대상 '교육방법'의 순으로 나누어 논의할 수 있다.

1. 시니어 디지털 리터러시 교수자

시니어 디지털 리터러시 교육의 교수자는 어떤 사람인지 생각해 볼 필요가 있다. 대략 다음의 경우라고 생각된다.

- 시니어 디지털 리터러시 교육 프로그램의 개발자
- 노인교육기관 또는 노인복지기관에서 일하는 평생교육사나 사회복지사
- 노인이 있는 기관을 찾아가서 디지털 교육을 제공하는 강사
- 노인 대상 디지털 자원봉사자
- 주민센터 공무원이나 은행의 창구 직원 등 직장에서 업무를 수행하는 과정에서 노인을 자주 만나는 사람

여기에 더해 노인이 된 부모님 또는 조부모님과 함께 살거나 자주 만나는 가족(자녀 또는 손자녀)도 필요시 교수자가 될 수 있다. 그러므로 시니어 디지털 리터러시 교육은 '누구나 마음만 먹으면 할 수 있다'는 것을 강조하고자 한다.

[그림 10-1] 시니어 디지털 리터러시의 교수자

디지털에 익숙하고 좀 더 본격적으로 이 분야에서 일하고 싶다면 누구나 교수자로서의 첫발을 들일 수 있다. 직업적인 측면을 고려하면 강사를, 디지털에 꽤 익숙하고 간헐적으로라도 시간을 낼 수 있다면 자원봉사자로 시니어를 지원할 수 있다.

'이왕 하게 된 일이니 좀 잘해 보고 싶다'는 생각을 할 수 있지만 현실 속에서

는 '노인에게 디지털을 가르치는 것은 어렵다'라고 생각하는 사람이 태반이다. 어떤 이유일까? 이유별로 추측해 보면 대략 다음과 같다.

- **인지적 어려움**: 노인은 새로운 기술을 배우는 데 시간이 오래 걸리고, 익숙해진 후에도 금방 잊어버리는 경우가 많다.
- **심리적 저항**: 노인은 디지털 기기에 대한 두려움이 있어 오류가 발생할까봐 아예 사용을 꺼리는 경우가 많다.
- **신체적 제약**: 작은 화면과 복잡한 인터페이스 때문에 노인이 스마트폰이나 컴퓨터를 조작하는 것이 쉽지 않다.
- **기술적 환경 부족**: 노인은 디지털 기기를 가지고 있지 않거나, 인터넷 환경이 갖춰지지 않아 연습할 기회가 부족하다.
- **노인 대상 교육 방식의 비효율성**: 기존의 디지털 교육 방식이 젊은 세대 중심으로 설계되어 있어 노인에게 적합하지 않다.

이처럼 다양한 이유로 인해 노인 대상 디지털 교육이 어렵다고 인식되는 경우가 많지만, 적절한 교육 방법과 환경을 제공하면 충분히 효과적인 학습이 가능하며 이는 상당 부분 교수자의 몫으로 넘겨진다.

성인교육학자인 소크(Sork)는 서베로(Cervero)와 윌슨(Wilson)이 제시한 프

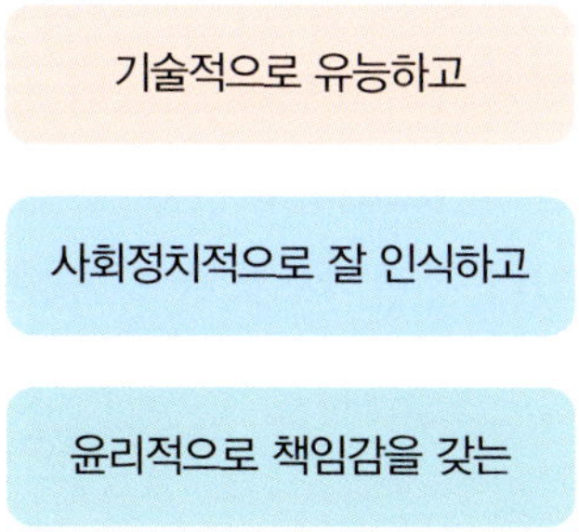

기술적으로 유능하고

사회정치적으로 잘 인식하고

윤리적으로 책임감을 갖는

[그림 10-2] 성인교육 프로그램 개발자 및 교수자의 자질

출처: Sork (2000).

로그램 개발자의 다중적인 역할과 책임에 공감하면서, 성인교육 프로그램을 기획하는 사람(adult education program planners)이 갖추어야 할 자질 또는 조건을 기술적으로 유능하고(technically capable), 사회정치적으로 잘 인식하고(sociopolitically aware), 학습자에 대해 윤리적으로 책임감을 갖는(ethically responsible) 사람이라고 정의했다(Sork, 2000). 이는 노인을 대상으로 디지털 리터러시를 가르치는 교수자에게도 그대로 적용될 수 있다.

노인을 대상으로 하는 디지털 리터러시의 교수자 역시 적정 수준의 기술적인 유능함은 절대적인 조건이라고 할 수 있다. 혹은 디지털 기술적으로는 어느 정도 자신이 있지만 노인 학습자를 대해 본 경험이 없이 그저 '좋은 일을 하겠다'는 마음으로 접근했다가 대면한 노인 학습자에게 낯섬과 어려움을 느낄 수도 있다. 결과적으로 '노인을 대상으로 교육하는 것은 참 힘들다'면서 사실상 학습자 탓을 한다면 윤리적으로 책임을 갖추고 있다고 보기 어려울 것이다.

그러나 전술한 '고령자'와 '디지털'이라는 특수성을 생각해 보면 시니어 디지털 리터러시 교육 프로그램은 다른 교육 프로그램 개발과 마찬가지로, 아니 그보다 훨씬 더 학습자들에 대한 면밀한 분석이 선행되어야 한다. 현재 우리 사회의 노인은 디지털 격차를 온몸으로 겪고 있는 존재다. 디지털 기술을 잘 모르는 노인들은 단순히 기술적으로 뒤처진 것이 아니라, 정책 참여, 공공서비스 이용, 사회적 관계 형성 등에서 많이 디지털화된 환경에서도 이미 어느 정도 배제됨으로써 경제적·사회적 불평등을 경험하고 있다. 따라서 시니어 디지털 리터러시 교수자는 단순히 스마트폰 사용법 몇 가지를 가르치는 사람이라기보다는 노인들이 디지털 기술의 습득을 통해 그간 행사하지 못했던 자신의 권리를 행사하고, 사회에 더 적극적으로 참여할 수 있도록 돕는 사람이어야 한다. 이 과정에서 디지털 리터러시 교육은 노인이 독립적으로 삶을 영위할 수 있도록 하는 교육이 된다.

2. 시니어 디지털 리터러시 교육기관

디지털 교육을 실시하는 교육기관의 유형은 한 축으로는 기관의 디지털 전문성의 정도에 따라, 그리고 다른 한 축으로는 기관의 교육 전문성의 정도에 따라 넷으로 나뉠 수 있다(길혜지 외, 2021). 각 교육기관의 특성을 파악하고 이를 노인을 대상으로 하는 교육기관에 적용할 수 있다.

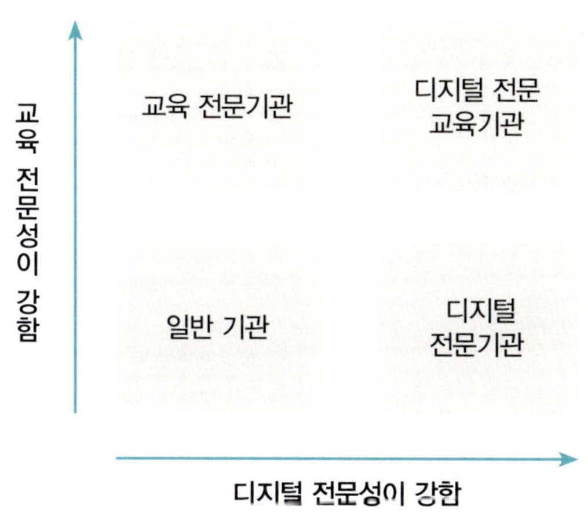

[그림 10-3] 디지털 교육기관 유형

출처: 길혜지 외(2021).

1) 디지털 전문 교육기관

디지털 전문 교육기관은 디지털 전문성과 교육 전문성 양쪽이 다 강한 유형의 교육기관이다. IT 및 디지털 기술 교육에 특화된 곳으로, 코딩교육 센터, 소프트웨어 교육기관, 정부 지원 디지털 교육 센터, 디지털리터러시교수자협회 등이 해당된다.

이 기관들은 디지털 기술을 중심으로 다양한 연령층에게 교육을 제공하고 있으며, 시니어들을 위한 맞춤형 교육과정도 운영할 수 있지만 희소한 편이다.

2) 교육 전문기관

교육 전문기관은 디지털 전문성이 비교적 약하지만 교육 전문성은 강한 기관이다. 다양한 연령층을 대상으로 체계적인 교육을 제공하는 곳으로, 대학 평생교육원 또는 평생학습관, 문화센터 등이 포함된다. 이 기관들은 대개 정형화된 교육과정과 실력이 검증된 교수진을 갖추고 있으며, 간혹 시니어들을 위한 맞춤형 강의를 개설하는 경우가 있다.

디지털 리터러시 교육 역시 기초부터 차근차근 배울 수 있도록 구성해 놓은 경우도 다수이며, 경험이 풍부한 강사진이 교육을 진행하는 경우가 많다. 다만, 일반적인 디지털 교육에 중점을 두고 있어 최신 디지털 기술 습득보다는 기본적인 활용 능력 향상에 초점을 맞춘다.

3) 디지털 전문기관

디지털 전문성은 강하고 상대적으로 교육 전문성은 약한 편인 디지털 전문기관은 IT 기업, 스타트업, 연구소 등 최신 기술을 다루는 기관으로, 디지털 혁신과 관련된 다양한 활동을 수행한다. 연구와 개발이 주된 목적이지만, 사회공헌 활동이나 기술 확산을 위한 프로그램의 일환으로 시니어 대상 교육을 진행하기도 한다.

예를 들어, IT 기업에서 시니어 대상 스마트폰 및 앱 사용 교육을 무료로 제공하거나, 기술 전문가들이 자원봉사 형태로 강의를 진행하는 사례가 있다. 이 기관들은 최신 디지털 기술을 접할 기회를 제공하지만 교육 방식이 일반 교육기관보다 난이도가 높을 수 있어 시니어 학습자에게는 장벽이 있을 수 있다.

4) 일반 기관

디지털 전문성과 교육 전문성 둘 다 약한 편인 일반 기관에는 복지관, 주민센터, 도서관, 노인복지관 등 다양한 공공 및 민간 시설이 포함된다. 많은 경우 지역사회 내에서 생활에 필요한 다양한 교육을 제공하는 역할을 할 수 있다.

최근 이런 기관들에서 시니어들을 위한 기초 디지털 교육 프로그램이 운영되고 있다. 일상생활에서 활용할 수 있는 스마트폰 사용법, 키오스크 이용법, 온라인 쇼핑 등의 실용적인 주제들이 주로 다루어지고 있다. 전문적인 디지털 교육보다는 생활 속에서 필요한 부분을 쉽게 배우도록 돕는 것이 목적이며, 접근성이 높고 무료 또는 저렴한 비용으로 교육을 받을 수 있는 장점이 있다.

이러한 교육의 공간 중 시니어 디지털 교육의 공간을 어디라고 특정할 필요는 없다. 학습자의 특성과 디지털 교육의 목적에 따라 다양한 곳에서 수행될 수 있기 때문이다. 고령자인 학습자와 교수자 역할의 모든 사람이 있는 그곳이 바로 시니어 디지털 리터러시의 공간이 된다.

3. 시니어 디지털 리터러시 교육방법

시니어를 위한 디지털 리터러시 교육방법은 일반적인 교육방법과는 차별화된 접근이 필요하다. 여기서는 이런 내용을 '맞춤형' '수준별' '찾아가는' '세대 간'이라는 네 가지의 키워드와 함께 제시한다.

1) 맞춤형 교육방법

'시니어 맞춤형 접근(senior friendly approach)'이라고 할 때 기본적인 것은 노인도 성인이라는 측면에서 '문제 중심'이자 '실습 중심'이 될 것이다. 노인은 연령이라는 사회적 조건만으로도 다양성이 큰 집단이다. 따라서 연령에 비례한 경험의 다양성도 클 수 있다는 점, 또한 노인 집단 내 다양성이 노인과 다른 세대와의 다양성 차이보다 더 클 수 있다는 점을 염두에 두어서 맞춤형을 구현하는 노력이 있어야 한다.

현재 노인 디지털 교육과 관련하여 주목해야 할 점은 노인 디지털 교육의 대다수를 차지하고 있는 스마트폰 기본 사용 교육을 제외하고는 노인 디지털 교육이라고 손에 꼽을 수 있을 만한 교육 사례가 많지 않다는 점이다. 여러 세대가 같은 강의실에 앉아 수업에 참여할 경우 노인들은 같은 디지털 이주민인 중장년보다도 디지털에 대한 좌절과 어려움을 더 강하게 느낄 수 있다.

시니어 디지털 리터러시 교수자가 들려주는 교육 주안점

- **디지털을 배우는 것이 왜 필요한지를 설명 또는 설득한다.**
  - 예를 들어, 가족이나 친구들과 소통하거나, 취미나 건강에 관한 정보를 얻거나, 즐거운 시간을 보낼 수 있다고 설명한다. 적절한 디지털 기기와 앱을 추천하고, 그 장점과 특징을 알려 주면 왜 디지털을 배우는 것이 노년기에 필요한지 이해할 수 있다.
- **천천히 그리고 한번에 하나의 내용 또는 과제만 한다.**
  - 기본적인 기능부터 차근차근 설명하고, 실습이나 퀴즈와 같은 활동을 통해 학습을 복습하고 확인한다. 시니어 학습자들은 기술을 한꺼번에 배우는 것보다 소규모 단위로 배우며 점진적으로 익히는 방식을 선호한다. 예를 들어, 스마트폰 사용법을 교육할 때 첫 주에는 전화 걸기와 문자 보내기, 두 번째 주에는 앱 다운로드 및 활용법을 다루는 식으로 진행하는 것이 효과적이다. 복잡한 기능이 있다면 단계별로 나누어 조금씩 체계적으로 가르친다.
- **수업은 되도록 짧게 쉬어 가며 한다.**
  - 노년기에는 장시간 집중할 경우 집중력이 낮아질 수 있으므로 수업 사이에 충분한 휴식을 포함한다.
- **신체적 특성을 고려한 학습 환경을 조성한다.**
  - 손 떨림이나 감각 저하 등을 겪는 사람이 있을 수 있으므로 이를 고려하여 터치

같은 간단한 동작도 연습시간을 제공할 필요가 있다. 가능할 경우 터치펜이나 확대 앱 등의 보조 도구를 활용하는 것도 좋다.

- **하고 또 하고 될 때까지 반복한다.**
  - 반복적인 실습을 통해 노인의 기술 습득을 돕는다. 실습 위주의 수업 중 발생한 실수를 바로잡고, 학습 내용을 반복하여 강화하는 것도 중요하다. 예를 들어, 학습자들이 실습 중 어려움을 겪는 부분을 기록하고, 추가적인 설명과 연습 시간을 제공한다.
- **개별 맞춤형 지원을 제공한다.**
  - 개별 맞춤형 피드백을 제공하여 학습 효과를 극대화한다. 예를 들어, 포토샵 수업에서 진도가 느린 학습자에게 보조강사가 별도로 1:1 지도나 추가 설명을 제공하면 효과적이다.
- **디지털 기기의 종류와 활용 수준, 필요가 모두 다르므로 각자의 상황을 고려한다.**
  - 스마트폰 수업의 경우 고령자들은 대다수가 특정 회사의 스마트폰을 소유하고 있어 상대적으로 타사 스마트폰을 쓰는 사람들에게 수업 내용이 제대로 적용되지 않는 경우가 생긴다. 소유한 기기에 따라 배제되는 사람이 생기지 않도록 사전에 교육 내용과 방법 측면에서 고려한다.
- **실생활에 밀접한 내용과 과제를 준비하고 실습은 반드시 수업 시간 내에 바로 한다.**
  - 수업 중 이론 설명을 최소화하고, 학습자들이 직접 스마트폰 등 기기를 수업 중에 조작해 보도록 유도하는 것이 바람직하다. 되도록 예제 중심 학습으로 실제 생활에서 필요한 앱 활용(예: 모바일 뱅킹, 지도 앱 활용) 기회를 제공하는 것이 좋다. 예를 들어, 문제 해결형 과제로 "내일 비가 오는지 검색해 보세요."라는 과제를 제공하거나 역할극(role-playing) 방식을 활용하여 학습자가 서로 고객과 지원자 역할을 맡아 문제 해결 연습을 해 보는 것도 좋다.
- **침착하게 지켜본다.**
  - 친절하고 인내심 있게 가르치고, 그들의 성취감과 자신감을 높여 준다. 예를 들어, 질문이나 의견에 귀 기울이고, 칭찬과 격려를 해 주고, 실수나 어려움에 대해 질타하지 않고 도와주는 것이 필요하다.

- **수업과 일상을 연계한다.**
  - 실습 내용은 시니어들의 일상생활에 직접 적용할 수 있는 예시로 구성하는 것이 중요하다. 자주 사용하는 기능이나 앱에 대해 쉽게 찾을 수 있는 매뉴얼이나 동영상을 제공하여 수업을 벗어나 일상생활에서도 학습할 수 있게 한다.
- **진도에 연연하지 않는다.**
  - 수업 만족도를 높이려면 충분한 소통과 재미를 추구하는 교육방법도 필요하다.

2) 수준별 교육방법

학습자 간 디지털 격차를 고려하여 수준별 디지털 리터러시 프로그램을 구성해야 한다. 세대 차이로 여겨졌던 디지털 격차 역시, 이용 및 활용 능력 차원으로 볼 때 노년층 내에서도 점점 더 크게 나타나고 있다. 스마트폰으로 사진을 전송하는 것도 어려워하는 노인과 노인 유튜버가 공존하는 시대다. 미디어를 활용해서 다른 세대와 활발하게 소통하는 노인이 있는 반면, 자신의 생각과 다른 것을 무조건 가짜 뉴스라 생각하는 노인이 함께 살아간다(조재희 외, 2019).

따라서 '수준별'이라는 교육방법적 접근에서는 우선 노인이라고 무조건 디지털 취약계층이 아니라는 점을 인식하면서도 스마트폰의 기본적인 조작도 어려워하는 노인이 아직 대다수라는 점을 반영해야 한다. 대다수 고령자에게는 디지털 용어가 어렵거나 낯설기에 학습을 시작하기도 전에 학습 동기가 저하될 수 있다. 이럴 때는 디지털 용어를 쉽게 표현해 볼 수 있다. 예를 들어, '클라우드 저장소'를 설명할 때 'USB 대신 온라인 금고에 저장하는 것'이라고 표현하면 학습자들이 쉽게 이해할 수 있을 것이다.

이렇게 노인이라는 집단 내에서도 디지털 격차가 큰 상황에서 수준별 교육이 이루어지지 않을 시에는 고능력자와 저능력자 모두에게 좌절이나 반감이 발생할 수 있다. 이는 고능력자, 저능력자 모두의 이탈을 초래한다. 다음의 이야기는 50대 중반 여성이자 고능력자가 교육에서 이탈하는 이유를 보여 주고 있다.

"포토샵을 배우고 싶어서 도서관이었나? 여성회관에서 하는 수업을 갔었어요. 시작을 했는데 수업이 진행이 안 되는 거예요. 연세가 많으신 분들이 있으니까 선생님이 다 쫓아다녀야 하는 거죠. 여기서 선생님은 저기 가서 봐 줘야 하고, 그러니까 이게 진도가 안 나가더라고요. 그래서 제가 한 보름 나가다가 이게 도저히 진도가 안 나가니까 그래서 제가 포기를 한 적이 있거든요(김진희 외, 2023)."

물론 시니어 디지털 리터러시에서는 스마트폰을 좀 더 활용하도록 하여 노인들의 1차적 수준에 있어서의 디지털 리터러시 요구를 충족시킬 필요가 있다. 그러나 단순히 스마트폰의 특정 기능에 대한 활용 능력을 끌어올리는 데만 집중하게 되면 교육의 폭과 깊이가 크게 제한되는 결과를 낳는다. 결국 노인의 '자아실현'을 위해 지속적으로 새로운 것을 배우고 실천할 수 있도록 이끌어 줄 동력을 상실하게 될 것이다.

따라서 시니어 학습자의 현재 디지털 리터러시 수준을 고려하여 기본, 중급, 고급 등의 수준별 접근이 필요하다.

- **기본 단계**: 기기에 대한 친숙함을 높이고 기본 기능을 이해하도록 스마트폰 및 태블릿PC의 기초 조작을 다룬다(예: 전원 켜기, 터치 조작, 문자 입력, 볼륨 조절).
- **중급 단계**: 일상생활에서 디지털 기기를 활용할 수 있도록 하는 다양한 내용을 다룬다(예: 인터넷 검색, SNS 활용, 온라인 소통).
- **고급 단계**: 디지털 기술을 실생활에 적극적으로 활용하도록 하는 다양한 내용을 다룬다(예: 온라인 금융 서비스, 정부 민원 서비스, 개인정보 보호).

교육의 초반에는 손쉬운 조작 및 기본 개념 이해에 집중하고, 중급에서는 실제 활용 예시를 중심으로 학습하는 것이 좋다. 그리고 고급 단계에서는 문제 해결 능력과 응용력을 키울 수 있도록 구성한다. 이를 [그림 10-4]와 같이 나타낼 수 있다.

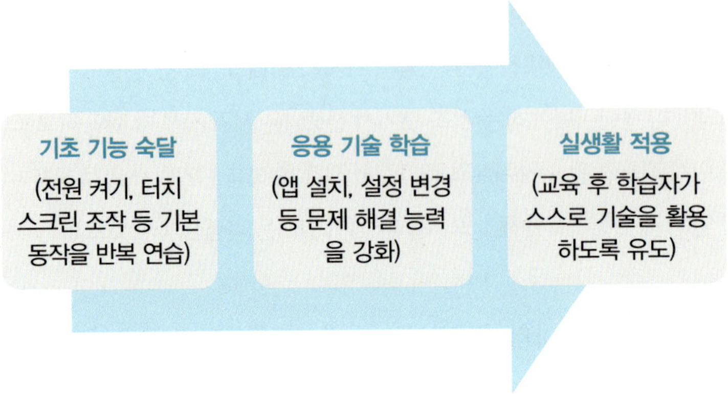

기초 기능 숙달
(전원 켜기, 터치 스크린 조작 등 기본 동작을 반복 연습)

응용 기술 학습
(앱 설치, 설정 변경 등 문제 해결 능력을 강화)

실생활 적용
(교육 후 학습자가 스스로 기술을 활용하도록 유도)

[그림 10-4] 수준별 시니어 리터러시 교육 프로그램 예시

3) 찾아가는 교육방법

세 번째로, 시니어 디지털 리터러시 교육 프로그램은 글자 그대로 '찾아가는 교육'이 되어야 한다. 노인 학습자들을 한자리에 모으기는 쉽지 않다. 이동성이 현저하게 저하되는 초고령기에 진입하는 사람들의 경우 더 그렇다. 저하된 이동성은 교육 참여 기회를 낮춘다. 학습권이 침해받게 되는 상황이 되는 것이다. 이럴 때 '찾아가는 교육'은 가장 강력하고 적극적인 해결책이다. 한 강사는 '노인이 있는 곳'으로 찾아가는 디지털 교육의 필요성을 이렇게 이야기한다.

> "노인분들은 아예 거동이 불편하셔서 움직이지 못하시는 분도 많아요. 그 동네 평상에서만 움직이시는 거죠. 평상으로 찾아가면 모이실 수 있어요. 이런 경우들을 제가 많이 봤거든요. 이동성 있는 교육이 필요하다는 생각이 듭니다"(조재희 외, 2019).

사실 거동이 불편한 노인들이나 독거노인들은 집에서 나와서 교육에 참여하는 것 자체가 사회적 고립감을 극복할 수 있는 기회가 될 수 있다. 이미 개인적인 친분을 바탕으로 모여 있는 노인들을 대상으로 교육을 진행하게 되면 보다

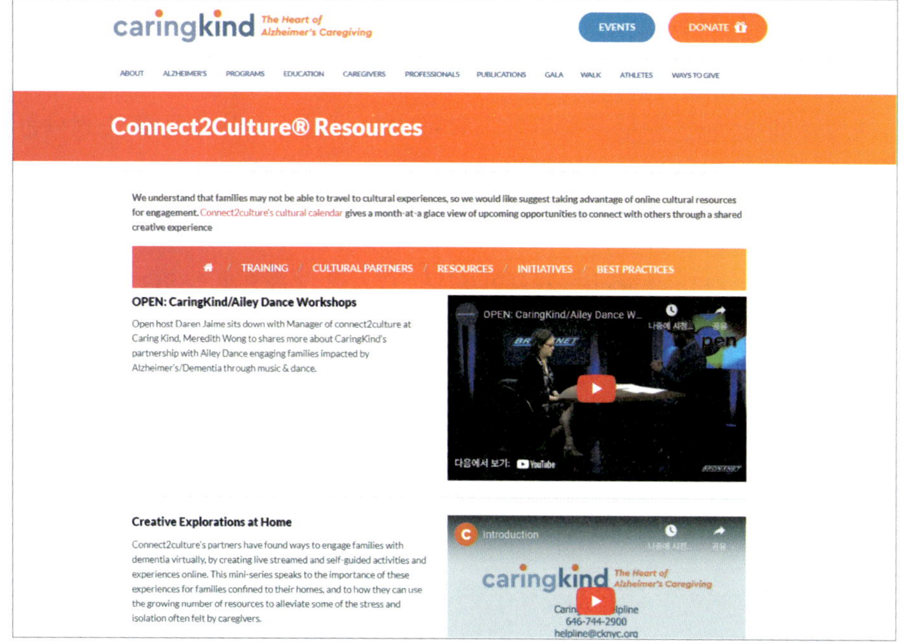

[그림 10-5] 미국 뉴욕시의 찾아가는 시니어 리터러시 교육 프로그램 '커넥트 투 컬처' 사례

출처: caringkind(https://www.caringkindnyc.org/c2c-resources/).

적극적인 수업 참여도 기대할 수 있을 것이다.

노인들 중 이동성이 가장 떨어지는 사람은 요양원 등의 시설 입소자일 것이다. 이들을 찾아가서 문화활동을 연결해 주는 것 역시 디지털 교육의 일환이다. 미국 뉴욕시의 요양원 사례가 그 하나다. '커넥트 투 컬처(Connect2Culture)'라는 사업은 요양원 노인들에게 지역사회 공연을 라이브로 중계하거나 메타버스를 통해 문화예술 활동에 참여하도록 한다. 돌봄 종사자들이 VR로 노인과 함께 뉴욕시의 박물관이나 미술관을 돌아다니기도 한다. 이렇게 하려면 돌봄 종사자들의 디지털 리터러시 역시 교육을 통해 신장되어야 할 것이다.

4) 세대 간 교육방법

마지막 네 번째는 세대 간 연결되는 교육이다. 우리나라 사회 문제 중 하나는 세대 갈등이다. 이렇게 세대 갈등이 심각해지는 가장 큰 원인 중 하나는 상호 소통의 기회가 거의 없어서다. 서로에 대해 이해할 수 있는 기회가 제한되고 상대 집단에 대한 편견만 강화되는 경향이 있다. 디지털 교육으로 노인이 청년에게 배우면서 소통을 모색하는 방법은 이런 측면에서 유효할 수 있다. 다음은 방법론에 대한 한 강사의 제언이다. 이렇게 젊은 세대가 노인을 위한 디지털 교육에서 교수자 역할을 맡는다면 자연스럽게 교류의 장을 마련할 수 있다.

> "청년들이 교육을 진행하는 주체가 될 수 있도록 하는 지원사업들도 필요하지 않을까……. 청년 실업자 지원 사업이나 그런 것으로 어쩔 수 없이 마을 속으로 들어왔는데, 거기서 새로운 사업을 발견하고 노인들과도 어울릴 수 있거든요. 시골에서의 노인 미디어(디지털) 교육을 하다 보면 강사를 외부에서 데려오는 게 보통인데, 이미 한 동네에서 함께 살고 있는 이들을 교육을 진행하는 주체로서 성장시키는 것도 필요하지 않을까"(조재희 외, 2019).

청년이 노인의 디지털 교육을 체계적으로 담당하는 한 사례로, 캐나다의 '사이버 시니어즈(Cyber Seniors)' 프로그램을 들 수 있다. 나이가 어리거나 조직의 저경력자가 나이가 많거나 고경력자에게 조언이나 교육을 제공하는 것을 '역멘토링(reverse mentoring)'이라고 한다. 사이버 시니어즈의 사례는 청년이 노인에게 디지털 교육을 제공하는 역멘토링을 잘 보여 준다. 2009년 토론토시 고등학생 두 명이 지역사회 봉사 프로젝트로 시작한 이 프로그램은 노인들에게 디지털을 가르치는 방법에 대해 6개의 교육 비디오 동영상과 퀴즈를 완료하면 인증을 받고 멘토로 자원봉사를 할 수 있도록 한다.

또한 가족과 함께 학습할 기회를 제공하여 노인이 디지털 기술을 지속적으로 사용하도록 유도하는 것도 좋다. 미국과 영국에서는 노년층이 틱톡 영상을 제작

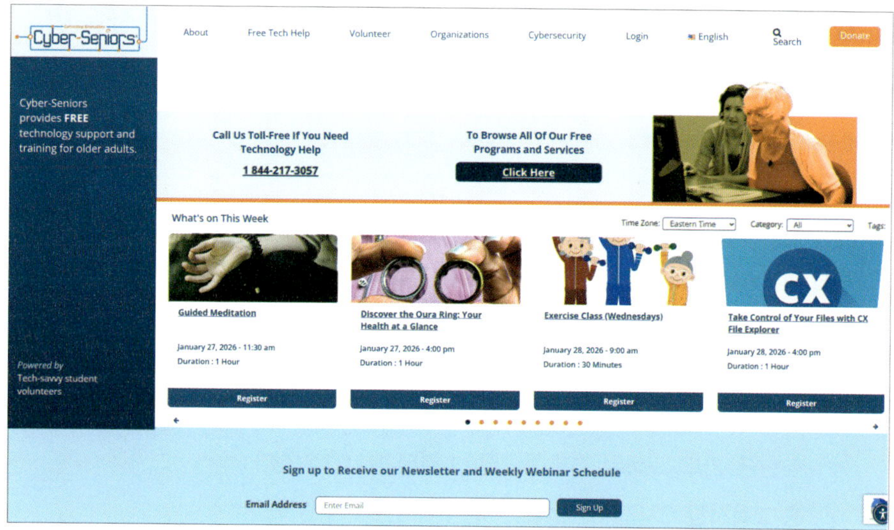

[그림 10-6] 청년이 노인에게 체계적인 디지털 교육을 제공하는 캐나다의 '사이버 시니어즈' 사례
출처: Cyber Seniors(https://cyberseniors.org/).

하고 공유하는 프로젝트가 유행하고 있다. 노인들이 자신이 배운 디지털 기술을 활용하여 콘텐츠를 제작하며, 젊은 세대와의 소통도 활발하게 이루어지고 있다. 교수자는 이를 참고하여 노인이 자녀나 손자녀와 함께 교육에 참여하는 실습 세션을 운영할 수도 있을 것이다.

4. 시니어 디지털 리터러시 교육 프로그램 사례

여기에서는 시니어 디지털 리터러시의 내용적 구분인 기능적 · 비판적 · 감성적 · 생산적 프로그램 사례를 소개한다.

1) 기능적 프로그램 사례: '쉽고 편리한 무인계산대 사용법 배우기'

- **장소:** 일반 기관(노인복지관 등), 일반 교육기관(평생학습관 등)
- **대상:** 무인계산대(셀프계산대) 사용이 어려운 고령자
- **교육목표**
  - 무인계산대의 기본 원리를 이해하고 편하게 사용할 수 있다.
  - 실제 마트, 패스트푸드점, 카페 등에서 무인계산을 연습한다.
  - 현금, 카드, 모바일 결제 등 다양한 결제 방식을 익힌다.
- **총 교육시간:** 3시간(이론 1시간 + 실습 2시간)
- **준비물:** 실습용 태블릿PC, 모의 계산대(가능하면 마트나 카페 방문), 카드 · 현금 샘플

3시간 교육 프로그램 구성

1단계: 무인계산대 이해하기(1시간)

- **내용**
  - 무인계산대란?(마트, 패스트푸드점, 키오스크 기본 개념)
  - 일반 계산대와 무인계산대의 차이점
  - 화면 구성과 버튼 이해하기(주문하기, 결제하기, 영수증 출력 등)
  - 현금, 카드, 모바일 결제 방식 알아보기
- **참여형 활동:** '어디에서 무인계산대를 사용해 봤나요?' 경험 나누기
  - 무인계산대 사용 경험 공유(어려웠던 점 토론)
  - 실제 화면을 보며 어떤 버튼이 있는지 확인하기

2단계: 무인계산대 주문 및 결제 실습(1시간)

- **내용**
  - 무인계산대로 상품(음식 · 물건) 선택하는 법

– 수량 변경, 할인 쿠폰 적용, 옵션 선택 방법

– 카드, 현금, 모바일 결제하는 법 실습

참여형 활동: '무인계산대 주문 도전!' 실습

– 모의 계산대(태블릿PC 앱 또는 사진 출력된 모형)에서 직접 주문 연습

– 1인 1회 주문 연습 후 서로 피드백 주고받기

– 자주 발생하는 오류 해결법 배우기(예: '결제 오류가 나면 어떻게 해야 할까?')

3단계: 실제 매장에서 실습하기(1시간)

내용

– 주변 마트, 패스트푸드점 또는 카페 방문

– 실제 무인계산대에서 직접 물건 또는 음식을 주문해 보기

– 강사의 도움을 받으며 각자 결제 실습

참여형 활동 '나 혼자 주문해 보기' 미션 수행

– 2~3명씩 조를 나눠 매장 방문

– 개별적으로 주문과 결제 도전

– 성공 후 강사 및 동료들과 피드백 나누기

2) 비판적 프로그램 사례: '이 영상, 믿을 만한가요?'

- **장소:** 디지털 전문 교육기관, 일반 교육기관 등
- **대상:** 유튜브를 애용하는 고령자
- **교육목표:** 유튜브 영상 속 정보의 신뢰도를 판단하는 능력을 키운다.
- **총 교육시간:** 2시간
- **준비물:** 실제 유튜브 영상 2~3개(진짜 뉴스와 가짜 뉴스, 신뢰할 수 있는 건강 정보와 과장 광고 비교), 프린트된 체크리스트(영상 신뢰도 평가 기준)

활동 방법

1. 강사가 2개의 유튜브 영상을 보여 준다. 영상이 너무 길면 집중력이 떨어질 수 있으므로 1~2분짜리 영상으로 준비한다(예: 하나는 공신력 있는 뉴스 채널, 하나는 근거 없는 건강 정보 영상).
2. 각 영상에 대해 "이 영상은 믿을 만한가요?"라는 질문을 던진다.
3. 참가자들에게 프린트된 체크리스트를 나누어 준다. 평가 기준을 너무 어렵게 설정하지 말고, 쉬운 문장으로 정리된 체크리스트를 제공한다(예: "출처가 명확한가?" "자극적인 표현이 많은가?" 등).
4. 어르신들이 체크리스트를 활용해 각 영상의 신뢰도를 직접 평가한다.
5. 조별로 서로 의견을 나누는 시간을 충분히 갖도록 하고, 강사가 신뢰할 수 있는 정보를 구별하는 법을 정리한다.

3) 감성적 프로그램 사례: '디지털 세상에서 손주와 친구 되기'

- **장소:** 디지털 전문 교육기관
- **대상:** SNS를 활용하여 젊은 세대와 소통하고 싶은 고령자
- **교육목표**
  - 디지털 소통의 특성 이해: 온라인 문화, 소통 방식 학습
  - SNS 활용법 익히기: 카카오톡, 유튜브, 인스타그램 등 기본 사용법
  - 세대 간 공감 능력 향상: 젊은이들과 자연스럽게 소통하는 방법 익히기
- **총 교육시간:** 4주 과정(주 1회, 회당 2시간)
- **준비물:** 스마트폰, 태블릿PC 또는 노트북, 실습용 계정

1주차: 디지털 문화 이해하기

- **내용:**
  - 젊은 세대는 SNS를 어떻게 사용할까?(디지털 세대 문화 특징)
  - 유튜브, 인스타그램, 틱톡 등 다양한 SNS 플랫폼의 역할
  - 인터넷 예절(디지털 에티켓)과 가짜 뉴스 주의법
- **참여형 활동:**
  - SNS에서 유행하는 단어나 해시태그 맞히기 게임(예: OOTD[1], MBTI 등)
  - 손주 또는 젊은이들이 자주 보는 유튜브 영상 함께 보기

2주차: 카카오톡과 유튜브로 소통하기

- **내용**
  - 카카오톡 기능 활용하기(이모티콘, 음성 메시지, 단체 채팅방 등)
  - 유튜브에서 손주들이 좋아하는 콘텐츠 찾기(게임, 음악, 스포츠 등)
  - 댓글 달기와 '좋아요'로 온라인에서 반응하는 법

---

1 Outfit Of The Day의 준말로 '오늘의 의상'이라는 뜻이다. 사용자가 특정 날이나 행사에 입을 의상을 공유하면서 사용하는 단어다.

참여형 활동

– 손주에게 보낼 카카오톡 메시지 직접 작성해 보기(예: '할머니가 응원해!')
– 유튜브에서 손주가 좋아할 만한 영상 찾아 링크 공유하기

3주차: 인스타그램과 페이스북 활용하기

내용

– 사진과 글을 올리는 방법(해시태그 사용법, 필터 적용하기)
– 손주와 친구 맺고 소통하는 법(댓글 남기기, DM 보내기 등)
– SNS에서 공감할 수 있는 주제 찾기(반려동물, 요리, 여행 등)

참여형 활동

– '오늘의 일상' 사진을 찍고, 인스타그램에 직접 올려 보기
– 손주 또는 젊은이들의 게시물에 공감 댓글 남기기

4주차: 세대 간 SNS 챌린지 & 교류하기

내용

– '세대 공감' 콘텐츠 만들기(옛날 사진 대 현재 사진 비교하기 등)
– 젊은이들과 참여할 수 있는 SNS 챌린지 소개(예: '할머니와 함께 댄스 챌린지!')
– SNS를 활용해 세대 간 교류 지속하는 법

참여형 활동

– '세대 공감' 챌린지 영상이나 사진 콘텐츠 만들기
– '손주에게 보내는 영상 편지' 촬영 후 유튜브에 올려 보기

4) 생산적 프로그램 사례: AI와 챗봇, 내 삶의 똑똑한 비서로 만들기

교육기관: 디지털 전문기관, 디지털 전문 교육기관

대상: AI 기술에 관심이 있지만 시작이 막막한 학습자

교육목표

- AI와 챗봇의 원리를 이해하고, 일상생활에 자신감 있게 활용할 수 있다.
- 생성형 AI(예: 챗GPT), 스마트폰 음성 비서, 메신저 챗봇 등 다양한 유형의 AI 도구를 능숙하게 사용할 수 있다.
- AI와 자연스럽게 소통하며 정보를 탐색하고, 실생활의 문제를 창의적으로 해결할 수 있다.

총 교육시간: 3시간(이론 1시간+실습 2시간)

준비물: 개인 스마트폰, 실습용 생성형 AI 서비스 계정

1단계: AI와 친구 되기(1시간)

내용

- 인공지능(AI)이란?(어렵지 않은 개념 설명)
- 나도 모르게 사용하던 AI(OTT 서비스의 드라마 추천, 쇼핑 앱의 상품 추천 등)
- 대화형 AI, 챗봇이란?(예: 공공기관 민원 안내, 은행 상담 등에 활용되는 대화형 로봇)
- AI가 내 삶을 어떻게 더 즐겁고 편리하게 만들 수 있을까?

참여형 활동: '내가 알고 있는 AI 찾기' 토론 활동

- AI 관련 기술이나 서비스를 사용해 본 경험을 공유
- AI 기술을 활용하는 실제 사례(자동 번역, 음성 비서, AI 스피커) 소개
- AI가 어떻게 도와줄 수 있을지 조별로 아이디어 나누기

2단계: AI에게 말 걸기(1시간)

내용

- 내 스마트폰의 '음성 비서' 기능 활성화 및 기본 사용법
- 생성형 AI 및 메신저 챗봇과 자연스럽게 대화하기
- AI를 활용한 생활 밀착형 정보 탐색(예: "오늘의 주요 뉴스 3줄로 요약해 줘." "가을에 어울리는 시 한 수 추천해 줘.")
- AI와 감성적인 대화 나누기 (예: "오늘 좀 우울한데, 힘이 되는 말을 해 줘.")

참여형 활동: '나만의 AI 비서 길들이기' 실습

- 강사의 안내에 따라 스마트폰의 음성 비서 기능 실행
- AI에게 다양한 질문을 던져 보고, 답변의 특징 파악하기
- 챗봇을 활용해 일정관리, 레시피 검색, 길 찾기 등 실용적인 과제 수행

3단계: AI와 함께 문제 해결하기(1시간)

내용

- 음성 명령으로 스마트폰 기능 제어하기(음악 재생, 알람 및 타이머 설정)
- AI를 활용한 창의적 글쓰기 지원(예: 친구에게 보낼 따뜻한 안부 문자, 손주에게 읽어 줄 짧은 동화 만들기)
- 일상 앱에 내장된 AI 챗봇으로 생활 민원 해결하기(예: 은행, 공공기관 상담)
- AI 이미지 생성 서비스 맛보기(예: "활짝 웃는 강아지 그림 그려 줘.")

참여형 활동: 'AI와 함께하는 실생활 프로젝트' 실습

- AI를 활용해 이번 주말의 구체적인 계획(나들이 장소, 맛집, 교통편 등) 세우기
- 두 명씩 짝을 지어 서로의 AI 활용 노하우를 공유하고 가르쳐 주기
- 프로젝트 수행 중 발생하는 개별 질문에 대해 강사와 1:1 해결

참고문헌

길혜지, 이상훈, 허준(2021). 디지털배움터교육과정가이드. 과학기술정보통신부, 한국지능정보사회진흥원.

김진희, 김경애, 이정우, 김지혜, 임종헌, 김영석, 강충서, 이로미(2023). 커리어 전환기에 놓인 4050 성인 학습자의 평생교육 지원 방안. 한국교육개발원.

조재희, 나은영, 이혜선(2019). 노년층 미디어교육 활성화 방안. 한국언론진흥재단.

Caringkind. (n.d.). *Connect2culture®* Resources. https://www.caringkindnyc.org/c2c-resources/

Cyber Seniors Inc. (n.d.). Cyber-Seniors: Free technology support and training for older adults. https://cyberseniors.org/

Sork, T. J. (2000). Planning educational programs. In A. L. Wilson & E. R. Hayes (Eds.), *Handbook of adult and continuing education* (pp. 171-190). Jossey-Bass.

11장

시니어 디지털 리터러시 교육 평가

시니어 디지털 리터러시의 평가는 학습자의 변화를 측정하는 '학습자 평가'와 교육 프로그램을 개선하기 위한 '프로그램 평가'로 나눌 수 있다. 학습자 평가가 학습자의 기술 습득 및 자신감 향상의 정도를 파악하는 것이 목표라면 프로그램 평가는 프로그램 개선 및 정책적 지원점을 파악하는 것이 목표가 된다. 학습자 평가는 기능적 · 비판적 · 감성적 · 생산적 역량을 중심으로 다양한 평가도구를 활용하여, 프로그램 평가는 만족도 조사 등으로 다양하게 구성할 수 있다. 이를 통해 시니어 디지털 리터러시 교육의 질적 향상을 도모할 수 있다.

1. 학습자 평가

학습자 평가는 개별 학습사의 학습 효과와 성장 정도를 파악하는 목적을 갖는다(홍소영, 2018). 고령 학습지의 힉습 동기를 유발하고 학습 수준에 맞는 피드백을 제공할 수 있다. 평가가 객관적이고 공정하게 진행되는 것이 필요하기는 하지만 시니어 디지털 리터러시에서의 학습자 평가는 제고된 기술적 능력뿐만 아니라 학습 후 달라진 자신감 등의 정서적 변화도 평가하는 등 다면적일 필요가 크다. 즉, 학습자가 자신의 역량 수준을 인지하고 학습에 노력을 기울인 결과로 성취감을 느끼도록 하는 데도 관심을 기울여야 한다.

1) 학습자 중심 평가방법

고령 학습자들은 개인마다 디지털 활용 능력의 수준과 필요가 크게 다르기 때문에 정기적이고 다면적인 평가를 통해 개별화된 학습지원을 하는 데 초점을 두는 것이 좋다.

이에 학습자의 다양한 특성과 역량을 정확하게 반영하기 위해 평가도구와 방법을 복합적으로 구성할 필요가 있다. 자기 평가(self-assessment), 포트폴리오 평가 등 다양한 방법을 병행함으로써 신뢰성과 타당성을 높일 수 있다.

(1) 자기 평가

고령 학습자들은 자신의 역량 변화 과정을 스스로 점검하는 방식을 선호할 수 있다. 예를 들어, 수업 전후로 '나는 스마트폰을 얼마나 잘 사용할 수 있는가?'를 스스로 평가하도록 할 수 있다.

(2) 포트폴리오 평가

포트폴리오 평가는 학습자가 학습 과정과 결과물을 체계적으로 모아 제출하는 방식으로, 성취를 종합적으로 평가하는 방법이다. 학습자의 노력, 발전, 성찰을 균형 있게 반영할 수 있다. 학습자가 교육을 받으며 수행한 과제, 실습 기록, 디지털 콘텐츠 등을 종합적으로 모아 학습자 스스로 또는 교수자가 이를 근거로 평가할 수 있다.

(3) 사전-사후 평가

사전-사후 평가는 교육 전후의 변화를 측정하여 비교하는 것이다. 시니어 디지털 리터러시 교육 프로그램에서 사전 평가는 학습자의 초기 디지털 역량과 요구를 파악하여 맞춤형 교육을 설계하는 데 유의미하게 활용되고 교육 종료 후 사전 평가와 동일한 항목을 사용하여 교육 전후의 변화를 비교한다면 학습자의 성과에 대해 측정치를 제시하거나 맞춤형 피드백 제공에 활용할 수 있다.

(4) 형성평가

형성평가는 학습과정 중간중간에 학습자의 이해도와 역량 습득 상황을 점검하여, 즉각적인 피드백과 맞춤형 지원을 제공하는 데 목적이 있다. 예를 들어, 수업 중간에 간단한 퀴즈나 실습 과제를 통해 스마트폰 기본 기능이나 앱 사용법을 이해했는지 확인하거나, 그룹 토의를 통해 정보 검색 방법과 활용 사례를 공유하게 하여 학습 효과를 점검할 수 있다. 이러한 과정은 학습자의 자신감을 높이고 교수자가 교육 방향을 조정하는 데 도움을 준다.

(5) 시나리오 기반 평가

시니어 디지털 리터러시 교육에서 시나리오 기반 평가는 실제 생활 속 상황을 설정하고, 학습자가 해당 상황에서 적절하게 디지털 도구를 활용하는지를 평가하는 방식이다. 예를 들어, "친구에게 사진과 함께 안부 메시지를 보내세요." "은행 앱을 이용해 이체를 해 보세요." "포털사이트에서 원하는 지역의 날씨를 검색하세요."와 같은 시나리오를 제시하고, 학습자가 스스로 문제를 해결하도록 유도할 수 있다. 이를 통해 실제 맥락에서 디지털 역량을 얼마나 적용할 수 있는지를 점검할 수 있다.

2) 학습자 평가의 주요 영역

학습자의 역량을 다각적으로 이해하기 위해 네 가지 핵심 영역에서 평가를 실시할 수 있다.

(1) 기능적 역량: 디지털 기기 및 앱 활용 능력

기능적 역량은 스마트폰, 태블릿PC, 컴퓨터 등 디지털 기기 사용 능력과 필수 앱의 활용 능력을 포함한다. 예를 들어, 기본적인 기기 설정, 사진 및 동영상 촬영, 파일 저장 및 공유, 키오스크 이용 등이 해당된다.

- 평가 항목 및 질문의 예
  - 스마트폰 기본 조작 능력(예: 와이파이 연결이나 화면 밝기 조절과 같은 기기 기본 설정을 할 수 있습니까?)
  - 앱 설치 및 사용 능력(예: 스마트폰에서 필요한 앱을 직접 설치할 수 있습니까?, 문자나 카카오톡으로 메시지를 보내는 것이 익숙합니까?)
  - 기본적인 보안 설정(예: 비밀번호 설정이나 기기 업데이트를 직접 관리할 수 있습니까?)

(2) 비판적 역량: 정보 선별 및 활용 능력

디지털 환경에서는 정보의 홍수 속에서 정확하고 신뢰할 수 있는 정보를 선별하는 능력이 필수적이다. 비판적 역량평가는 시니어 학습자가 온라인에서 정보를 검색하고, 가짜 뉴스나 사기성 메시지를 식별하며, 개인정보 보호의 중요성을 이해하는지 여부를 다룬다.

- 평가 항목 및 질문의 예
  - 정보의 신뢰성 판단(예: 인터넷에서 정보를 찾을 때 출처를 확인합니까?)
  - 가짜 뉴스 및 허위 정보 구별(예: 온라인상에서 허위 정보나 가짜 뉴스를 구별할 수 있습니까?)
  - 개인정보 중요성 인식(예: 개인정보를 안전하게 보호하는 방법을 알고 있습니까?)
  - 온라인 거래나 정보 입력 시 위험 요소 인식(예: 온라인 결제나 개인정보 입력 시 주의해야 할 점을 인지하고 있습니까?)

(3) 감성적 역량: 디지털 매체를 통한 즐거움과 소통

디지털 학습은 즐거움과 사회적 소통을 강화하는 도구가 될 수 있다. 학습자가 디지털 기기를 통해 가족, 친구, 지역사회와 원활하게 소통하고 정서적 만족감을 얻는지를 확인한다. 예를 들어, 영상통화, 온라인 커뮤니티 참여, 취미 활동 관련 콘텐츠 활용 등이 있다. 이 영역은 학습자의 자발적인 참여도, 학습 후

만족도 조사, 인터뷰 등을 통해 정성적으로 평가할 수 있다.

- 평가 항목 및 질문의 예
  - 온라인 소통(메신저, SNS 등) 참여(예: 메신저나 SNS를 통해 가족, 친구들과 소통하고 있습니까?)
  - 디지털 활동을 통한 즐거움 경험(예: 디지털 기기를 사용하면서 즐거움을 느낍니까?)
  - 외로움 감소나 심리적 만족감(예: 디지털 소통이 일상 속 외로움 감소에 도움이 된다고 느낍니까?)
  - 온라인 커뮤니티 참여 의지(예: 온라인 커뮤니티나 그룹 활동에 참여할 의향이 있습니까?)

(4) 생산적 역량: 콘텐츠 제작 및 디지털 참여 활동

생산적 역량은 시니어 학습자가 단순히 소비자에 머무르지 않고 디지털 환경에서 적극적으로 참여하고 콘텐츠를 생산하는 능력을 의미한다. 예를 들어, 간단한 사진·영상 편집, 블로그나 SNS 게시글 작성, 지역 커뮤니티 활동 참여 등이 있다.

- 평가 항목 및 질문의 예
  - 사진 및 동영상 촬영 및 공유(예: 스마트폰으로 사진이나 동영상을 촬영하고 공유할 수 있습니까?)
  - 디지털 콘텐츠(예: 카드뉴스, 블로그 글쓰기) 제작(예: 간단한 콘텐츠를 제작하여 공유한 적이 있습니까?)
  - 온라인 설문이나 투표 참여(예: 온라인 설문 조사나 투표에 참여해 본 경험이 있습니까?)
  - 사회적 캠페인, 지역 행사 등 디지털 참여 경험(예: 지역 행사나 사회적 캠페인에 디지털로 참여한 적이 있습니까?)

3) 평가 결과의 활용

평가 결과는 단순히 학습자의 성취도를 판단하는 데 그치지 않고, 향후 학습 경로 설계 및 맞춤형 지원에 적극 활용해야 한다. 예를 들어, 기능적 역량이 부족한 학습자에게는 기초과정을 반복 지원하고, 감성적 역량이 높은 학습자에게는 지역사회 활동을 연계한 심화 프로그램을 제안할 수 있다. 또한 평가 결과를 바탕으로 가족이나 지역사회의 지지 기반을 마련하여 학습자들이 지속적으로 디지털 환경에 참여하도록 유도할 수 있다. 궁극적으로 학습자 평가를 통해 시니어들이 자율적이고 지속 가능한 디지털 활용자로 성장하도록 지원하는 것이 목표이다.

2. 프로그램 평가

1) 프로그램 평가의 목적과 필요성

시니어 디지털 리터러시 교육 프로그램의 성공 여부는 학습자의 변화뿐만 아니라 프로그램의 기획, 운영, 지원체계 등 다양한 요소를 종합적으로 검토하는 프로그램 평가를 통해 가늠할 수 있다. 특히 노년층을 위한 교육은 기술 습득을 넘어 사회적 소외 극복, 삶의 질 향상, 그리고 세대 간 디지털 격차 해소라는 폭넓은 사회적 목표를 지니므로 프로그램 평가의 중요성이 더욱 강조된다. 교육 프로그램이 시니어 학습자의 특성을 충분히 반영하고 있는지, 학습자의 변화가 지속 가능한지, 지역사회와의 연계가 이루어지고 있는지를 점검할 수 있다.

2) 프로그램 평가의 주요 영역

(1) 교육과정 설계의 적절성

우선 프로그램이 시니어 학습자의 요구와 수준을 충분히 반영하여 설계되었는지를 평가해야 한다. 교육목표가 명확하고 단계별 학습 내용이 고령자에게 맞춤형으로 구성되어 있는지 실제 생활에서 활용 가능한 주제와 예제를 포함하고 있는지 검토해야 한다.

구체적으로는 고령자 친화적인 교재 및 자료 개발 여부, 학습자의 인지적 · 정서적 특성을 반영한 학습 방법, 실습 중심의 학습 기회 제공 등이 평가 지표가 될 수 있다. 프로그램 설계 단계에서부터 학습자의 의견을 수렴하는 프로세스가 마련되어 있었는지도 중요한 평가 영역이다.

(2) 교수-학습 방법 및 지원체계

교수-학습 방법이 시니어 학습자에게 적합했는지 검토하는 것도 핵심 영역이다. 고령 학습자는 새로운 디지털 기술을 배우는 과정에서 불안감이나 좌절감을 경험할 수 있으므로, 교수자는 친절하고 반복적인 안내, 동료 학습 기회 제공, 긍정적 피드백 등으로 학습자 중심의 접근법을 적용해야 한다.

또한 보조 강사나 디지털 서포터즈 등 학습지원 인력이 충분히 배치되어 있었는지, 교육 중 발생하는 기술적 문제에 대한 즉각적 지원이 가능했는지 등을 평가해야 한다. 교육 자료의 접근성도 중요하다. 글자 크기, 색 대비, 음성 안내 등 시청각 보조 기능이 제공되었는지 살펴보고, 특히 온라인 학습 환경에서는 사용자 친화적 인터페이스가 제공되었는지 점검해야 한다.

(3) 학습자 만족도 및 참여도

학습자의 만족도 및 참여도는 프로그램 효과를 직관적으로 파악할 수 있는 중요한 지표다. 시니어 학습자들이 프로그램 전반에 대해 얼마나 만족했는지, 교육 과정 중 어느 부분에서 흥미와 몰입을 느꼈는지, 프로그램 종료 후에도 지속적인 학습 의욕이 이어지는지 등을 조사할 필요가 있다.

참여도는 출석률, 수료율, 과제 수행률 등 정량적 데이터뿐만 아니라, 학습과정에서 나타난 자발적 참여나 동료 학습자 간 상호작용 등 질적 요소도 함께 평가한다.

(4) 학습 효과의 지속성 및 사회적 확산

프로그램이 단기적인 학습 성취에 머물지 않고, 시니어 학습자의 일상생활 속에서 지속적으로 활용되는지 평가하는 것이 필요하다. 학습한 내용을 실제 생활에서 얼마나 활용하는지, 예를 들어 스마트폰으로 대중교통 정보를 검색하거나, 가족 및 친구들과 SNS로 소통하는 빈도가 증가했는지 등을 구체적으로 파악할 수 있다.

더 나아가 학습자의 역량 향상이 사회적 관계망 확장, 자원봉사 활동, 지역 커뮤니티 참여 등으로 확산되고 있는지 확인해야 한다. 프로그램 종료 후에도 후속 모임이나 동아리 활동 등을 통해 학습 공동체가 유지되는지, 교육 후 학습자가 새로운 디지털 및 기타 학습 기회를 자발적으로 찾아 나서는지의 여부도 중요한 평가 요소다.

(5) 프로그램 운영 및 관리의 효율성

교육 프로그램이 체계적으로 운영되었는지, 예산과 인력, 시간 자원 등이 효율적으로 관리되었는지 검토한다. 특히 다수의 기관 또는 지역사회와 협력하는 프로그램의 경우에는 기관 간 소통과 역할 분담이 원활했는지, 지원체계가 효과적으로 작동했는지가 주요 평가 기준이 된다.

또한 프로그램 홍보 및 모집 전략이 타겟층인 고령 학습자에게 적합했는지 점검해야 한다. 전통적인 매체(신문, 마을 방송 등)와 디지털 매체(SNS, 지역 커뮤니티 웹사이트 등)를 병행하는 방식으로 홍보 효과를 극대화했는지, 교육 전후에 안내가 충분했는지 검토한다.

3) 평가방법

(1) 만족도 조사

만족도 조사는 교육과정 전반에 대한 학습자의 주관적 평가를 통해 프로그램의 효과성과 개선점을 파악하는 중요한 방법이다. 단순히 '재미있었는지'에 초점을 두기보다는 교육에서 접한 내용이 실생활에서 얼마나 활용 가능한지 등을 중심으로 질문을 구성하는 것이 좋다. 예를 들어, 교육 내용의 적절성, 강사의 전문성, 학습자료의 활용성, 교육 환경의 편의성, 전반적인 만족도 등을 포함한 설문지를 활용할 수 있다. 고령 학습자의 특성을 반영하여 간단명료한 문항으로 구성하고, 필요시 구두 응답이나 보조자의 도움을 받아 응답하도록 지원한다.

(2) 개별 인터뷰 및 포커스 그룹 인터뷰

학습자들의 심층적인 의견 수집으로 교육의 실질적인 효과를 파악하는 데 적합한 방법으로, 교육 이수자뿐 아니라 중도 탈락자의 의견도 적극 반영하여 개선책을 마련하는 데 필요한 기초 자료로 삼을 수 있다.

편안한 분위기를 조성하고, 구체적인 경험을 중심으로 질문을 구성하는 것이 핵심이다. 예를 들어, "교육을 통해 어떤 점이 가장 유익했나요?" 또는 "어떤 부분이 어려웠고, 개선이 필요하다고 느끼셨나요?"와 같은 개방형 질문을 활용하면 학습자들이 자유롭게 경험을 공유할 수 있다.

(3) 출석률 및 이탈률 분석

시니어 디지털 리터러시 교육에서 출석률 및 이탈률 분석은 교육의 지속성과 효과성을 평가하는 중요한 지표다. 특히 노인 학습자는 건강 문제, 이동의 어려움, 개인 사정(예: 손자녀 돌봄, 병원 방문) 등으로 출석률이 저하될 가능성이 크므로 단순한 출석률 계산을 넘어 이탈의 원인을 심층적으로 분석하는 것이 필요하다.

이를 위해 출석 현황을 주기적으로 기록하고, 중도 탈락한 학습자들에게 비공식적인 전화 설문 또는 간난한 면담을 진행하여 이탈 이유를 파악하는 것이 효과적이다. 예를 들어, 환경적 요인(이동 불편, 건강 문제)과 교육적 요인(수업 난이도, 흥미 부족)을 구분하여 분석할 수 있다. 또한 출석률이 높은 학습자들의 공통적인 특징(예: 가족의 지원, 강한 학습 동기 등)을 파악하여, 향후 프로그램 설계 시 출석을 유도할 수 있는 전략(교통 지원, 온라인 보완 교육, 맞춤형 학습 조정 등)을 마련하는 것이 좋다.

(4) 학습 전이 평가

학습 전이(transfer of learning) 평가는 교육에서 배운 기술이 실제 생활에서 어떻게 활용되는지를 측정하는 방법으로서 학습자들이 실제로 스마트폰을 더 잘 활용하고, 디지털 서비스를 자주 이용하는지 등을 추후 파악할 수 있다.

이런 평가를 위해 교육 종료 후 일정 기간이 지난 뒤 설문 조사, 개별 인터뷰, 소규모 포커스 그룹 인터뷰 등을 활용할 수 있다. 예를 들어, “교육 후 스마트폰이나 인터넷을 활용하는 빈도가 증가했나요?” “스스로 앱을 설치하거나 온라인 정보를 검색해 본 경험이 있나요?” 등의 질문을 통해 학습자들의 실질적인 변화 정도를 분석할 수 있다.

(5) 교수자 및 운영진 피드백

교수자(강사) 및 운영진 피드백은 시니어 디지털 리터러시 교육의 효과성을 높이기 위해 필수적인 평가이자 대중적으로 많이 활용되는 평가다. 교수자(강사)는 학습자와 가장 가까운 위치에서 교육을 진행하며, 운영진은 교육 환경 조성과 프로그램 기획을 담당하므로, 이들의 의견을 체계적으로 수집하면 교육과정의 실제 운영상의 문제점과 개선 방향을 구체적으로 파악할 수 있다.

이를 위해 교육 종료 후 강사 및 운영진을 대상으로 설문 조사, 심층 인터뷰, 워크숍 형식의 피드백 세션 등을 진행할 수 있다.

특히 교수자(강사) 피드백에서는 교육 자료의 난이도 적절성, 실습 중심 학습의 효과성, 학습자들의 반응 등을 중점적으로 평가한다. 강사에게는 다음의 질문을 할 수 있다.

- "교육 중 학습자들이 가장 어려워했던 점은 무엇인가요?"
- "수업 진행 방식에서 개선이 필요한 부분이 있었나요?"

운영진 피드백에서는 교육 일정 및 장소의 적절성, 학습자 모집과 지원 과정의 원활성 등을 분석하는 것이 중요하다. 운영진에게는 다음의 질문을 할 수 있다.

- "교육 지원 과정에서 겪은 어려움은 무엇이었나요?"
- "출석률을 높이기 위한 추가적인 지원이 필요하다고 느끼셨나요?"

4) 평가 결과의 환류와 활용

마지막으로 평가 결과를 단순히 기록하는 데 그치지 않고, 다음 프로그램 개발 및 개선에 적극적으로 활용해야 한다. 평가 결과를 학습자, 강사, 운영기관 등 이해관계자들과 공유하고, 강점을 더욱 강화하며, 개선이 필요한 부분은 구체적인 개선 방안을 마련하는 것이 필수적이다.

시니어 디지털 리터러시 교육 프로그램 평가용 설문지(학습자용 예시)

1. 교육과정 설계 관련

질문	전혀 그렇지 않다	그렇지 않다	보통이다	그렇다	매우 그렇다
교육목표가 명확하게 전달되었습니까?	1	2	3	4	5
교육 내용이 일상생활에 도움이 되었다고 느끼십니까?	1	2	3	4	5
교재와 학습자료가 이해하기 쉬웠습니까?	1	2	3	4	5

2. 교수-학습 방법 및 지원체계

질문	전혀 그렇지 않다	그렇지 않다	보통이다	그렇다	매우 그렇다
강사님의 설명이 이해하기 쉬웠습니까?	1	2	3	4	5
실습과 반복 학습 기회가 충분했습니까?	1	2	3	4	5
학습 도중 문제가 생겼을 때 도움을 쉽게 받을 수 있었습니까?	1	2	3	4	5

3. 학습자 만족도 및 참여도

질문	전혀 그렇지 않다	그렇지 않다	보통이다	그렇다	매우 그렇다
교육에 참여하는 동안 재미와 흥미를 느끼셨습니까?	1	2	3	4	5
동료 학습자와의 소통이나 협력이 도움이 되었습니까?	1	2	3	4	5
교육 종료 후에도 더 배우고 싶다는 생각이 드십니까?	1	2	3	4	5

4. 학습 효과 지속성 및 사회적 확산

질문	전혀 활용하지 않는다	거의 활용하지 않는다	드물게 활용한다	가끔 활용한다	자주 활용한다
배우신 내용을 일상생활에서 활용하고 계십니까?	1	2	3	4	5
가족이나 친구에게 배운 내용을 공유하셨습니까?	☐ 예			☐ 아니요	

- 추가로 원하시는 교육 주제가 있으면 적어 주세요.

____

____

____

5. 프로그램 운영 및 관리의 효율성

질문	매우 불만족	불만족	보통	만족	매우 만족
프로그램 전반에 대한 만족도는 어느 정도입니까?	1	2	3	4	5

- 프로그램 개선을 위한 건의사항이나 느낀 점을 자유롭게 적어 주세요.

시니어 디지털 리터러시 교육 프로그램 체크리스트(교수자 및 운영진용) 예시

평가 항목	점검 내용	확인
교육과정 설계	학습자 수준과 요구 분석이 이루어졌는가?	□ 예 □ 아니요 □ 잘 모르겠음
	시니어 친화적 교재/자료가 제공되었는가?	□ 예 □ 아니요 □ 잘 모르겠음
	단계별 학습목표가 명확히 설정되었는가?	□ 예 □ 아니요 □ 잘 모르겠음
교수-학습 방법	실습 위주의 학습 기회가 충분히 마련되었는가?	□ 예 □ 아니요 □ 잘 모르겠음
	교수자가 시니어 학습자 특성에 맞춰 설명했는가?	□ 예 □ 아니요 □ 잘 모르겠음
	기술 지원 인력이 충분히 배치되었는가?	□ 예 □ 아니요 □ 잘 모르겠음

(계속)

평가 항목	점검 내용	확인
학습자 참여 및 만족	출석률 및 과제 수행률이 목표 대비 양호한가?	□ 예 □ 아니요 □ 잘 모르겠음
	학습자 피드백 수집 및 반영이 이루어졌는가?	□ 예 □ 아니요 □ 잘 모르겠음
	동료 학습 촉진을 위한 활동이 있었는가?	□ 예 □ 아니요 □ 잘 모르겠음
학습 효과 지속성	프로그램 종료 후 후속 모임/활동이 안내되었는가?	□ 예 □ 아니요 □ 잘 모르겠음
	학습자들의 일상적 활용 사례가 확인되는가?	□ 예 □ 아니요 □ 잘 모르겠음
운영 및 관리 효율성	예산과 자원이 효과적으로 운용되었는가?	□ 예 □ 아니요 □ 잘 모르겠음
	관련 기관과의 협력이 원활했는가?	□ 예 □ 아니요 □ 잘 모르겠음
	운영 중 발생한 문제점이 신속히 해결되었는가?	□ 예 □ 아니요 □ 잘 모르겠음

참고문헌

홍소영(2018). 학생 자기평가의 학습효과에 관한 메타분석. 교육평가연구, 31(1), 309-331.

4부

교육의 현재와 미래

INSTRUCTION FOR TEACHING DIGITAL LITERACY TO OLDER ADULTS

12장

시니어 디지털 리터러시 교육의 국내 사례

현재 다양한 형태의 시니어 디지털 리터러시 교육이 이루어지고 있다. 이 장에서는 비도심 지역 고령 학습자를 주 대상으로 한 '에듀버스' 사례와 고령자 강사가 고령자를 1:1로 교육하는 '어디나 지원단' 사례를 통해 각 사례의 특징과 장점을 파악하여 시니어 대상 디지털 리터러시 교육의 개발과 제공에 필요한 시사점을 확인한다.

1. '에듀버스' 사례

'디지털배움터' 사업은 대한민국의 디지털 격차 해소를 목표로 2020년 과학기술정보통신부와 한국지능정보사회진흥원(NIA)이 공동으로 시작한 국가 주도 사업이다. 해당 사업에는 디지털 기술 활용에 어려움을 겪는 이들에 대한 교육적 고려가 담겨 있다.

1) '디지털배움터' 사업 개요

디지털배움터 사업은 디지털 기술에 익숙하지 않은 계층에게 교육을 제공하여 사회적 불평등을 완화하고, 디지털 사회로의 포용적 전환을 도모하는 데 중점을 두고 있다. 초기에는 전국의 주민센터, 도서관, 복지관, 평생학습관 등 다양한 공공시설을 활용하여 교육장을 설치하고 일반 국민을 대상으로 무료로 교육을 진행했다. 교육 내용은 스마트폰 기본 사용법, 키오스크 이용 방법, 온라인 쇼핑 및 금융 서비스 활용, SNS 사용법 등 일상생활에서 직접 활용할 수 있는 주제들로 구성되었고, 특히 고령층을 비롯한 소위 디지털 취약계층의 참여가 두드러졌다.

사업이 진행됨에 따라 운영 방식에도 변화가 있었다. 2021년부터는 온라인 강의 플랫폼을 도입하여 대면 교육과 비대면 교육을 병행했고, 2022년에는 '찾아가는 교육' 프로그램을 강화하여 이동이 어려운 이들을 위한 교육 접근성을 높였으며, 2023년부터는 지역별 거점센터를 중심으로 운영하여 효율성을 높이고, 교육의 질을 향상시키는 방향으로 개편되었다.

2) 찾아가는 디지털 교육 '에듀버스' 사업 개요

디지털배움터 사업 중 특히 '찾아가는 디지털 교육'은 이동이 어려운 사람들의 디지털 교육에의 접근성을 높이기 위해 경로당, 복지관, 도서관, 지역 주민센터 등 3,000개 이상의 지역 시설에서 이루어지고 있다. 전문 강사들이 직접 현장을 방문하여 맞춤형 교육을 제공한다. 또한 지역별 거점센터에는 스마트폰, 태블릿 PC, 사물인터넷(IoT) 기기 등 다양한 디지털 기기를 직접 사용해 보는 체험 공간을 운영하면서 이론과 실습을 동시에 경험할 수 있도록 지원한다.

찾아가는 디지털 교육의 일환인 '에듀버스'는 이동형 교육 서비스로서 고령자를 위한 디지털 교육의 접근성을 높이고 실생활에 도움이 되는 맞춤형 교육을 제공하는 교육 프로그램이다. 에듀버스는 디지털 기기와 헬스케어 장비를 갖춘 특수 차량으로, 전문 강사가 탑승하여 마을회관, 경로당, 복지센터 등을 순회하며 교육을 진행한다. 이를 통해 이동이 어려운 고령자들도 손쉽게 교육에 참여할 수 있다. 이러한 이동식 · 체험형 교육으로 시니어들의 접근성, 학습 동기, 현장 적용성을 높인다는 점에서 효과적인 시니어 디지털 교육 사례로 볼 수 있다. 버스 내에 디지털 체험존을 설치하여 직접 가상현실(VR)이나 키오스크 모의 체험 등을 해 볼 수 있어 실제 상황과 비슷한 상황에서 배우는 친숙함과 반복 체험을 통한 자신감 형성이 장점이다. 다양한 디지털 학습 장비가 탑재되어 있는데 대략의 장비 구성은 다음과 같다.

- **키오스크**: 은행, 병원, 카페, 지하철역 등에서 자주 사용되는 무인 단말기를 직접 조작하며 배울 수 있다.
- **스마트폰 및 태블릿PC**: 최신 스마트폰과 태블릿PC를 이용해 터치 조작법, 카카오톡 사용법, 모바일 결제 등을 실습할 수 있다.
- **모바일 금융 서비스 장비**: 은행 앱 사용법, 송금, 계좌 조회 등의 금융 서비스를 실제 환경에서 익힐 수 있도록 지원한다.
- **스마트 헬스케어 기기**: 스마트 혈압계, 스마트워치, 체중계 등의 기기를 활용하여 건강관리 방법도 배울 수 있다.
- **음성 인식 및 AI 서비스**: AI 스피커나 음성 비서 기능을 활용해 말로 스마트폰을 조작하는 방법을 배울 수 있다.

에듀버스에 탑승하여 이러한 디지털 기기를 접하면서 고령자들은 디지털 기기에 대한 두려움을 줄이고, 실제 생활 속에서 유용하게 활용할 수 있는 자신감을 키울 수 있다. 또한 에듀버스는 학습 공간 자체가 친근하고 소통이 활발하도록 설계되어 있어 강사와 학습자 간 밀착형 소통이 가능하며, 노인 서로 간의 교류도 자연스럽게 이루어진다.

이런 에듀버스의 접근 방식은 단순히 지식 전달에 그치지 않고 고령 학습자의 학습 동기를 유발하고 정서적 안정감을 주며, 나아가 디지털 격차 해소라는 사회적 가치까지 실현하는 데 기여하고 있다. 현재 많은 시·도의 농촌 지역에서 에듀버스가 운영되고 있는데, 다양한 노인 대상 서비스와 함께 진행되어 일석이조 또는 그 이상의 효과를 창출하고 있다. 예를 들어, 경상남도는 '찾아가는 빨래방 서비스'와 에듀버스를 연계하여 운영하고 있다. 찾아가는 빨래방이 농어촌 마을을 돌며 어르신의 이불 등 대형 빨랫감을 무료로 세탁해 주는 동안 디지털 기기 사용법을 교육하고 건강 체크까지 제공하는 방식이라고 한다(이정훈, 2024).

[그림 12-1] 진주시 '에듀버스' 사업

출처: 진주시청 공식 블로그(https://blog.naver.com/thejinjucity/223565188988).

3) '에듀버스' 사례의 시사점

이러한 에듀버스의 성공 요인으로는 세 가지 정도를 꼽을 수 있다.

첫째, 접근성 강화를 들 수 있다. 이동형 교육이라는 특성 덕분에 기존의 학습 공간에 접근하기 어려운 비(非)도심이나 농촌에 거주하는 고령자들도 손쉽게 교육을 받을 수 있다.

둘째, 학습자의 눈높이에 맞춘 맞춤형 교육 설계를 들 수 있다. 고령자들이 일상에서 바로 활용할 수 있는 주제 중심의 교육을 제공함으로써 학습 동기를 유발하고, 반복적인 실습을 통해 실제 사용 능력을 강화할 수 있다.

셋째, 강사와 학습자 간의 밀착형 소통이 가능하다는 점이다. 이동형 학습 공간의 특성상 친밀한 분위기 속에서 질문과 피드백이 활발하게 오가며, 동료 학습자들과의 교류를 통해 상호 학습 효과를 높이고 있다.

이러한 에듀버스 사례는 고령자 디지털 교육에서 '찾아가는 교육' 모형의 효과를 입증한다. 특히 갈수록 심각해지고 있는 세대 간 디지털 격차 해소를 위해 물리적 접근성을 빠르게 해결하는 것이 중요하다. 더 나아가, 시니어 디지털 교육은 학습자의 심리적 장벽을 낮추고 실생활에서의 활용도를 높이는 방향으로 설계해야 함을 시사한다.

2. 스마트폰 1:1 교육 사례

서울AI재단(구 서울디지털재단)은 서울시의 목적사업을 하는 재단법인이자 디지털 관련 시의 정책에 영향을 주는 연구와 사업을 수행하는 준공공기관으로, 디지털 전문기관에 해당한다. 전 생애주기의 서울 시민을 대상으로 다양한 디지털 교육을 제공하고 있다. 이 중 노인 대상 교육의 사례를 살펴본다.

1) '서울AI재단' 고령자 대상 디지털 교육 사업 개요

이 기관이 제공하는 노인 대상 디지털 교육 사업은 대략 세 갈래로 진행되고 있다. 첫째, 노인 대상의 쉽고 다양한 디지털 교육 콘텐츠를 탑재한 온라인교육 플랫폼을 운영한다. 둘째, 노인 대상 스마트폰 교육 유튜브 콘텐츠를 제공한다. 셋째, 이 장에서 다루는 직접적인 사례인 고령자 강사를 활용한 노인 대상 1:1 스마트폰 교육이다.

(1) '에듀테크캠퍼스' 내 노인 맞춤 온라인 디지털 교육

서울AI재단의 시민 대상 온라인 디지털 교육 플랫폼은 '에듀테크캠퍼스'라는 이름으로 지역주민에게 친숙하다. 이 플랫폼 내의 모든 교육이 상세하고 친절한 눈높이 수준으로 제공되지만 아예 한 영역이 '어르신 디지털 교육'의 이름으로

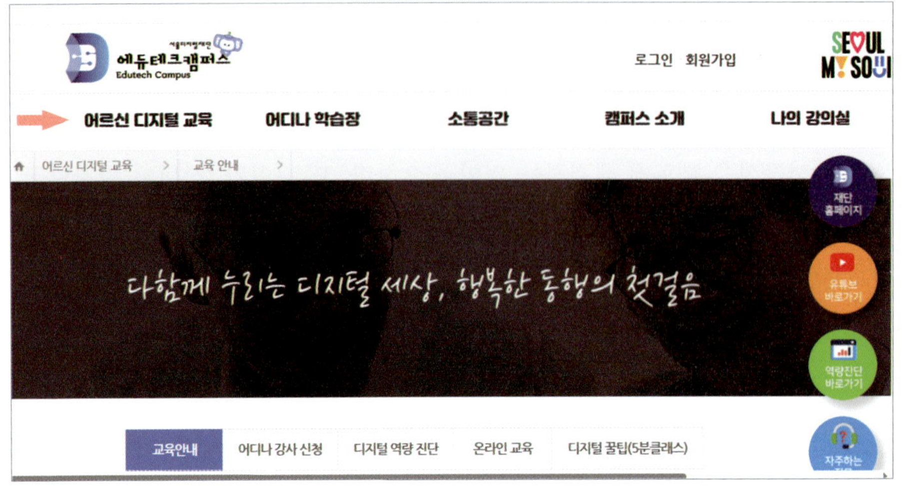

[그림 12-2] 서울AI재단 에듀테크캠퍼스 내 '어르신 디지털 교육'

출처: 서울AI재단(https://sdfedu.seoul.kr/main/page.jsp?pid=course1.edu01_1).

제일 앞 단에 배치되어 있다. 노인 학습자는 여기에서 노인에 맞춰진 디지털 역량 진단부터 시작해서 탑재되어 있는 교육을 원하는 만큼 받을 수 있다.

교육 내용에는 디지털 안전 등 다양한 내용이 탑재되어 하나씩 수료할 수 있도록 되어 있다. 다음은 에듀테크캠퍼스의 '어르신 디지털 교육' 영역에 탑재되어 있는 교육 내용이다.

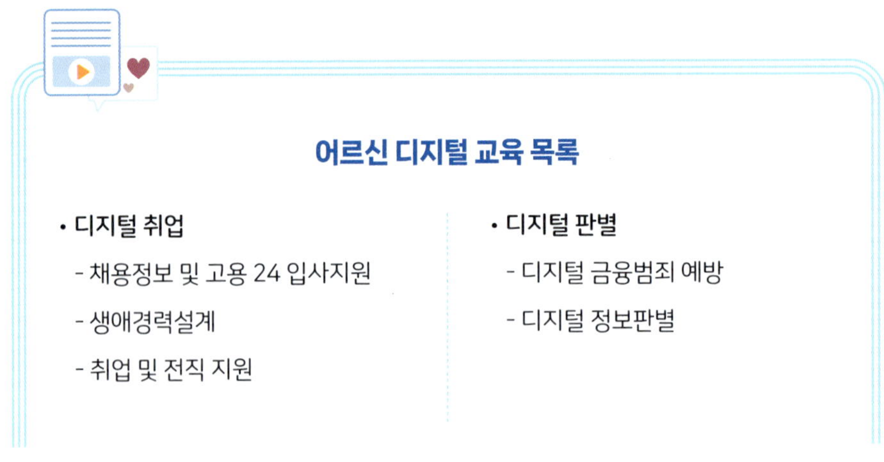

어르신 디지털 교육 목록

- **디지털 취업**
  - 채용정보 및 고용 24 입사지원
  - 생애경력설계
  - 취업 및 전직 지원
- **디지털 판별**
  - 디지털 금융범죄 예방
  - 디지털 정보판별

- 디지털 금융
  - 스마트폰으로 토스 앱 이용
  - 스마트폰으로 금융인증 이용
- 디지털 행정
  - 스마트폰 공공행정 조회
  - 생활 속 디지털 행정 서비스
- 디지털 소비
  - 생활 속 간편결제 소비생활
  - 스마트폰으로 OTT 이용방법
  - 스마트폰으로 모바일 주문방법
- 디지털 교통
  - 스마트폰으로 택시 앱 이용
  - 스마트폰으로 고속버스·기차 이용
  - 스마트폰으로 길 찾기 지도·지하철
- 디지털 소통
  - 스마트폰 활용 화상회의 방법
  - 스마트폰 활용 소통 방법
- 디지털 기기
  - 생활 속 키오스크 사용법
  - 내 손의 스마트폰 사용법

예를 들어, '디지털 판별' 항목의 학습은 중요하기는 하지만 여기에 대한 개념이 명확하지 않은 노인들의 경우 이런 교육을 스스로 찾아 나서기는 어렵다. 따라서 이러한 교육은 학습자 요구도 거의 없거나, 요구 조사 시 필요성은 나타나지만 실제 교육이 활발히 이루어지기는 상당히 힘들다. 에듀테크캠퍼스는 대면 교육으로는 거의 찾아보기 어려운 이런 '디지털 판별'을 포함하여 다방면의 디지털 역량을 제고할 수 있는 내용들이 골고루 제시되어 있다.

(2) 온라인 디지털 학습 동영상의 유튜브 탑재

'어디나(어르신 디지털 나들이) 5분 클래스'는 서울AI재단의 온라인 디지털 학습 동영상이다. 현재 100여 개에 가까운 수의 동영상이 유튜브로 제공되고 있어 노인이 필요로 하는 다양한 스마트폰 문제를 해결하는 데 큰 도움이 되고 있다.

이 학습 동영상의 대표적인 장점 중 하나는 각 영상이 약 5분 내외로 짧아 숏폼 동영상이 유행하는 시대의 학습자 요구에 부합하고 있다는 점이다. 전 세대를 아울러 영상 시청 집중시간이 짧아지고 있는 것은 물론, 영상을 시청할 때 노인의 신체적 피로도가 젊은이에 비해 높다는 점을 감안할 때 좋은 기획이다.

어디나 5분 클래스는 영상의 길이가 짧을 뿐 아니라 내용 역시 대부분 스마트폰 사용에 연관된 문제 해결에 집중하며, 문제의 해결 절차 역시 간결하게 제시되는 점이 특징이다. 한편, 영상의 길이가 짧아서 생략된 부분이 상당할 수 있어 단점으로 부각될 수도 있지만 몇 번을 반복하여 보게 되면 대부분 쉽게 문제를 해결할 수 있게 구조화되어 있어 누구나 쉽게 배울 수 있다. 고령의 노인이라도 약간의 학습지원만 있다면 자학자습이 가능할 것이다.

다음은 어디나 5분 클래스의 동영상 목록의 일부다. 이러한 각각의 동영상들을 종류별로 묶어 '스마트폰 기초기능 교육' 이나 '카카오톡 교육' 등 노인이 필요로 하는 각각의 교육과정으로 만들 수도 있고 다양한 노인 대상 디지털 교육에 보조 학습자원으로도 활용할 수 있다.

어디나 5분 클래스 유튜브 동영상 목록

- 누구나 사용 가능한 챗GPT 이용방법 알려드림
- 메타버스란 무엇인가
- 제페토 시뮬레이션 체험하기
- 사진으로 영상 만들기
- 저도 블로거가 될 수 있나요?
- 휴대폰 사진편집 다양하게 하는 방법
- 온라인 강의 쉽게 참여하고 싶어요
- 코로나 큐알 체크인 빨리 하는 방법
- 휴대폰 기본 어플 지우면 안 되나요?
- 스마트폰 글씨가 작을 때 크게 보는 방법
- 코로나 백신증명서 앱 간편 이용법
- 휴대폰 음성으로 문자 입력하는 방법
- 와이파이가 없을 때 모바일 핫스팟 연결하는 방법
- 카카오톡으로 무료통화 하는 방법
- 카카오톡 메시지 다른 플랫폼으로 공유하는 방법
- 데이터 요금 막는 꿀팁은?
- 새로 설치한 앱은 어디에 저장되나요?
- 자주 보는 유튜브 영상 빨리 찾는 방법
- 휴대폰 설정 편: 촬영 비하인드 스토리 공개
- 친구를 만나러 가는 길, 네이버 지도로 찾아봐요
- 카카오톡을 잘못 보냈을 때 삭제하고 싶어요
- 휴대폰 바꿨을 때 카카오톡 대화 백업하는

방법
- 카카오 택시 호출하는 방법
- 카카오톡 광고문자 안 받는 방법
- KTX 예약 쉽게 하는 방법
- 스마트폰 데이터 배터리 절약 꿀팁
- 어카운트 인포로 내 계좌 모아 보기
- 유튜브 동영상 올리는 방법
- 카카오맵으로 가장 빠른 길 찾는 방법
- 선물받은 카카오톡 기프티콘 사용법
- 카카오톡에서 여러 사람과 단체로 대화하는 방법
- 긴급 연락처 설정해 두기
- 카카오톡 프로필 멋지게 꾸미고 싶어요
- 휴대폰 제작 편: 촬영 비하인드 스토리 공개
- 자녀 도움 없이 고속버스 예매하기
- 카카오 택시를 타 보아요
- 줄 서지 않고 ATM으로 공과금 납부하기
- 배달 앱, 쉽게 쓰고 싶어요
- 카카오 택시, 지갑 안 꺼내고 결제하는 방법
- 꽃 이름, 노래 제목 휴대폰으로 빨리 찾는 방법
- 스팸전화, 문자 차단하는 방법
- 플레이스토어 앱 검색, 설치하기
- 모바일 결제 서비스란?
- 집에서 기차표 예매하기
- 키오스크란?
- 내가 탈 버스 언제 오나요?
- 지하철 키오스크로 1회용 교통카드 발급 및 충전
- 통화하면서 연락처 공유하는 방법
- 카페에서 공짜 와이파이를 쓰는 방법
- 위급상황, 음성으로 전화 걸 수 있어요
- 사진으로 엽서 만들기
- 모바일 행정 서비스란?
- 금융인증서 받고 모바일 뱅킹 시작하기
- 스마트폰 화면을 보기 좋게 만들어 보아요
- 영화관 100% 즐기기! 키오스크를 이용한 표 예매와 간식거리 사기
- 계산대 앞에서 지갑을 깜빡했을 때
- 사람이 없어도 괜찮아요
- 무인 결제 시스템 이용하기
- 스마트폰 업데이트, 해도 될까?
- 대기하다 열차 놓치지 말고 키오스크로 빠르게
- 카카오톡으로 송금하기
- 카카오톡으로 등본 떼기
- 스마트폰 용량이 부족하다고 뜬다면?
- 사진 찍을 때 한 손으로 들고 있기 힘들어요. 다른 방법이 없을까요?
- 은행에 줄 안 서고 세금 납부하기
- 서울사랑상품권으로 알뜰하게 소비하자
- 스마트폰 소리가 너무 커요! 줄여 주세요
- 손주 사진만 모아서 볼 수 없을까요?
- 요즘 민원은 스마트하게, 키오스크로 등본 떼기
- 내가 좋아하는 유튜버 구독하고 새로운 영상 제일 먼저 보기
- 간편하게 집으로 과일을 배달시켜요
- 토스로 병원비 돌려받기
- 동창회를 줌으로 열어 볼까요?

- 지갑을 안 가져와도 모바일 신분증이면 다 돼요
- 오늘의 날씨 바탕화면에서 바로 보기
- 카카오톡엔 어떤 기능들이 있나요?
- 나만 볼 수 있게 스마트폰 잠금설정하기
- 주차장도 사전결제! 주차장 키오스크 이용하기
- 카카오톡 용량이 너무 커요, 정리하고 싶어요
- 배달의 민족 자세하게 알아보기!
- 내가 받을 수 있는 보조금 조회해 보기
- 카카오톡으로 사진과 영상 묶어 보내기
- 카카오톡 친구들 중에 가족만 따로 볼 수는 없나요?
- 당근마켓에서 중고 물품 구매하기
- 햄버거 세트 주문도 쉽고 간편하게
- 아메리카노 차갑게? 따뜻하게? 키오스크로 주문하기
- 카카오톡방 너무 알람이 많이 와요. 나가고 싶어요

즉, '교통'이라면 노인의 이동성을 높이는 기차, 버스, 택시의 예약과 탑승 관련하여 하나의 주제로 묶일 수 있는 동영상들이 다수 있다. 또한 '키오스크' 관

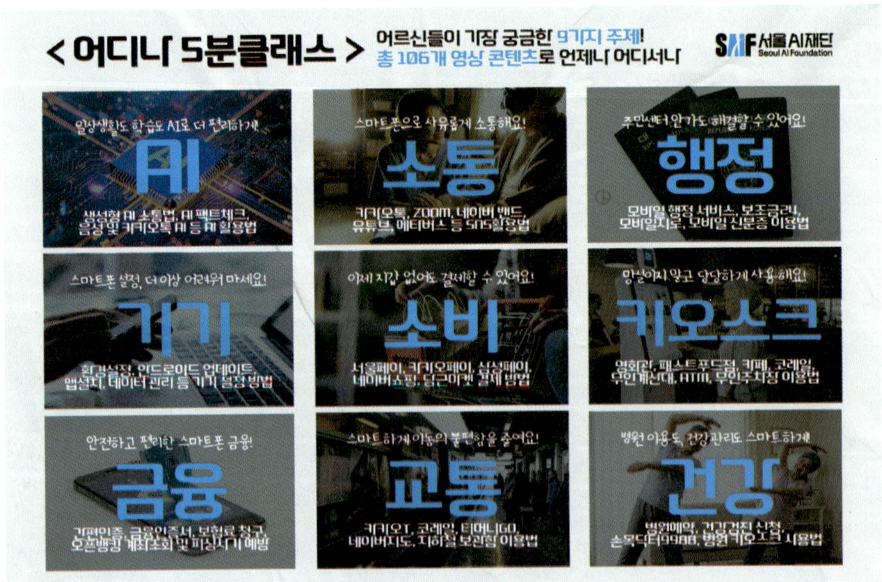

[그림 12-3] '어디나 5분 클래스'

출처: 서울AI재단(https://sdfedu.seoul.kr/main/page.jsp?pid=course1.edu01_1).

련, '카카오톡' 관련, 또는 음량을 줄이거나 소프트웨어 업데이트 등 스마트폰의 기본 관리와 사용에 관한 기초적인 내용 등 관련 영역과 그 종류도 다양하다.

또한 각 동영상은 학습을 통해 원하는 문제 해결을 할 수 있도록 구성되어 있다는 것 역시 특징이다. 예를 들어, 공과금 키오스크 납부에 관한 동영상은 "공과금 낼 거 많으시죠?"라고 학습의 필요성을 모두에 제시하며 키오스크의 사용 장면을 하나하나 자세히 보여 준다. 예를 들어, 키오스크에서 "카드를 넣으세요."라는 말이 나오면 '카드를 앞면이 위로 보이게 해서 어떻게 넣으라'는 식으로 자세한 설명과 함께 방법을 하나씩 보여 주기 때문에 노인이 몇 번 보면 곧 따라서 할 수 있게 되어 있다.

(3) 고령자 강사를 활용한 노인 대상 1:1 스마트폰 교육

2019년에 시범사업으로 시작한 노인 대상 1:1 스마트폰 교육은 교육을 제공하는 강사진 역시 고령자라는 점이 큰 특징 중 하나다. 디지털 역량을 어느 정도 갖춘 고령자가 상대적으로 역량이 낮은 고령자를 대상으로 1:1의 맞춤형 교육을 제공하는 것은 우리 사회 대표적 디지털 소외계층인 노인의 디지털 역량 제고라는 목적을 실현하는 효율적인 방법론이 될 가능성이 있어 다음 절에서 보다 자세히다룬다.

2) 노인 대상 스마트폰 1:1 교육 개요

노인 대상 스마트폰 1:1 교육은 강사진인 '어디나 지원단'의 선발, 강사 양성 및 1:1 맞춤형 교육 파견으로 요약될 수 있다. 이 교육은 초기에는 '노-노 케어(老-老 care)', 즉 노인이 노인을 돕는 사업이라는 의미를 내세웠다. 모든 사람의 스마트폰 사용자 화면(user interface)이 다 제각각이지만 노인들은 특히 강사가 제시하는 사용자 화면으로 배운 것을 자신이 사용하는 화면에 적용하여 활용하는 것을 어려워하는 경우가 많다. 자신의 스마트폰에서 당장의 문젯거리를 해결하고 싶은 요구가 커서 집합교육 형식의 대면 교육에 참여해서도 저마다 강사가 자신의 폰을 들여다보고 문제를 해결해 주기를 원하게 되는 경우가 많다. 이럴 경우 다양한 문제가 발생하여 교육의 만족도가 하락할 가능성이 커진다. 따라서 노인 대상 스마트폰 교육에서는 적지 않은 숫자의 보조강사를 배치할 것을 권고하고 있는데, 이러한 상황은 노인을 대상으로 하는 대면 교육, 그리고 집합교육으로의 디지털 리터러시 교육, 그중에서도 스마트폰 교육이 성공하기가 어려운 측면을 설명한다.

반면 1:1로 노인의 스마트폰 사용에 관한 문제를 맞춤형으로 해결하는 교육이라면 노인 학습자는 자신의 일상 속 스마트폰 활용에 관한 문제를 자신의 휴대전화를 보면서 학습지원을 받게 되고, 결국 짧은 시간 내에 직접적으로 문제를 해결할 수 있게 되는 이점이 있다. 강사는 자신이 미리 준비한 교육 콘텐츠를 일방적으로 전달하는 것이 아니라 학습자인 노인이 교육의 현장에서 제기하는 즉석 질문을 해결하는 방향으로 교육을 진행해야 한다. 강사는 사전에 노인의 요청과 세부 내용이 무엇인지 알기가 어려워 미리미리 스스로 더 많이 더 열심히 학습하고 역량을 축적하게 되는 측면이 있다는 점을 이야기하고 있다.

노인 대상 스마트폰 1:1 교육은 이러한 까다로운 교육요구를 해소해야 하는 까닭에 강사 지원자격도 문턱이 높은 편이며, 선발 과정도 여러 단계를 거치게 된다. 강사로 선발된 노인이 스마트폰 1:1 교육 강사로 양성되는 과정 역시 고령자 디지털 교육의 일환인데, 그것도 수준 높은 역량강화를 목적으로 하는 학습의 과정이다.

매년 강사를 선발하며 기존 강사들도 매해 새롭게 선발 과정에 지원하게 되어 있어 기존 강사도 다음 해 일자리를 장담할 수 없다는 측면에서 경쟁 일자리의 엄정함이 있다. 열심히 활동했으나 다음 해 선발에서 탈락한 강사들은 어떻게 될까? 현재 이들은 이 사업에서 높은 수준의 역량을 보이며 일했던 경험을 경력 삼아 다양한 기관에서 다양한 방식으로 진행되는 디지털 교육에서 강사로 활동하고 있는 것으로 나타난다(김경애 외, 2024).

3) 노인 대상 스마트폰 1:1 교육의 시사점

서울AI재단 노인 대상 스마트폰 1:1 교육이 성공적 실천이 가능했던 이유는 대략 학습자 측면, 교수자 측면, 그리고 기관 측면의 세 가지로 볼 수 있다(김경애 외, 2024).

첫째, 학습자 측면에서 볼 때 해당 교육은 노인 입장에서 디지털에 대한 불안과 불편함을 상쇄할 만한 '편안함'을 제공하는 학습 모델이라는 점에서 지속 가능성이 높다. 노인의 디지털 격차 극복 도움에 적합한 방식에 관심을 두어 동년배 강사를 통한 맞춤형 1:1 대면 교육을 구현하면서 노인 학습자가 가장 편안해하는 학습 환경을 제공했다는 점이 성공의 핵심에 자리하고 있다고 볼 수 있다.

둘째, 수준 높은 고령자 강사를 양성하여 동년배에 의한 세심한 교육이 가능했으며 동시에 이들의 '괜찮은 일자리'를 만들었다는 의의가 있다. 해당 기관은 이 일자리에 '사회공헌 일자리' 성격을 부여하고 있지만 향후 수명이 더 늘어나고 노년기가 더욱 길어지고 노년기 내 세대 분화가 더욱 심화될 것을 예상해 볼 때 이들을 모두 '노인'이라고 동질화하고 교수-학습 활동을 '돌봄'으로 개념화하려는 시도는 의미나 장점이 적을 수도 있다. 해당 강사 일자리는 곧 노년기로 접어들거나 초기 노년기를 보내고 있는, 이른바 '액티브 시니어(active senior)'가 도전하고자 하는 제2, 3의 일자리, '괜찮은 일자리'로서의 의미를 갖는다. 또한 '디지털 이주민' 동년배 간의 교수-학습이라고 할 때 큰 틀에서 '노년기 삶의 돌봄'이라는 측면과 연관될 수 있고, 실제로 돌봄 관련 역량이 이들의 일에 필요한 역량의 한 부분을 차지하고 있는 점 역시 나타나고 있다.

셋째, 디지털 전문기관이 수준 높은 디지털 교육 강사 양성에 기여한 바를 제시할 수 있다. 기관의 디지털 기술이 최고 수준이라는 측면에서 교수-학습 활동에 참여한 사람들이 받게 되는 지적 자극은 상당하며 강사진으로 활동하는 고령자들의 삶에 긍정적인 영향을 주고 있다. 강사들은 사전교육 및 보수교육을 받으며 최신 기술에 눈뜨는 기회를 갖는다. 이후 강사들은 해당 일자리를 떠나도 노인 대상 디지털 교육이 필요한 다양한 교육활동에서 우위를 점할 수 있으며 지속 가능한 일자리의 확보 가능성이 높아진다. 즉, 이들은 우수한 디지털 교육 강사이자 우수한 노인 학습자로서 동년배를 교육하며 점차 심각한 사회 문제로 대두되고 있는 노인의 디지털 격차를 줄이는 데 공헌한다. 현재 노인 대상 디지털 교육의 종류나 수준이 다양하지 않은 한계를 갖는 상황에서 해당 교육 강사들이 직접적인 학습과 교육 제공의 과정에서 축적한 역량은 쓰임새가 크다. 1:1 대응으로 학습자가 당면하고 있는 다양한 디지털 활용의 문제를 해소해 주는 과정에서 얻은 형식지(explicit knowledge)와 암묵지(tacit knowledge)는 '어떠한 노인 학습자도 다 가르칠 수 있는' 동년배 교수자로서의 전망을 밝게 한다.

참고문헌

김경애, 김진희, 이정우, 한효정, 이로미, 한정윤, 김영석, 정광희, 정수정(2024). 디지털 전환 가속화에 따른 고령자 평생학습 지원 방안. 한국교육개발원.

서울AI재단. (n.d.). 에듀테크캠퍼스 어르신 디지털 교육. https://sdfedu.seoul.kr/main/page.jsp?pid=course1.edu01_1

이정훈(2024). 어르신 빨래 · 스마트폰 교육 · 건강검진 등 '경남 복지버스' 인기. 연합뉴스 2024년 9월 18일자. https://www.yna.co.kr/view/AKR20240913042400052.

진주시청(2024. 8. 29.). 집 근처에서 편하게 교육받으세요! 찾아가는 디지털 배움터 교육 사업 '에듀버스' 실시. [blog post]. 네이버 블로그. https://blog.naver.com/thejinjucity/223565188988

13장

시니어 디지털 리터러시 교육의 국외 사례

해외에서도 다양한 형태의 시니어 디지털 리터러시 교육이 이루어지고 있다. 이 장에서는 유럽연합과 싱가포르의 사례를 제시한다. 유럽연합의 '디지털 시니어 시티즌 프로젝트'는 시니어의 디지털 역량 강화를 위해 국가 간 협력을 통한 온라인 학습자료를 개발하고 지역사회 중심의 교육을 추진했다. 싱가포르의 '시니어즈 고 디지털' 프로그램은 청년 디지털 앰배서더와의 1:1 맞춤 교육, 생활 밀착형 교육 공간 조성을 통해 고령자의 실생활 중심 디지털 활용 능력을 높였다. 두 사례 모두 노인의 디지털 포용성과 자율성을 강화하고, 사회적 고립을 해소하려는 정책적 목표를 공유한다.

1. 유럽연합 '디지털 시니어 시티즌 프로젝트' 사례

우선 해당 시니어 디지털 교육 사업이 수행된 '에라스무스 플러스 프로그램'에 대해서 알 필요가 있다.

1) 유럽연합 '에라스무스 플러스 프로그램' 개요

1987년 유럽연합(European Union: EU) 집행위원회(European Commission)는 소속 국가의 약 3,000명 학생에게 교환학생 프로그램의 참여 기회를 주게 된다. 이 프로그램의 이름인 '에라스무스(ERASMUS)'는 European Region Action

Scheme for the Mobility of University Students에서 첫 글자를 땄다. '유럽연합에 속한 나라들 사이의 교환학생 프로그램'이라는 뜻이 담겨 있다. 견문을 넓히고자 유럽의 각지를 돌아다녔던 르네상스 대표 인문학자이자 신학자인 데시데리우스 에라스무스(Desiderius Erasmus)의 이름과 정신을 반영했다. 에라스무스 프로그램의 장점이 널리 알려지면서 더 많은 국가와 학생들이 참여하게 되었고, 에라스무스 프로그램 자체도 상당히 다양해져 더 다양한 참여자를 포함하게 되었다. 그래서 이름도 2014년부터 '플러스'를 붙여 지금의 '에라스무스 플러스(ERASMUS+)'로 바뀌었다(임지윤, 2024).

2) '디지털 시니어 시티즌 프로젝트' 개요

유럽연합은 에라스무스 플러스 프로그램의 일환으로 2018년 '디지털 시니어 시티즌 프로젝트(Digital Senior Citizen Project)'를 실시했다. 이 프로젝트는 고령자의 디지털 소외 문제를 해결하기 위한 대규모 교육 사업이다. 2018년부터 2021년까지 4년간 스페인, 이탈리아, 폴란드 등 7개 이상 유럽 국가의 기관이 참여한 범 유럽 프로젝트로 진행되었다.

핵심 목표는 65세 이상 노인, 특히 저소득층 및 저학력 노인의 디지털 역량 강화에 있었다. 이 프로젝트는 그 목적에서 노인들이 디지털 기술 측면에서 불리한 입장에 있다는 것을 강조하고 있다. 심지어 대학을 졸업한 노인들도 디지털 역량이 부족한 집단에 속하는 현실을 주목했는데, 이는 디지털이 새로운 기술이기 때문에 기존 학력이 크게 상관이 없다는 측면에서 적절했다. 디지털 역량의 부족이 노인의 삶을 심각하게 제한하지만 현실은 노인을 위한 교육이 별로 없다는 사실을 지적하는 한편, 디지털 분야는 젊은이들을 교육하는 데 가장 많은 관심이 집중되고 있고, 노인 대상 교육도 노인의 요구에 맞춰져 있기보다는 무조건 기초적이고 기능을 익히는 데 집중한다는 것이다. 즉, 디지털 초보자를 위한 수업과 노인을 위한 수업은 다르다는 것을 강조한 점에 있어 주목을 받았다.

이 프로젝트는 다양한 국가 소속의 기관들이 협업하는 파트너십을 가지고 있다. 우선 미트라 프랑스(Mitra France)는 프랑스 시민단체로 리터러시 교육활동을 주로 한다. 피플 투 피플(People to People)은 에스토니아 시민단체로 다양한 나라와 다양한 문화권의 사람들을 대상으로 국제 이해와 교류를 해 왔다. 또한 단마르 컴퓨터(Danmar Computer)라는 IT 기업도 참여하고 있고, CISIE라는 이탈리아 시민단체는 대학, 학교, 연구소, 공공기관 등과 함께 다양한 프로젝트를 시행하고 있다. 센터 포 에듀케이션(Center for Education)은 스페인의 교육시민운동 단체이며, 여기에 그리스의 테살리아 대학교(University of Thessaly)까지 함께하고 있다. 유럽국가의 노인이라는 대상의 디지털 역량을 개선하는 데 이렇게 여러 국가의 시민단체, 기업, 교육기관과 대학 등이 손을 잡고 있어 각각의 서로 다른 역량 분야의 협업이 이루어졌다.

[그림 13-1] '디지털 시니어 시티즌 프로젝트' 참여 기관

출처: cesie (https://cesie.org/en/project/dsc/).

이 디지털 시니어 시티즌 프로젝트에서 개발 및 제공한 온라인 교육 프로그램 '디지털 라이프(Digital Life)'는 노인을 위한 디지털 교육 프로그램을 두 종류로 나누어서 제공한다. 노인 학습자를 위한 교육 프로그램과 교수자를 위한 교육 프로그램이다.

노인 학습자 교육은 총 3차시로 구성되었으며, 실생활에 밀접한 기술을 단계별로 전달하는 데 중점을 두었다. 다음은 각 차시의 내용이다.

(1) 1차시: 인터넷 기초

노인이 알아야 할 디지털 기초를 다룬다. 인터넷과 웹의 기본 개념을 설명하고, 이메일, 채팅, 메신저, 소셜 미디어 등 오늘날 사용되는 가장 일반적인 도구에 대한 설명을 제공한다. 구체적으로 '웹 브라우저 창 열기/닫기'와 같은 초보자 친화적인 내용부터 파일 다운로드 및 북마크 설정과 같은 기술까지 다뤘다.

(2) 2차시: 디지털 생활

온라인 생활을 안전하게 하기, 두려움 없는 결제, 쇼핑 및 금융거래가 주된 내용이다. 온라인 결제(페이팔)와 쇼핑(아마존) 시 주의사항, 지적 재산권 및 개인정보 보호 원칙을 교육한다. 또한 다른 사람의 디지털 저작물을 사용할 때 염두에 두어야 할 개인정보 보호 문제와 지적 재산권에 대해서도 설명한다.

(3) 3차시: 디지털 소통

책임감 있게 인터넷에서 소통하되 나의 권리 지키기가 중점이다. 「유럽연합 일반 개인정보 보호법(General Data Protection Regulation: GDPR)」을 설명하고 이 법이 담고 있는 정보주체의 열람권, 정정권, 삭제청구권 등을 알려 준다. 그리고 이 법을 적용한 개인정보 관리 전략과 피싱 메일 식별법과 같은 내용을 다룬다. 디지털 세상이 어떻게 작동하는지 잘 이해하지 못하는 사람들은 안전하다고 느끼지 않기 때문에 어떤 일도 하기 두려울 수 있다. 따라서 이 차시에서는 온라인에서 개인정보를 공유하기 위한 지식과 정보, 그리고 해당 정보의 유출이나 도난을 방지하고 보호하는 방법을 제공한다.

이렇게 3차시로 구성된 노인 학습자 대상 교육에 더해 교수자 대상 교육은 4차시와 5차시를 추가하여 구성되어 있다. 2차시를 더 넣어 학습자들이 수업으로 인해 습득한 역량을 어떻게 평가하는지, 그리고 역량을 어떻게 인증하는지에 대한 내용을 다루고 있다. 다음은 각 차시의 내용이다.

(4) 4차시: 학습자 평가

고령자들의 기술 및 역량 수준을 어떻게 평가할 것인가에 대한 내용으로, 다양한 평가 전략을 제시하고 있다. 예를 들어, 손으로 답을 쓰는 시험을 볼지, 구두시험으로 볼지, 실제로 해 보는 과정을 관찰해서 평가할지, 평가자가 개개인 학습자를 평가할지, 그룹으로 과제를 주고 평가할지 등에 대해 선택할 수 있도록 설명하고 있다.

(5) 5차시: 역량 인증

유럽연합 국가 전체에서 통용되는 디지털 역량 인증 평가 기준을 제시한다. 노인의 디지털 리터러시 교육에서의 인증이란 무엇인지를 제시하며 디지털 역량을 측정하고 개발하기 위한 유럽연합의 프레임워크, 즉 '디지털 역량 프레임워크(Digital Competence Framework for Citizens: DigComp)'를 소개한다. 교수자는 여기에 제시된 역량을 기준으로 교육과 훈련을 만들고 교육 이후 역시 이에 따

<table>
<tr><th>차시</th><th>제목</th><th>내용</th><th colspan="2">대상</th></tr>
<tr><td>1</td><td>인터넷 기본 상식</td><td>인터넷 기초</td><td rowspan="3">학습자</td><td rowspan="5">교수자</td></tr>
<tr><td>2</td><td>온라인으로 두려움 없이 결제, 쇼핑, 은행 업무 보기</td><td>디지털 생활</td></tr>
<tr><td>3</td><td>정보를 공유하고 보호하는 법</td><td>디지털 소통</td></tr>
<tr><td>4</td><td>학습자 기술 및 역량 평가</td><td>학습자 평가</td><td></td></tr>
<tr><td>5</td><td>역량 인증 방법 알기</td><td>역량 인증</td><td></td></tr>
</table>

[그림 13-2] '디지털 라이프' 교육 학습자 및 교수자 대상 교육 차시 소개

라 역량을 평가한다. [그림 13-2]는 5차시 전체의 제목과 내용을 나타낸다.

3) '디지털 시니어 시티즌 프로젝트' 사례의 시사점

유럽연합 에라스무스 플러스 프로그램인 디지털 시니어 시티즌 프로젝트 사례는 정교한 교육 설계, 과학적 관리 체계, 협력 네트워크 활용이라는 세 가지 축에서 비롯되었다.

첫째, 교육학적으로 정교한 방식으로 내용의 숙지를 돕고 있다. 디지털이 낯설기만 한 노인의 현실과 노인의 인지적 특성을 고려해 아주 쉬운 내용부터 시작하고 한번에 한 단계씩 설명하는 방식의 커리큘럼으로 설계했다. 우선 교수자와 학습자 모두 학습 전 현재 수준을 진단하는 퀴즈를 보게 되어 있다. 각 차시당 10개씩 퀴즈 문제가 있어 학습자용은 30개, 교수자용은 50개의 문제가 있다. 모든 차시는 교육의 목적, 세부 목표 그리고 학습 성과에 대해 자세히 알려 주어 이 차시를 배우면 무엇을 알 수 있는지에 대해 뚜렷이 알 수 있다.

☑ Digital Stories

☑ Do and do not tips

[그림 13-3] '디지털 라이프' 교육의 실제 사례를 기반으로 제작된 동영상 및 자료 예시

출처: cesie (www.cesie.org/).

둘째, 실제 일생생활의 사례를 바탕으로 한 교육 자료 제공이다. 교육한 내용에 대한 이해를 돕는 동영상과 자료를 충부하게 담고 있다. 예를 들어, 각 차시의 후반부에는 '디지털 스토리(Digital Stories)'라는 항목에서 실제 디지털 생활에 근거한 이야기를 중심으로 동영상을 제공하여 이해를 높이고 있다. 또한 일상생활에서 '해야 할 것과 하지 말아야 할 것'의 주안점을 글과 그림 양쪽으로 설명하는 등 이해를 돕기 위한 자료가 풍부하게 들어 있다. 전체적으로 보면 '안전'에 주안점을 두어서 교육 프로그램을 개발했다는 것을 알 수 있다.

셋째, 교육 프로그램의 개발과 제공 전체에 걸쳐 유럽 전역의 협력 네트워크를 활용했다. 프로그램의 개발 과정에 참여한 기관의 종류가 디지털 전문기관부터 취약계층 옹호단체, 대학 등 다양하고, 교육의 운영에서도 이런 폭넓은 네트워크가 활발하게 작동했다.

2. 싱가포르 '시니어즈 고 디지털' 사례

싱가포르는 인구 604만 명의 도시국가이며, 그간 빠른 속도로 국민들이 디지털 준비성을 갖출 수 있는 정책을 내세우고 추진해 왔다. 따라서 시니어 디지털 교육에 관한 좋은 사례를 찾을 수 있다.

1) 싱가포르 '시니어즈 고 디지털' 사업 개요

싱가포르는 2019년 '디지털 준비 청사진(digital readiness blueprint)'을 발표하며 디지털 사회를 맞이하는 디지털 준비성 맥락 중 고령자의 디지털 문해력 향상을 위한 '시니어즈 고 디지털(Seniors Go Digital)' 프로젝트를 추진했다. 이 사업은 '연결 강화(Get Connected)' '교육 제공(Get Involved)' '체험 제공(Get Hands-on)'이라는 3대 전략을 바탕으로 실용성과 접근성을 극대화했다. 이 중 '교육 제공'에 '교육'이 중심적으로 자리하지만 전체적으로 이 세 가지가 다 교육적 접근이라고 볼 수 있다.

(1) 연결 강화

전국 20개 커뮤니티 허브를 두고 여기에서 고령자를 위한 디지털 지원을 하고 있다. 이 곳에 가면 노인이 무료로 스마트폰 및 태블릿PC를 체험하고 학습지원을 받을 수 있다. 각 허브에는 상주 강사가 배치되어 1:1 맞춤 교육을 제공한다.

(2) 교육 제공

'인터젠 IT 부트캠프(Intergen IT Bootcamp)'는 초등학생(10~12세)과 노인이 팀을 이루어서 스마트폰 기본 기능을 학습하는 프로그램으로, 디지털 교육이 세대 간 유대감 강화에 기여할 수 있음을 보여 준다. 또한 '실버 디지털 크리에이터(Silver Digital Creators)' 교육은 5개월 과정의 고급 교육으로, 동영상 편집과 블로그 운영 등을 교육한다.

(3) 체험 제공

자율 학습도구 보급에 초점을 맞추었다. '스타터 킷(Starter Kit)'은 모바일 뱅킹 앱 설치 등 단계별 가이드를 포함한 브로셔와 QR 코드가 포함된 유튜브 링크를 제공한다. 또한 '학습여행(Learning Journey)' 프로그램을 통해 노인이 공항, 병원 등에서 스마트 기기를 활용해 티켓 예약, 진료 접수 등을 실습하도록 했다.

2) '시니어즈 고 디지털' 사업 속 교육 사례

여기에서는 인터젠 IT 부트캠프와 실버 디지털 크리에이터 교육 및 자기주도 학습을 진행할 수 있는 방법으로 스타터 킷과 학습여행을 소개한다.

(1) 인터젠 IT 부트캠프

청소년들이 고령자들에게 디지털을 가르치는 교육 프로그램이다. 이 과정에서 청소년들은 학교에서 배운 지식을 적용할 수 있게 된다. 교육으로 인해 노인을 만나게 되고 따라서 노인을 친근하게 느끼고 존경심을 느낄 수 있는 기회도 얻게 된다.

(2) 실버 디지털 크리에이터 교육

고령자를 위한 본격적인 디지털 교육 프로그램으로서 기본적인 디지털 지식이 이미 어느 정도 있으면서 기술을 한 단계 끌어올리고자 하는 시니어를 위한 코스에 해당한다.

이 교육에서는 총 5개 교육과정을 제공한다. 디지털 사진 찍기, 단편 영화 제작, 디지털 음악 및 예술, 코딩, 그리고 전자책 제작이 그것이다. 모두 노인의 삶에 직접적인 연관이 있는 교육 내용으로, 자신만의 디지털 콘텐츠를 만드는 교육이라고 볼 수 있다.

(3) 스타터 킷

혼자 배울 수 있는 교육 자료도 많다. 그중 하나인 스타터 킷(Starter Kit)은 커뮤니케이션 기술, 정부 서비스 이용 및 라이프스타일 앱 사용, 디지털 금융서비스 이용, 사이버 안전과 스캠에 대한 교육이 들어 있다. [그림 13-4]는 커뮤니케이션 도구 중 하나인 틱톡을 세 단계로 나누어 친절하게 설명한다. 전체적으로 유럽연합의 디지털 시니어 시티즌 프로젝트와 마찬가지로 사이버 안전을 강조하고 있다.

(4) 학습여행

노인들에게 제공되는 세 가지 내용은 다음과 같다.

첫째, 현금 없는 전자결제를 위한 학습여행(e-payment learning journey)에서는 휴대폰을 활용하여 전자결제 하는 법, QR 코드를 스캔하여 전자결제 하는 법을 알려 준다.

둘째, 슈퍼마켓에서 앱 활용을 위한 학습여행(supermarket learning journey)에

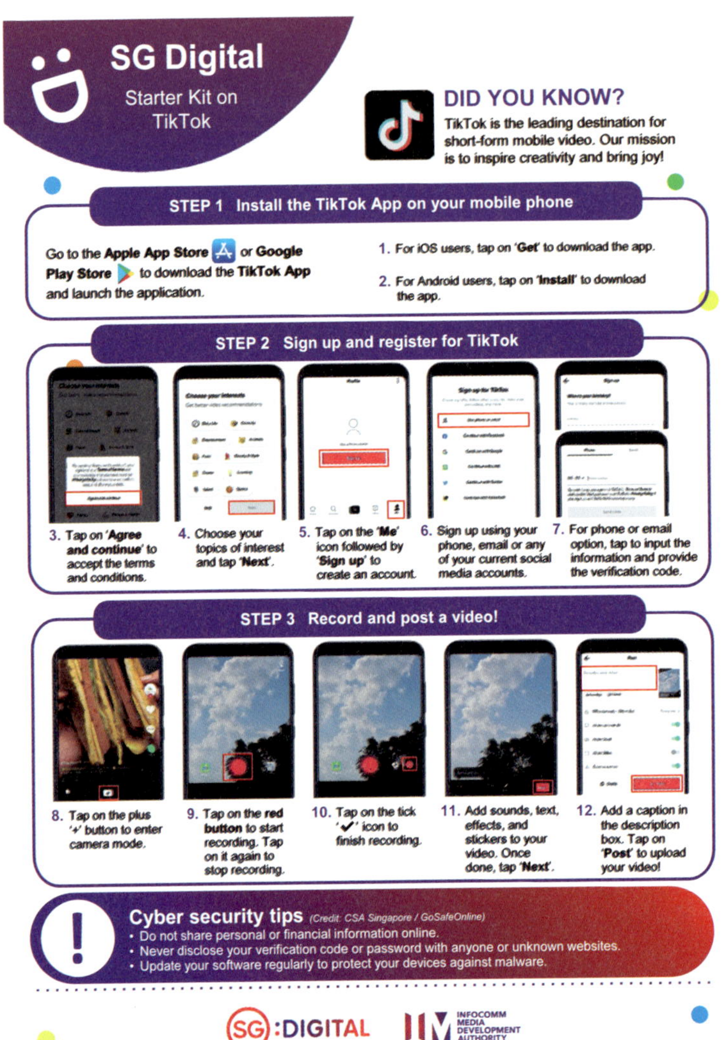

[그림 13-4] 시니어즈 고 디지털의 스타터 킷 중 커뮤니케이션 도구 '틱톡 배우기' 내용

출처: Infocomm Media Development Authority(https://www.imda.gov.sg/-/media/seniors-go-digital/pdf/pdf4/tiktok_eng.pdf).

서는 매장 QR 코드를 통해 품목을 스캔하고, 장바구니에 추가하여 앱에서 결제하고, 출구에서 영수증 스캔하는 법을 알려 주어 노인들이 계산대를 이용할 필요가 없게 하는 과정이다.

셋째, 도서관 이용을 위한 학습여행(library learning journey)이다. 이것은 도서관에서 책을 스캔하여 대출하기, 휴대폰으로 최신 도서관 뉴스를 수신하기 등을 직접 해 볼 수 있게 도와준다.

이 외의 자학자습 도구를 클릭하면 각각을 가르쳐 주는 유튜브 동영상이나 웹사이트로 연결된다. 노인이 직접 여기저기 들어가 찾아보기는 쉽지 않으므로 이 시니어즈 고 디지털 웹사이트만 알고 들어가면 각종 자료가 다 있는 '원스톱 체제'로 되어 있어 활용율이 높다.

e-Payment Learning Journey

Embark on a cashless journey now! Learn how to make e-payments on your mobile phone and how to scan the SGQR code to pay for items.

Supermarket Learning Journey

Be introduced to the Scan & Go function within the FairPrice app. With Scan & Go, you no longer have to wait in line for the cashier as you can make payment directly within the app! Simply scan the store QR to check in, scan the item barcode to add to cart, pay in the app, and scan the receipt at exit.

Library Learning Journey

Discover the new library experience with us at this one-hour learning journey. Learn how you can stay connected at the library, scan to borrow books, and be up to date with the latest news on your mobile phone!

[그림 13-5] 학습여행 내용

출처: Infocomm Media Development Authority(https://www.digitalforlife.gov.sg/learn/events/all events/learning-journey).

3) '시니어즈 고 디지털' 교육의 시사점

싱가포르 사례인 시니어즈 고 디지털 교육의 성공 요인은 통합적 인프라, 세대 간 시너지, 정교한 교육 제공으로 요약된다.

첫째, 오프라인 허브와 온라인 플랫폼을 연계해 학습자의 편의성을 극대화했다. 커뮤니티 허브에서 디지털 기본 교육을 받은 노인은 이후 국가가 제공하는 각종 교육에 참여할 준비를 갖춘다. 노인의 입장에서 볼 때 원하기만 하면 가까운 곳에서 언제든지 교육을 받을 수 있다는 안도감이 크고, 이후 온라인과 오프라인 교육을 단계적으로 밟아 나가 역량을 구축할 수 있다.

둘째, 세대 간 협업 학습을 통해 교육 효과를 증대시키는 부분이 있다. 인터젠 IT 부트캠프는 청소년의 디지털 기술 숙련도와 노인의 경험을 결합하여 디지털 기술이 세대 간 유대감을 강화시키는 계기를 만든다. 서로 다른 세대 간 이해를 증진시킴은 물론, 청소년에게서 노인이 배우도록 하여 디지털을 매개로 한 세대 간 교류를 증진시킬 수 있다.

셋째, 교육과 자기주도학습을 결합한 정교한 교육 제공을 하나의 플랫폼에 담았다. 노인 대상 디지털 교육(guided learning)과 자기주도학습(self-learning)으로 나뉘어 있어 자기주도적인 고령자들을 지원하는 부분이 '시니어의 디지털 역량 제고'라는 전체 그림에 포함되어 있다. 이런 자기주도학습은 수준 높은 교육을 받기 전, 미리 준비도를 높일 수도 있고 자기만의 학습 계획을 세워서 밟아 나갈 수도 있어 노인 학습자의 주도성과 선택을 중시한다.

참고문헌

임지윤(2024). Erasmus+ 프로그램 개요 및 참여방법 (KERC Issue Report No. 2024-3). 한-EU 연구협력센터. https://k-erc.eu/wp-content/uploads/2024/06/KERC-Issue-report-2024-3-Erasmus-%ED%94%84%EB%A1%9C%EA%B7%B8%EB%9E%A8-%EA%B0%9C%EC%9A%94-%EB%B0%8F-%EC%B0%B8%EC%97%AC-%EB%B0%A9%EB%B2%95.pdf

cesie. (n.d.). DSC-Digital Senior Citizen. https://cesie.org/en/project/dsc/

Infocomm Media Development Authority. (n.d.). Learning Journeys: Discover how digital apps can help you do more of what you love. Digital for life. https://www.digitalforlife.gov.sg/learn/events/all-events/learning-journey

Infocomm Media Development Authority. (n.d.). TikTok: A guide for seniors [PDF file]. https://www.imda.gov.sg/-/media/seniors-go-digital/pdf/pdf4/tiktok_eng.pdf

cesie. www.cesie.org/

14장

시니어 디지털 리터러시 교육방법론의 미래

이 책의 마지막 장인 이 장에서는 시니어 디지털 리터러시 교육이 단순한 기술 습득을 넘어 노인의 삶의 질 향상과 사회 참여를 지원하는 자기주도성 강화의 과정임을 강조한다. 이를 위해 고령자의 기능적 · 비판적 · 감성적 · 생산적 디지털 역량을 균형 있게 개발하며, 맞춤형, 수준별 교육과 찾아가고 세대 간 연계하는 전략이 필요하다. 또한 미래의 AI, AR/VR 등 디지털 기술 환경에 대응하여 혼합형 교육의 고도화, 맞춤형 콘텐츠 개발, 지역 기반 학습 생태계 강화, 세대 간 공감교육 확대를 제안한다.

1. 시니어 디지털 리터러시 교육방법론

2015년작 〈인턴(The Intern)〉이라는 영화의 주인공 벤(로버트 드 니로 분)은 전화번호부를 만드는 회사의 부사장으로 은퇴했다. [그림 14-1]은 지역사회 사업의 일환으로 고령자 인턴을 모집한다는 공고를 보고 응시해 인턴으로 온라인 쇼핑 스타트업 회사에 출근한 모습이다.

이 영화를 보다 보면 재미있는 장면이 등장한다. 극중 주인공 벤의 자리에는 노트북 컴퓨터인 맥북에어(Macbook Air)가 놓여 있는데, 그것을 앞에 두고 그가 종이 신문을 읽고 있는 것이다. 청년들은 이 장면에서 많이 웃는다고 하지만 중장년이라면 어리둥절할 수도 있을 것이다. 결국 벤은 이 새로운 직장에서 디지털도 배우고 쌓아 온 경륜을 활용해서 젊은이들에게 도움도 주는 등 노년기의

[그림 14-1] 영화 〈인턴〉의 한 장면

출처: Meyers (2015); Warner Bros 공식 홈페이지(https://www.warnerbros.com/movies/intern).

행복을 찾는다(이로미, 권승태, 2024). 결국 고령 학습자에게 '디지털 리터러시'를 교육한다는 것은 '안 배우면 잘 살 수 없다'는 것을 강조하는 것이 아니라 '배우면 더 행복하게 살 수 있다'는 것을 강조해야 하지 않을까?

1) 시니어 디지털 리터러시

시니어 디지털 리터러시는 고령자에게 '생애 후반기의 삶을 의미 있게 보내는 좋은 도구'가 될 수 있다. 디지털은 무한복제가 가능하므로 이러한 디지털의 속성 때문에 격차 역시 무한대로 확장된다. 따라서 고령자의 디지털 역량의 부족은 그저 단순한 격차가 아닌 불편하고 어려운 삶을 예고한다. 배우지 않으면 앞으로의 삶은 더 불편할 것은 물론이고, 디지털로 전달되고 공유되는 각종 논의의 장에 참여하지 못해 결국 삶의 주체로 살아가지 못하게 된다. 결국 생애 후반기의 삶 전반에 걸쳐 위기에 처하는 안타까운 결과도 예상이 가능하다. 반면 디지털 리터러시를 습득한 고령자는 사회와 연결되고, 중요한 정보에 접근하며 자율적으로 생활할 수 있다. 아날로그 환경에 익숙하지만 디지털도 가까이할 수 있는 노인들에게 디지털 리터러시는 단절 대신 새로운 연결과 기회를 제공한다.

이 책 전반에 걸쳐 시니어 디지털 리터러시 교육은 단순히 '스마트폰 사용법' 정도가 아님을, 일상생활의 편의 증진(기능적), 디지털 시민으로서의 공론장 참여(비판적), 사회적 소통의 활성화(감성적), 그리고 일, 여가, 학습으로 대변되는 자기계발(생산적)을 가능하게 하는 친절한 안내자라는 점을 제시했다. 이러한 시니어 디지털 리터러시 교육의 네 가지 핵심 요소를 정리하면 다음과 같다.

(1) 기능적 리터러시

디지털 기기와 소프트웨어를 사용할 수 있는 기본적인 능력이다. 스마트폰, 태블릿PC, 컴퓨터 등의 장치를 원활히 다루는 법을 배우는 것이 핵심이며, 인터넷 검색, 이메일 사용, 모바일 앱 활용 등 실생활에서 필수적인 기능을 익힌다. 이는 단순한 기기 조작을 넘어 새로운 기술을 학습하고 적용하는 능력을 포함한다. 고령자가 디지털 기기와 서비스를 이해하고 사용할 수 있도록 기본적인 디지털 기술부터 온라인 금융 서비스, 쇼핑, 서비스 신청, 건강관리, 정보 검색 등의 다양한 활동으로 범위를 넓힌다.

(2) 비판적 리터러시

온라인 정보의 신뢰성을 평가하고 올바르게 활용하는 능력이다. 인터넷에는 다양한 정보가 존재하지만 모든 정보가 정확하거나 유용한 것은 아니다. 디지털 환경에서 안전하게 살아가며 올바른 정보를 선택하는 능력을 키우는 것은 곧 '디지털 시민성'을 함양하는 일이 된다. 고령자가 안전하게 온라인 활동을 할 수 있도록 하는 보안 및 개인정보 보호가 필요한 이유부터 가짜 뉴스, 스팸, 피싱 사기 등을 식별하는 교육을 제공한다.

(3) 감성적 리터러시

디지털 환경에서 정서적 교류를 통해 인간관계를 유지하는 능력이 필요하다.

고령자도 SNS를 활용한 정서적 교류, 온라인 커뮤니티 참여 등을 통해 사회적 유대감을 유지할 수 있으며, 또래 노인 세대를 넘어 젊은이들과도 교류가 가능하고 즐거워질 수 있다. 이렇게 되려면 디지털의 속성을 이해하는 데서 출발하는 것이 중요하며, 고령자가 디지털 참여문화의 손님이나 방관자가 아니라 핵심적인 구성원이 되도록 유도한다.

(4) 생산적 리터러시

단순 소비자가 아닌 창작자로서 디지털 기술을 활용하는 능력이다. 고령자도 그저 인터넷 콘텐츠를 소비하는 것을 넘어 블로그나 SNS를 통해 자신의 생각을 표현하거나, 사진·동영상 편집 등의 창작 활동을 할 수 있다. 고령자가 디지털 기술을 통해 자신의 경험과 지식을 공유하고, 세대 간 교류를 촉진하도록, 그리고 온라인 시장을 활용한 경제활동의 기회도 얻을 수 있도록 교육 내용을 구성한다.

2) 교육방법론

이 책은 또한 교수자들이 이렇게 다양한 시니어 디지털 리터러시를 교육 프로그램으로 설계하고 운영할 때 반드시 고려해야 할 원칙과 전략도 네 가지로 다루었다. 이러한 네 가지의 시니어 디지털 리터러시 교육방법론을 정리하면 다음과 같다.

(1) 맞춤형 교육방법

고령자는 그 살아온 삶의 길이와 폭만큼이나 다양성을 가진다. 따라서 시니어 디지털 리터러시의 교육도 집합교육 일변도여서는 성공하기 힘들다. 소집단으로 구성하거나 보조강사를 배정한다고 해도 다른 대상, 다른 내용의 교육에서보다 어려움이 많을 수 있다. 따라서 되도록 1:1 교육을 구현하거나 적어도 전체 교육의 과정 중 학습자의 필요에 정확히 반응하는 부분이 포함되어야 한다.

(2) 수준별 교육방법

디지털은 어쩌면 너무나 낯선 분야라 피하고 싶다는 고령자가 많다. 그러나 이미 어느 정도 기본을 갖춘 이들도 늘어나고 있으며 연소 노인과 초고령 노인의 역량 수준은 하늘과 땅 차이일 수도 있다. 그간 노년기 디지털 교육은 온통 '초보자 교육 일색'이라는 비판이 있었지만 앞으로는 학습자 교육 수준별 분화가 중요하게 취급될 것이다. 그러므로 교수자도 자신의 디지털 역량을 높이고 새롭고 수준 높은 교육 프로그램 개발에 힘써야 한다.

(3) 찾아가는 교육방법

노년기가 지속될수록 다양한 건강 문제가 나타나며 이동성의 감소는 필연적이다. 처음에는 그저 불편한 정도이지만 나이가 들수록 그 정도가 더 심해지고, 결국 중증장애인의 경우와 노인의 삶이 비슷해지는 것이 인간의 삶이다. 따라서 노년기 중기 이후 고령자가 교육기관으로 찾아오는 일은 점점 줄어들 것이지만 매일의 삶 속에 디지털은 더욱더 파고들 것이 분명하다. 그러므로 디지털 교육이 노인들의 삶의 공간으로 찾아가는 일이 필요하며, 교수자는 이에 대비해야 한다.

(4) 세대 간 교육방법

디지털 이주민, 그것도 가장 늦게 이주해 와서 새로운 나라의 말과 문화가 서투른 사람이 바로 고령자다. 반면 디지털 원주민은 이런 디지털 이주민을 도와줄 역량이 충분하지만, 고령자를 이해하는 역량은 상당히 부족하다. 교수자는 디지털 원주민 세대를 교수자로 양성하여 고령자의 삶에 필요한 디지털 기술을 확보하도록 지원함은 물론, 이 과정에서 세대 간 이해와 교류도 자연스럽게 일어나도록 독려해야 한다.

3) 시니어 디지털 리터러시의 교수자

이제 이 책의 독자는 시니어 디지털 리터러시가 개인의 역량을 제고하는 것은 물론, 사회적 역할도 그에 못지 않다는 점도 알 수 있을 것이다. 디지털 기술을 능숙하게 활용하면 노년기 일어날 수 있는 두려운 현실인 사회적 고립을 크게 줄일 수 있다. 또한 세대 간 디지털 격차를 해소하며, 적극적인 사회 구성원으로 활동할 수 있는 기회가 열린다. 즉, 디지털 기술로 가족 및 친지와 소통하여 정서적 안정감을 느끼고, 다양한 사회서비스를 집안에서 한 번의 클릭만으로 편리하게 이용하여 사회가 보유한 자원에 더욱 쉽게 접근하며, 활발한 노년기를 보낼 가능성이 높아진다. 또한 인생을 통해 쌓아 온 경륜을 디지털에 실어 공유할 때 미래 세대와의 의미 있는 교류가 가능해진다.

그러나 이런 일이 저절로 일어날 리는 없다. 고령자에게 낯선 디지털을 '할 만한 것' '편리한 것' 그리고 '재미있는 것'으로 이해하도록 만드는 데는 동료 시민의 폭넓은 이해와 지원이 필요하다. 특히 교수자의 정교하면서도 다정한 교육 기획과 실행이 요구된다. 이미 어느 정도 고착되어 있는 세대 간 디지털 격차를 감안할 때 '디지털 취약계층'으로 곧잘 분류되는 고령자, 그리고 그들 중에서도 본격적인 배움의 계기와 자원을 갖지 못했던 노년기 시민들에 대한 세심하고도 철저한 준비가 요구된다고 할 것이다.

우선 교수자 자신부터 최신 디지털 기술을 앞장서서 익히고, 시니어의 다양한 수준에 맞게 설명할 수 있는 능력을 갖추며, 시니어 학습자의 디지털에 대한 불안감을 이해하고, 친근하고 인내심 있는 태도로 교육을 진행할 수 있는 공감 능력이 필수다. 또한 성인 역량 중 하나가 바로 문제 해결 능력인데, 교육 중 발생하는 다양한 기술적 문제에 대해 신속하게 대응하고 학습자의 개별적인 어려움을 해결해 주는 역량까지 보유한다면 좋은 교수자라고 할 수 있다.

어쩌면 가장 중요할지도 모르는 역량은 시니어 디지털 리터러시 교육이 갖는 사회정의(social justice) 성격을 이해하는 것이다. 이 교육의 목적은 한마디로 '자기주도성 강화(empowering)'다. 교수자가 기획하고 실행하는 모든 교육이 노인에게 길어진 노년기를 의미 있게 살아갈 수 있는 모종의 계기를 제공해야 한다. 그런데 노인들 자신이 새로운 기술을 배우고 익히려는 노력도 중요하기에 교수자는 학습자에게 동기부여를 하여 자기주도적이고 계속적인 학습으로 급변하는 사회 속 지속가능한 디지털 학습을 이어 가도록 지원해야 한다. 또한 이러한 계기를 만들기 어려운 노인들에게는 더욱더 종합적이고 완결성 있는 교육 기획으로 다가가야 한다.

한 예를 들어 보자. [그림 14-2]는 캐나다의 노년시민단체인 '헬프에이지 캐나다(HelpAge Canada)'에서 실시하는 저소득층 시니어 디지털 교육 프로그램 '딕 잇(Dig-It)'으로, 모종의 패키지형 교육이다. 교육을 하려면 우선 기기가 있어야 하므로 프로그램 기간 동안 태블릿PC를 대여한다. 해당 기간 동안 일정 데이터 사용량도 제공한다. 학습자가 자신의 이름으로 만든 이메일 계정까지 받게 되면 교육이 시작된다. 기기, 인터넷, 주요 앱의 기본 사항을 섭렵하기 위한 온라인 및 인쇄된 학습자료가 추가로 주어진다. 이것으로 끝이 아니다. 과정을 다 마칠 때까지 도와줄 자원봉사자인 디지털 코치의 1:1 지원이 뒤따른다. 이런 종합적인 고려는 아무리 어려운 처지의 노인이라도 디지털 역량을 기르는 데 큰 도움

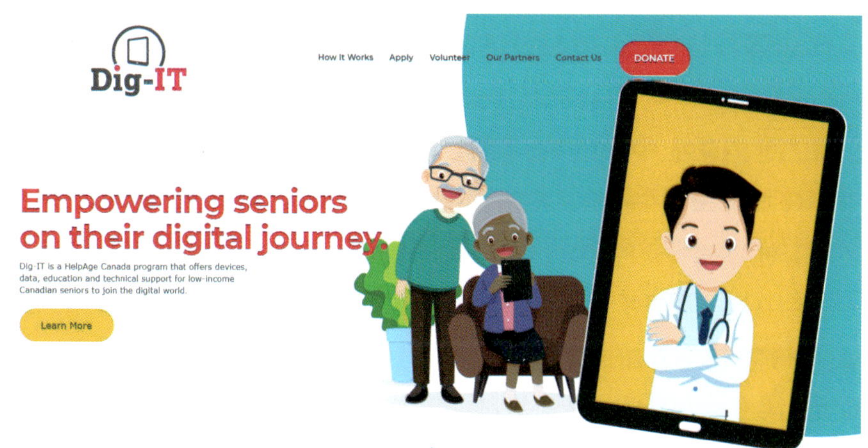

[그림 14-2] '헬프에이지 캐나다'의 고령자 디지털 교육 프로그램 '딕 잇'

출처: Healthy Aging CORE Alberta(https://corealberta.ca/featured-programs-and-initiatives/dig-it-empowering-seniors-on-their-digital-journey).

이 될 것이며, 길러진 역량은 앞으로 이들이 살아갈 날들의 도약판 역할을 할 것이다.

2. 앞으로의 디지털 세상과 고령자의 삶

고령자에게 있어 디지털 리터러시는 단순한 기술 습득이 아니라 노년기 자기 돌봄을 가능하게 하는 중요한 요소다. 현재 날로 발전해 가는 스마트 헬스케어(smart healthcare) 기술을 활용하여 건강을 효과적으로 관리한다면 고령자들이 더 오랫동안 독립적인 삶을 유지할 수 있다. 또한 인공지능 기반 돌봄로봇이나 스마트홈 기술 등은 시간이 갈수록 점점 더 돌봄이 필요해지는 고령자들이 보다 안전하고 편리한 환경에서 생활할 수 있도록 지원한다.

이러한 변화 속에서 시니어들은 디지털 리터러시를 익힘으로써 자율성과 삶의 질을 높이고 보다 건강하고 의미 있는 노년을 설계할 수 있다. 곧 대중적으로 자리 잡게 될 디지털 기술 중 고령자와 관련 있는 부분을 제시하면 다음과 같다.

1) 인공지능 음성 인식과 챗봇 활용

AI 기반 기술이 시니어들의 디지털 접근성을 크게 높일 것으로 생각되지만 아직 이에 대한 고령자들의 인식은 낮은 편이다. 그러나 AI 기반 스마트 스피커를 예로 들면, 고령자들은 복잡한 조작 하나 없이도 음성만으로 정보를 검색하거나 스마트 기기를 제어할 수 있다. 예를 들어, "오늘 날씨 알려 줘."라고 물어보고 날씨에 적합한 옷을 고르거나 우산을 가지고 외출할지 결정한다. 스마트폰 문자 입력도 음성으로 척척 받아쓸 뿐 아니라 챗봇을 활용하는 수준에 이르면 다양한 분야의 지식과 정보를 말로 제공해 주기 때문에 디지털 학습에 큰 도움을 받을 것이다.

2) 사물인터넷 기반 스마트홈 기술

사물인터넷(Internet of Things: IoT)은 가전제품, 의료기기, 보안 시스템 등이 인터넷과 연결되어 원격으로 제어될 수 있도록 하는 기술로 고령자들의 생활을 더욱 안전하고 편리하게 만든다. 말로 명령해서 집안 조명을 켜고 끌 수 있거나, 온도를 조절할 수 있어 거동이 어려운 노인들에게 더욱 편리하다. 또한 돌봄을 받는 경우 가족이 밖에서도 노인의 상태를 확인할 수 있기도 하고 스마트워치나 헬스케어 센서를 활용한 건강관리 등 노인의 독립적인 삶을 돕는 디지털 기술이 계속 쏟아져 나오는 중이다.

3) 가상현실 및 증강현실을 활용한 교육 프로그램

가상현실(Virtual Reality: VR)과 증강현실(Augmented Reality: AR) 기술은 시니어의 학습을 체험형으로 제공하여 효과를 높일 수 있다. 우선 VR을 활용하면 실제와 유사한 환경에서 학습할 수 있다. 예를 들어, 다리가 아파서 직접 가지 못하는 장소를 가상으로 체험할 수도 있는 것이다. 또한 AR을 활용한 실습은 현실 환경 위에 가상의 정보가 추가되는 기술을 활용해 노인들이 쉽게 따라 할 수 있다. 예를 들어, 스마트폰 화면을 통해 은행 앱 사용법을 실시간으로 안내받거나, QR(Quick-Response) 코드 활용법을 연습할 수 있다. 이러한 기술은 시니어들이 새로운 디지털 기기에 익숙해지는 데 큰 도움을 줄 수 있으며, 보다 실용적인 학습을 가능하게 한다.

4) 돌봄로봇 등 자동화 기술

돌봄로봇 등 자동화 기술은 시니어들의 일상생활을 지원하고, 독립적인 생활을 유지할 수 있도록 돕는 중요한 요소가 되고 있다. 특히 돌봄로봇은 대화가 가능해 고령자들의 외로움을 해소하고, 생활을 돕는 역할을 할 수 있다. 한편 무인

점포나 로봇서빙 시스템 등이 날로 늘어나고 있는데, 시니어 디지털 리터러시는 이런 새로운 상황에도 쉽게 적응하는 역량을 선사한다.

이렇게 미래의 디지털 기술이 지금보다 더 고령자들의 삶을 편리하고 안전하게 만들어 줄 가능성은 무한하다. 다시 강조하지만 이런 일은 저절로 되지 않는다. 의미 있고 효과성 높은 시니어 디지털 리터러시 교육이 우리 사회에 자리 잡을 때 가능하다. 맞춤형 교육과 실습으로 고령자들이 변화하는 디지털 사회에서 더욱 주체적으로 살아갈 수 있도록 돕는 것은 진정 사회정의의 구현과 다르지 않을 것이다.

3. 차세대 시니어 디지털 리터러시 교육 방향

앞으로의 시니어 디지털 리터러시 교육의 방향은 어떻게 될까? 이것도 몇 가지로 예측이 가능하다.

1) AI 기반 개인화 교육

이 책에서 제시한 개별 맞춤형 학습이 곧 인공지능(AI) 기반 개인화 교육으로 자리 잡게 될 것이다. AI를 활용해서 개개인의 학습 수준을 분석하고, 필요한 학습 콘텐츠를 자동으로 추천하는 것도 가능하다. 또한 고령 학습자는 반복 학습이 필요한데 디지털과 같은 낯선 내용은 더 그렇다. 따라서 AI 기반 교육 프로그램이 학습자가 어려워하는 부분을 인식하고 추가적인 실습 기회를 제공하는 방식으로 구성되면 좋을 것이다.

2) 메타버스 교육 공간

최근 온라인 및 비대면 교육이 활성화되면서 시니어들도 집에서 편리하게 디지털 교육을 받을 수 있는 환경이 더 많이 조성되고 있다. 교육기관에 가서 참여할 수 있는 넉넉한 시간이 있지만 이동이 어려운 노인도 많다. 그래서 화상 강의 및 온라인 학습 플랫폼을 활용하는 것은 더 많은 노인에게 더 많고 더 자유로운 학습을 가능하게 하는 방안이 된다. 줌이나 유튜브 라이브 스트리밍과 같은 화상 강의 플랫폼이 노인교육에도 더 많이 활용되면서 시니어 디지털 리터러시 교육도 예외가 아닐 것이다. 교육 영상을 녹화하여 제공하면 학습자들이 필요할 때 다시 보면서 복습할 수 있다. 메타버스를 활용한 실감형 학습은 앞으로 더욱 많은 고령 학습자를 도울 것이 확실하기에 시니어 디지털 리터러시 교육도 그 방법론이 획기적으로 달라질 가능성이 있다.

3) 세대 간 협력학습

세대 간 협력학습은 시니어들이 디지털 기술을 보다 자연스럽게 익히고, 가족 간 유대감을 강화하는 데에도 기여한다. 손자녀 세대가 조부모 세대에게 디지털을 알려 주는 디지털 멘토링 프로그램은 고령자로 하여금 보다 친숙한 환경에서 디지털 기술을 배울 수 있게 한다. 이 과정에서 상호 이해는 더 자연스러워진다. 이러한 세대 간 협력학습은 함께하는 모든 세대에게 긍정적인 영향을 줄 것이 분명하지만 그 전에 세대 차이를 극복할 수 있는 교육 전략이 본격적으로 요구된다.

디지털 리터러시는 시니어들이 더 넓은 세계와 연결될 수 있는 문이며, 새로운 가능성을 발견하는 과정이다. 디지털 기술이 장애물이 아닌, 삶을 풍요롭게 하는 도구가 될 수 있도록 앞으로도 지속적인 연구와 노력이 필요하다. 우리 모두 함께 시니어들이 디지털 기술을 통해 더 나은 삶을 살아갈 수 있도록 지원해야 한다. 우리는 그들의 아들이자 딸, 친구, 직업상 만나는 사람, 그리고 지역사회 주민이자 또한 그들 자신일 수 있다. '누구나' 노인에게 디지털 리터러시를 가르칠 수 있지만 '아무나' 대충 할 수 있는 일은 아니다.

참고문헌

이로미, 권승태(2024). 21세기 노년: 영화로 읽는 백세 시대의 삶과 교육. 지식의 날개.

Healthy Aging CORE Alberta. (n.d.). Dig-IT: Empowering Seniors on Their Digital Journey. https://corealberta.ca/featured-programs-and-initiatives/dig-it-empowering-seniors-on-their-digital-journey

Meyers, N. (Director). (2015). The Intern [Film]. Warner Bros. Pictures. https://www.warnerbros.com/movies/intern

찾아보기

인명

내용

ㅎ

저자 소개

이로미(Romee Lee)

연세대학교 교육학과 및 동 대학원 사회/산업교육 전공(교육학석사)

University of British Columbia 교육학과 성인교육 전공(Ph.D.)

전 경인여자대학교 교양과 전임강사 및 유아교육과 조교수

현 한국방송통신대학교 교육학과 전임대우강의교수

〈주요 저서 및 논문〉

『노인교육론』(공저, 한국방송통신대학교출판문화원, 2024)

『교육학개론』(2판, 공저, 공동체, 2024)

「Transformation of Korean Higher Education in the Digital Era: Achievements and Challenges」(2024)

「일본 죽음교육 연구동향에 관한 체계적 문헌분석」(2024)

「유럽의 U3A 비교분석을 통한 한국형 노인 대학평생교육 모형 제언」(2022)

「초고령화 사회 고등교육 연계 노인평생교육 활성화 방안: 일본의 대학 노인평생교육 사례분석을 중심으로」(2022) 외 다수

권승태(Seungtae Kwon)

성균관대학교 한국철학 문학사

Chapman University 방송/영화 제작 전공(MFA)

고려대학교 영상문화협동과정 문학박사

전 사이다미디어 대표

현 한국방송통신대학교 미디어영상학과 전임대우강의교수

〈주요 저서 및 논문〉

『AI 생성 이미지의 이해와 활용』(커뮤니케이션북스, 2025)

『시각 예술과 인공지능』(커뮤니케이션북스, 2024)

「AI영상제작의 구조와 흐름: 기호학과 행위자-네트워크 이론을 중심으로」(2025)

「AI생성 이미지의 정체성과 시각 예술의 변화」(2024)

「영화 〈에브리씽 에브리웨어 올 앳 원스〉의 과학적 분석과 인문학적 해석」(2023)

「컴퓨터 운영체제의 시각 정체성과 서사 정체성: 윈도우와 맥OS를 중심으로」(2023)

외 다수

시니어 디지털 리터러시 교육방법론

Instruction for Teaching Digital Literacy to Older Adults

2026년 2월 10일 1판 1쇄 인쇄
2026년 2월 20일 1판 1쇄 발행

지은이 • 이로미 · 권승태
펴낸이 • 김진환
펴낸곳 • (주) 학지사

04031 서울특별시 마포구 양화로 15길 20 마인드월드빌딩
대표전화 • 02)330-5114　팩스 • 02)324-2345
등록번호 • 제313-2006-000265호

홈페이지 • http://www.hakjisa.co.kr
인스타그램 • https://www.instagram.com/hakjisabook

ISBN 978-89-997-3629-2 93370

정가 22,000원

저자와의 협약으로 인지는 생략합니다.
파본은 구입처에서 교환해 드립니다.